Wickert · Sacramentum Unitatis

Ulrich Wickert

Sacramentum Unitatis

Ein Beitrag
zum Verständnis der Kirche bei Cyprian

Walter de Gruyter · Berlin · New York
1971

Beiheft zur Zeitschrift für die neutestamentliche Wissenschaft
und die Kunde der älteren Kirche

Herausgegeben von Walther Eltester
Beiheft 41

Für Walther Eltester
als Zeichen des Dankes

Nam nec Petrus quem primum Domi-
nus elegit et super quem aedificavit
ecclesiam suam . . ., vindicavit sibi
aliquid insolenter aut adroganter ad-
sumpsit, ut diceret se primatum tenere
et obtemperari a novellis et posteris
sibi potius oportere.

Cyprian ep. 71, 3

Manente concordiae vinculo et perse-
verante catholicae ecclesiae individuo
SACRAMENTO, actum suum dis-
ponit et dirigit unusquisque episcopus
rationem propositi sui Domino reddi-
turus.

Cyprian ep. 55, 21

Vorwort

Es handelt sich hier um die überarbeitete Fassung einer Untersuchung, die in den Jahren 1963/4 der Evangelisch-Theologischen Fakultät Tübingen als Habilitationsschrift vorgelegen hat. Daß ich erst jetzt dazu komme, sie dem Druck zu übergeben, liegt — abgesehen von einer, durch Horaz legitimierten persönlichen Neigung zu zögern — an den turbulenten Ereignissen der vergangenen Jahre. Nicht nur die Vorgänge an der Universität als solcher, sondern vor allem die aus den eigenen Reihen plötzlich aufstehende Entschlossenheit, alles Christliche auf die *pax terrena* zu reduzieren, haben Zeit und Kraft des akademischen Lehrers (wie des Predigers) verschlungen. Das Bedrängende des Augenblicks ließ dessen Wichtigkeit überschätzen, bis sich mir endlich die Überzeugung durchgesetzt hat, daß die wissenschaftliche Verantwortung des Überkommenen den längeren Atem hat.

Die Revision der vorliegenden Arbeit hat mich in der Einsicht bestärkt, daß der cyprianische „Sakraments"-Begriff in ganzer Breite noch einmal einer eigenen, über Cyprian hinausgreifenden Untersuchung bedürfte. Ich habe diese Aufgabe einem größerem Aufsatz vorbehalten, der gesondert erscheinen soll. Die hier gebotene Abhandlung setzt sich in der Hauptsache mit Hugo Koch auseinander und sucht die von Cyprian gemeinte Kirche als eine zwar *in episcopo*, aber zugleich doch für sich subsistierende Größe *sui generis* zu erweisen, für die der Ausdruck *sacramentum* (mit seinen Synonyma) als Chiffre steht. Das umstrittene Petrusproblem erfährt auf diese Weise eine von Koch nicht minder als von der katholischen Forschung abweichende Lösung. Mit größtem Respekt habe ich aus den Arbeiten von Maurice Bévenot gelernt, doch trennt mich von ihm entschieden die von mir so genannte „ekklesiologische Differenz", in welcher Gestalt das „protestantische Prinzip" auf diesen Seiten erscheint. Das Schlußkapitel rückt das Ergebnis der Untersuchung in aktuelle Zusammenhänge und gelangt dabei zu unkonventionellen ökumenischen Perspektiven. Zwischen der *Mater Ecclesia* Cyprians und der im 19./20. Jahrhundert allmählich sich artikulierenden *Mater Sponsa Maria* besteht ein unstreitiger Zusammenhang, der darauf hindeutet, daß Ökumene nicht gelingen kann, wenn der Kirche ihr Mysterium verlorengeht. Man wird übrigens bei einiger Aufmerksamkeit finden, daß auch diese letzten Passagen des Buches protestantisch sind.

Ich bin dankbar dafür, daß mein verehrter Lehrer und väterlicher Freund Walther Eltester mir erlaubt, ihm dies *opus imperfectum* zu widmen. Sein über die Engigkeit parteiischen Denkens hinausführender Sinn für die großen Zusammenhänge der Kirchen- und Dogmengeschichte, seine philologische Akribie und historische Nüchternheit, nicht zuletzt seine langmütige Rücksicht auf das geistig Heterogene haben mich beständig gefördert und sind mir Vorbild geworden. Mein Kollege Günther Wille ist so liebenswürdig gewesen, auf mein Latein einen freundschaftlichen Blick zu werfen. Der Verlag Walter de Gruyter verdient meinen Dank dafür, daß er sich bereitgefunden hat, dieses Buch in die Reihe der Beihefte zur ZNW aufzunehmen und damit eine von Hugo Koch datierende Tradition fortzusetzen. Meinem Assistenten Rev. Alasdair Heron danke ich für die Herstellung des Registers, das in seinem IV. Teil (Moderne Autoren) ein Literaturverzeichnis ersetzt. Ein lateinisches Summarium findet der Leser auf Seite 106f. der Abhandlung, die deutsche Zusammenfassung einiger Hauptgedanken in ThLZ 92 (1967) 4, 257—260.

Tübingen, am 15. August 1971   Ulrich Wickert

Inhaltsverzeichnis

Vorwort IX

Einleitung: Forschungslage und Ziel der vorliegenden Abhandlung   1

Erstes Kapitel: Zur Datierung der Einheitsschrift und zur Frage
der Echtheit des „Primacy Text" 14

Zweites Kapitel: Die Kirche des Ursprungs; das vierte Kapitel der
Einheitsschrift, in kritischer Auseinandersetzung mit Kochs
grundlegender Deutung, erster Teil 33

Drittes Kapitel: Die Kirche und Petrus; das vierte Kapitel der
Einheitsschrift, in kritischer Auseinandersetzung mit Kochs
grundlegender Deutung, zweiter Teil. 49

Viertes Kapitel: Die Apostel und Petrus; das vierte Kapitel der
Einheitsschrift, in kritischer Auseinandersetzung mit Kochs
grundlegender Deutung, dritter Teil 63

Fünftes Kapitel: Episkopat und Kirche; das fünfte Kapitel der
Einheitsschrift 71

Sechstes Kapitel: Kochs zweite Deutung der Einheitsschrift . . 87

  Exkurs: Die Verkennung der ekklesiologischen Differenz in
  der katholischen Cyprian-Forschung 96

Siebentes Kapitel: Ecclesia principalis 108

Achtes Kapitel: Cyprian in Geschichte und Gegenwart 135

Anhang: Der durch Bévenot konstituierte Text von De unitate
c. 4 und 5 (ohne Apparat) 158

Indices 160

Einleitung

Forschungslage und Ziel der vorliegenden Abhandlung

Die Erörterung der Einheitsschrift Cyprians und der mit ihr in Verbindung stehenden Texte wird seit Beginn dieses Jahrhunderts mit einem Eifer und einer Genauigkeit betrieben, wie sie wenigen patristischen Themen zuteil geworden sind. Eine Fülle textgeschichtlicher, literarischer, historischer, theologischer Details, vor allem aber eine verwirrende Vielzahl von Meinungen muß im Auge behalten, wer der Frage, wie Cyprian die Einheit der Kirche gedacht habe, in ihrem ganzen Umfang gerecht zu werden hofft. Bis zur Stunde ist der gelehrte Scharfsinn zu keinem, alle Forscher (und Parteien) gleichermaßen befriedigenden Ergebnis gelangt. Das wechselseitige, literarische und sachliche Verhältnis der beiden Fassungen von De unitate c. 4 (»Primacy Text« und »Textus Receptus«[1]) ist, wenn man besonnen urteilt, immer noch problematisch[2]. Und über die Deutung der Texte besteht, bei aller

---

[1] Jean le Moyne, Saint Cyprien est-il bien l'auteur de la rédaction brève du ‚De unitate' chapitre 4? In: RevBén 63 (1953) 70, Anm. 3: »M. Bévenot . . . a mis fin aux confusions très gênantes des appellations anciennes. Elles préjugaient de la solution en parlant de Texte Romain, Texte Episcopalien, ou Texte A, Texte B. De plus, le même texte était A ou B suivant les auteurs. Bévenot a choisi P.T. = Primacy Text, et T.R. = Textus Receptus. Ce choix est très heureux à tous les points de vue.«

[2] Es seien hier nur im Groben die wichtigsten Stationen der Forschung in Erinnerung gerufen. 1902/3 verteidigte John Chapman die Echtheit der in Hartels Ausgabe verworfenen Fassung: T.R. sei zwar ursprünglich, aber Cyprian habe, als er sich anschickte, die Einheitsschrift nach Rom zu senden, das vierte Kapitel überarbeitet (Les interpolations dans le traité de S. Cyprien sur l'unité de l'église, RevBén 19, 1902, 246—254. 357—373; 20, 1903, 26—51). Adolf von Harnack sekundierte rasch (ThLZ 28, 1903, 262f.). Andere traten umgekehrt für die Ursprünglichkeit des P.T. ein, z. B. Pierre Batiffol (L'église naissante et le catholicisme, 1909⁴, 447). Hugo Koch verwarf den P.T. als unecht (Cyprian und der römische Primat, TU 35, 1, 1910, S. 158—169; Cathedra Petri, BZNW 11, 1930, S. 114—147). D. van den Eynde suchte 1933 die These von der Ursprünglichkeit des P.T. durch den Nachweis zu erhärten, T.R. gehöre in die Zeit des Ketzertaufstreits (La double édition du ‚De unitate' de S. Cyprien, Rev HistEccl 29, 1933, 5—24). Zu demselben Ergebnis kam drei Jahre später Othmar Perler durch eine »Untersuchung der formellen und inhaltlichen Verschiedenheiten« (Zur Datierung der beiden Fassungen des vierten Kapitels De unitate ecclesiae, RQ 44, 1936, 1—44; vgl. De catholicae ecclesiae unitate cap. 4—5, die ursprünglichen Texte, ihre Überlieferung, ihre Datierung, ebd. 151—168). Den beiden zuletzt Genannten schloß sich Maurice Bévenot mit einer respektablen Untersuchung der handschriftlichen Überlieferung an (St.

Bereitschaft auch von katholischer Seite, den durch Hugo Koch angeregten Fragen Rechnung zu tragen, immer noch keine Einmütigkeit.

Cyprian's De unitate chap. 4 in the light of the manuscripts, Analecta Gregoriana XI, Series Facultatis Theologicae Sectio B, N. 5, Roma 1938), deren Ergebnisse sich Chapman zu eigen machte, weil er glaubte, hier seien die Probleme am besten gelöst. Die Verfechter der Ursprünglichkeit des P.T. behaupten das Feld: eine erdrückende Übermacht von Argumenten (die Handschriften, den Stil, die Lehre, den Schriftgebrauch betreffend) scheint für die Echtheit der so lange verworfenen Fassung zu sprechen. Sich hier auf Widerlegungen in allen Einzelheiten einzulassen, würde zu unentwirrbaren Komplikationen führen: man muß den gordischen Knoten zerhauen. — Ein Übriges hat Joseph Ludwig getan, der den T. R. dem Bischof von Karthago überhaupt absprechen wollte (Die Primatworte Mt 16, 18. 19 in der altkirchlichen Exegese, Neutestamentliche Abhandlungen XIX, 4, 1952, 26. 34f.; Der heilige Märtyrerbischof Cyprian von Karthago, 1951, S. 35; vgl. jedoch schon Perler a. a. O. 168). So hat sich binnen eines halben Jahrhunderts das Urteil der Forschung aufs genaueste verkehrt. Hatte sich mit der vollendeten Erprobung aller logischen Möglichkeiten der Kreis des Denkens geschlossen, so treten nun folgerichtig wieder Männer auf, die für Echtheit und Ursprünglichkeit des T.R. eine Lanze brechen, vgl. vor allem Le Moyne in seiner oben Anm. 1 genannten Abhandlung, wo P.T. wieder verworfen wird. Im Grundsätzlichen hat Le Moyne (trotz Bévenot) vermutlich recht, aber man kann doch nicht umhin, an Eccl 1 9 zu denken. — Erst nachträglich stoße ich auf die, mit diesen Seiten ungefähr gleichzeitig verfaßte Abhandlung von Adrien Demoustier, Épiscopat et union à Rome selon saint Cyprien, in: RechScRel 52 (1964), wo auf S. 364f. folgende interessante Hypothese entwickelt wird: »Les deux versions ont donc fondamentalement le même sens, mais il paraît manifeste qu'elles s'adressent à deux auditoires différents: les évêques en T.R., les fidèles en P.T. Elles visent deux situations distincts: ici un épiscopat divisé, là un troupeau dispersé. La différence des perspectives justifie l'hypothèse, elle-même suggérée par la critique externe, d'une antériorité de T.R. (sa finale mise à part) par rapport à P.T.« etc. Ich gehe auf diesen Gesichtspunkt deswegen nicht näher ein, weil ich P.T. nicht für cyprianisch ansehen kann, d. h. die vorliegende Abhandlung widerspricht a priori der Meinung des Vf.s, daß P.T. und T.R. im Grunde ein und dasselbe sagen. Zu der von Demoustier (auf der Grundlage der Arbeiten von Bévenot) beiseitegesetzten Schlußpassage von T.R. vgl. hier unten Anm. 11. — Mit Hinweis darauf, daß Cyprian auch andernorts von der cathedra Petri gesprochen habe, sieht Lucien Campeau, Le texte de la Primauté dans le ‚De Catholicae Ecclesiae Unitate' de s. Cyprien, in: Sciences Ecclésiastiques 19 (1967), S. 90ff. in P.T. einen Hinweis auf Rom und hält ihn für eine auf T.R. folgende Version. — Von der Frage nach der Echtheit ist die nach der Deutung zu unterscheiden (obschon nicht zu trennen): ist P.T. bei seiner starken Betonung des *Primatus Petri* papalistisch oder episkopalistisch zu verstehen? In der Regel verbindet sich heute, gerade bei den katholischen Forschern, die Annahme der Echtheit mit der Auffassung, an einen besonderen Anspruch Roms sei nicht gedacht. Ich unterlasse hier detailliertere Angaben und verweise auf die zahlreichen Resümees in der Literatur. Bemerkt sei noch, daß Bévenot inzwischen eine neue Untersuchung der handschriftlichen Überlieferung der Traktate, verbunden mit einer Edition der Einheitsschrift, veröffentlicht hat (The tradi-

Es ist sehr merkwürdig, daß ein Kirchenvater, dessen geistiger Habitus nach allgemeinem Urteil als einfach gilt[3], der genauen Erkenntnis seines eigentlichen Anliegens so viele Hindernisse bereitet[3a]. Tritt hier die den ursprünglichen Sinn eines geistigen Phänomens verdeckende Funktion traditioneller wie oppositioneller Deutung besonders charakteristisch zutage, so darf man doch darin auch den Hinweis finden, daß Cyprians Persönlichkeit, so schlicht sie sei, ihr auszeichnend Besonderes hat, mit dem sie sich den auf einen Kirchenfürsten durchschnittlich gesetzten Erwartungen zu entziehen scheint[4]. In Cyprians Protest gegen die papalistischen Tendenzen eines Stephan von Rom hat man mehr zu erblicken als nur gleichsam eine Illustration des Goetheschen *dictum,* über Tyrannei beklage sich niemand, als wer selbst Tyrann zu sein wünsche[5]. Dem Bischof von Karthago eignet ein aus Hingabe und Selbstbehauptung eigentümlich gemischter Im-

---

tion of manuscripts. A study in the transmission of St. Cyprian's treatises, Oxford 1961). Ich biete im Anhang den Text von Bévenot (ohne Apparat) für De unitate cc. 4f. Die Abweichungen von Hartels Text sind für T.R. unerheblich.

[3] Hans Freiherr von Campenhausen, Cyprian, in: Lateinische Kirchenväter, Urbanbücher Nr. 50, 1960, 55: »Es ist, kann man sagen, der Ernst des Christ gewordenen römischen Beamten, der die Heilsbotschaft einfältig und unproblematisch bejaht und ergriffen hat, um seine Mannespflicht hinfort in der kirchlichen Gemeinschaft gerecht und vorbehaltlos zu erfüllen.«

[3a] Walter Simonis in seinem 1970 als 5. Band der Frankfurter Theologischen Studien erschienenen Buch: Ecclesia visibilis et invisibilis, Untersuchungen zur Ekklesiologie und Sakramentenlehre in der afrikanischen Tradition von Cyprian bis Augustinus, meint kühnlich auf S. 1, daß »Cyprians Vorstellungen von der Kirche mit ziemlicher Eindeutigkeit aus seinem Werk erschlossen werden können«. Ein specimen solcher Eindeutigkeit hat man z. B. auf S. 7, wo die »eine Kirche Christi« in Cyprians Einheitsschrift Kap. 23 mit dem »einen Bischof« praktisch identifiziert wird (vgl. S. 8ff.), d. h. der Vf. ist sich der mit den l. c. begegnenden Vokabeln mater und matrix gegebenen Problematik nicht bewußt. Daher kann die »Mutter« (Kirche) ausdrücklich mit der kirchlichen Hierarchie in eins gesetzt und der Bischof als Prinzip der Kirche und ihrer Einheit behandelt werden. Der Blick des Vf.s übersieht das von Cyprian gemeinte Mysterium und haftet an den vorfindlichen Instanzen. Damit stimmt zusammen, daß auf den Unterschied von Hierarchie und Kirchenvolk im Grunde alles hinausläuft. Der Vf. steht freilich mit seiner Ansicht so wenig allein, daß man diese vielmehr für die communis opinio erklären muß. Cyprians Mater ecclesia hat einige Ähnlichkeit mit dem heraklitischen Logos: die Menschen haben kein Verständnis für sie, weder bevor, noch nachdem sie von ihr gehört haben.

[4] Vorzügliche Bemerkungen zu Cyprians »schöpferischer Größe« bei Alexander Beck, Römisches Recht bei Tertullian und Cyprian, Schriften der Königsberger Gelehrten Gesellschaft, Geisteswiss. Kl. 7, 1930, 2, 134ff.

[5] Daß Cyprian der «erste Papst« gewesen sei, meint Adolf von Harnack, Cyprian als Enthusiast, ZNW 3 (1902) 186. Dagegen mit Recht Hans Freiherr von Campenhausen, Kirchliches Amt und geistliche Vollmacht in den ersten drei Jahrhunderten, BHTh 14, 1953, 307, Anm. 3.

petus, dessen immer wieder großartige Überlegenheit aus einer im tiefsten Sinne kirchlichen Distanz zur angemaßten Omnipotenz des Amtes ihre Kraft gewinnt. Nach den Zeugnissen, die wir besitzen, hatte vor allem Firmilian von Caesarea in Kappadozien, der Freund des Origenes, ein Gespür für Cyprians Entrüstung über die Bedrohung ökumenischer »Freiheit aus Einheit« durch den Bischof von Rom. Daß Firmilian sich in der Eile der Erwiderung[6] mit einer freilich auffälligen Reproduktion der Argumente Cyprians zu begnügen scheint, hat ihm den Ruf eingetragen, er sei nur mehr das (verstärkte) »Echo« des afrikanischen Bischofs gewesen. Man übersieht zu leicht, daß er seiner Antwort einen Rahmen gibt, der mit der offenbar origenistischen Herkunft[7] die Gewißheit einer eigenen Position nicht verleugnet. Der 75.

---

[6] Ep. 75, 5 = p. 812, 30ff. Hartel; 75, 13 = p. 819, 1ff.

[7] Die lateinische Übersetzung des Briefes erweckt bei flüchtiger Lektüre den Eindruck, als befinde sich der Verfasser selbst beim Gebrauch seiner Kernbegriffe von Cyprian in Abhängigkeit. Man wird eines besseren belehrt, wenn man versucht, die wichtigsten Stellen ins Griechische zurückzuübersetzen. Neben Ausdrücken, die für die griechische Popularpsilosophie charakteristisch sind (pax et concordia = εἰρήνη καὶ ὁμόνοια p. 810, 17, vgl. Harald Fuchs, Augustin und der antike Friedensgedanke, in: Neue philologische Untersuchungen, hrsg. v. W. Jaeger, 3. Heft, 1926), erscheint auf diesen Seiten ein ins Kosmische geweitetes Interesse für die »Einheit«, wie wir es der Sache und dem Sprachgebrauch nach zum Beispiel von Theodor von Mopsuestia kennen. Bei diesem gibt es zu Firmilians Brief c. 2 eine genaue Parallele in seiner Auslegung zu Rm 8 19 (p. 137, 30ff. Staab; eine Übersetzung des Passus in meinen »Studien zu den Pauluskommentaren Theodors von Mopsuestia als Beitrag zum Verständnis der antiochenischen Theologie«, BZNW 27, 1962, 7ff.). In beiden Texten wird dieselbe Stelle aus dem Lukasevangelium (15 10) zitiert, um die »Sympathie« der durch Verwandtschaft mit dem Menschengeschlecht verbundenen Engelwelt für dessen Schicksal zu beweisen. Auch das Thema ist dasselbe: bei Firmilian geht es um adunatio et pax et concordia p. 810, 17, vgl. Z. 23 adunatio, und um das vinculum caritatis p. 810, 20f., bei Theodor um das εἰς ἓν τὰ πάντα συνῆφθαι (p. 137, 15 Staab), um φιλία = ὁμόνοια, um den »Syndesmos« der Schöpfung (p. 137, 19; 138, 10. 21. 25). Die Parallelen sind teils inhaltlicher, teils formaler Natur, entsprechen sich aber nicht in jeder Beziehung, so daß eine auch nur vermittelte Abhängigkeit des einen vom anderen (an die ohnehin niemand denken wird) ausscheidet. Auch die beiden Gesichtspunkte der Gemeinschaft mit Gott und mit den Geschöpfen (p. 810, 25ff. Hartel, wo doch wohl simul⟨non⟩invocent zu lesen ist) kehrt bei Theodor wieder (p. 138, 16ff. Staab). Vgl. ferner Firmilians Brief c. 3 = p. 811, 18ff., wo der griechische Text ungefähr gelautet haben mag: Δυνατὴ γὰρ ἡ χάρις τοῦ θεοῦ συνάπτειν τε καὶ συνδεῖν τῷ τῆς ἀγάπης καὶ ἐνώσεως δεσμῷ κἀκεῖνα ἃ διαστήματι μακροτέρῳ κεχωρισμένα φαίνεται τῆς γῆς καθὸ καὶ τὸ πάλαι τοὺς χρόνων διαστήματι κεχωρισμένους ... πρὸς τὸν τῆς ὁμονοίας σύνδεσμον ἡ θεία δύναμις συνῆπτεν. Zu συνάπτειν und συνδεῖν vgl. meine Theodorstudien S. 18ff.; zu σύνδεσμος ebd. S. 19; zu διάστημα S. 172ff.; zu ὁμόνοια S. 14ff. Die Kongruenzen über 150 Jahre hinweg können ihre gemeinsame Quelle nur bei Origenes haben, an dem auch der Antiochener nicht, ohne zu borgen, vorüber-

Brief des cyprianischen Briefcorpus ist ein Zeugnis dafür, wie die östliche, in kosmischen Dimensionen fühlende, und die westliche, mehr dem Amtsdenken[8] verhaftete Kirche einander im Medium der Freiheit begegnet sind[9].

Die vorliegende Untersuchung macht es sich zur Aufgabe, dem auszeichnend Besonderen — dem »Freiheitlichen« in Cyprians Konzeption und Haltung nachzuspüren. Sie kann ihr Ziel nur erreichen, indem sie sich bescheidet. Die zuletzt von Bévenot[10] so gründlich untersuchte handschriftliche Überlieferung kann nicht Gegenstand der Erörterung sein, und die entscheidende Frage nach Echtheit oder Unechtheit des »Primacy Text« (die selbst dann nicht beantwortet wäre, wenn man die Bezeugung der umstrittenen Fassung schon für das dritte Jahrhundert mit Sicherheit feststellen könnte[11]) darf nicht den eigentlichen

kam. Von dem großen Alexandriner stammt der durch Rationalität und spirituelle Intensität bestimmte Zug ins Weite, nicht minder der Sinn für Freiheit, von dem alle seine Schüler einen Hauch verspürt haben. Es ist kaum anzunehmen, daß den Übersetzern in Cyprians Kanzlei (die Frage des Übersetzers und einer evtl. Überarbeitung muß hier auf sich beruhen) die Position Firmilians voll verständlich war, und Cyprian selbst wird sich an die Bekräftigung des eigenen Standpunktes gehalten haben. Desto bemerkenswerter ist es, daß zwei so verschiedene, obschon verwandte geistige Horizonte sich in einem Dritten begegnet sind, das beiden gemeinsam war: der philosophisch tiefere Kleinasiate staunt, daß Gott das zeitlich-räumlich Zerstreute in sich zu gegenstrebiger Einheit versammelt, ep. 75, 3.

[8] Von Campenhausen, Lateinische Kirchenväter S. 38: »Mit Cyprian beginnt die Reihe der ‚kurialen' Bischöfe, die ihren geistlichen Auftrag im magistratischen Stil der Konsuln und Prokonsuln zu erfüllen suchen« usw.

[9] Cyprian denkt diese Freiheit *sub specie episcopi*, vgl. von Campenhausen, Kirchliches Amt S. 307f. In von Campenhausens Darstellung tritt freilich die Unmittelbarkeit des Bischofs zum »*sacramentum unitatis*« (die bei Cyprian an die Stelle der urchristlichen Vergebungsgewißheit getreten ist) zugunsten des »Amts«denkens zu stark zurück, vgl. das folgende im Text.

[10] Vgl. oben Anm. 2.

[11] Vgl. schon zu Chapmans Ergebnis die besonnen zustimmende Stellungnahme Harnacks (oben Anm. 2) S. 262f.: mit absoluter Sicherheit läßt sich doch nicht beweisen, daß P.T. schon ins dritte Jh. gehört. — Auch Bévenot wurde durch seine gründliche Kenntnis der handschriftlichen Überlieferung zu der Überzeugung geführt, daß Cyprian den P.T. vor dem T.R. verfaßt haben müsse, a. a. O. S. 12. Eindrucksvoll ist sein Nachweis, daß der verworrene Text seiner »Familie 7« als Ergebnis einer Interpolation zweier Stücke aus T.R. in einen ursprünglichen P.T. zu betrachten ist, S. 37—39. Da ferner ein gemeinsamer Archetypus für die Familien 1, 4 und 7 postuliert werden muß, von denen 1 (durch eine Hs vertreten) nur den P.T. kennt, während 4 eine Kombination aus P.T. und T.R. bietet, so ergibt sich allerdings mit großer Klarheit, daß es einen Überlieferungsstrang gegeben haben muß, in welchem P.T. unabhängig von T.R. tradiert wurde. (Das hatte aber auch schon Koch postuliert, Cathedra Petri S. 143.) Weiter kann man nur durch unsichere Vermutungen kommen, und selbst wenn man die wirklichen und vermeint-

Inhalt, ihre endgültige Beantwortung also auch nicht die Voraussetzung der folgenden Deutung bilden. Nicht als wäre es erlaubt, sich
über diese Schwierigkeiten leichtfertig hinwegzusetzen! Aber indem
sie halbe Kola mühselig hierhin und dorthin rückt, hat die Forschung
begonnen, sich im Kreise zu drehen[12]: kein Zweifelnder wird auf diesem
Wege jetzt noch Erleuchtung hoffen. Deswegen fehlt auf den folgenden
Seiten ein ausgeführter Vergleich zwischen T.R. und P.T. (alles Nötige
hat die Forschung fünf- und zehnmal gesagt), und eine Beweisführung
gegen die Echtheit des P.T. wird, unter zum Teil neuen Aspekten, nur
nebenbei und indirekt geboten.

Denn das meiste spricht allerdings dafür, daß P.T. unmöglich
Cyprian zum Verfasser haben kann. Wer sich diese jetzt schon beinahe
häretische Überzeugung zu eigen macht, mag sich auf das Urteil be-

---

lichen Spuren des P.T. bei Vätern und Päpsten bis ins 4. Jahrhundert rückwärts in
Rechnung stellt (dazu Koch Cath. Petri 141 f.), ist über Echtheit und Ursprünglichkeit der umstrittenen Fassung das letzte Wort nicht gesprochen. Um so weniger,
als es ja andererseits eine Familie gibt (= 2, vgl. Bévenot a. a. O. S. 17, Anm. 3),
die einen von P. T. unberührten T. R. bietet, und zwar hinsichtlich der Zahl der
überlieferten Hss zu Familie 1 (s. o.) im Verhältnis 40:1 stehend. Es zeigt sich hier,
daß Bévenot, der die von der handschriftlichen Überlieferung gestellte Aufgabe
hervorragend gelöst hat, sich von vorgefaßten Meinungen bezüglich der Deutung
nicht hat befreien können. Zu den unbestreitbaren Verdiensten der Arbeit Bévenots
gehört es aber ferner, daß er durch einen Vergleich des reinen P.T. von Familie 7
(s. o.) den vermutlich originalen Umfang von P.T. und, vermöge eines Subtraktions-
verfahrens, von T.R. zu bestimmen vermochte. Demnach endet der Textus Receptus
nicht mit De unitate c. 4, sondern erst mit dem Satz: »Nemo fraternitatem . . .
corrumpat« in c. 5, p. 214, 1. Dies bedeutet, daß der als Übergang zu den Ausführungen über den *episcopatus unus* (p. 214, 1ff.) so glückliche Anfang des fünften Kapitels
in derjenigen Fassung, die nur P.T. bietet, fehlt. Bévenot meint freilich, die Einheit
der Bischöfe sei für Cyprian, als er die Einheitsschrift verfaßte, noch kein Problem
gewesen, und ein Ausfall dieser Zeilen, wie man ihn bei Ursprünglichkeit von T.R.
voraussetzen müßte, könne andererseits nur durch einen Zufall erklärt werden
(S. 55ff.). Indessen ist das Fehlen des Passus befriedigend erklärt, wenn man sich
vorstellt, der Redaktor habe ein Interesse daran gehabt, die Bedeutung Petri
hervorzukehren. Er setzte erst wieder ein mit der fundamentalen Aussage über
das Bischofsamt: *Episcopatus unus est*, und die konnte er nun zwanglos mit der in
P.T. zuvor erscheinenden *Cathedra Petri* in Zusammenhang bringen. M. E. haben
Bévenots Ergebnisse der Einsicht in die Unechtheit des P.T. gerade Vorschub ge-
leistet. Ernsts Vermutung, die ganze Veränderung rühre bloß daher, daß Cyprian
ein neues Johanneszitat (*Pasce oves meas*) eingefügt habe (Cyprian und das Papsttum, in: Der Katholik 91, 1911, 330; vgl. Bévenot a. a. O. S. 54), verwechselt doch
wohl Ursache und Wirkung. — Zur Vertauschung der vergnüglichen »*Hic's* und
Illic's« in un. 19 vgl. Chapman, RevBén 20 (1903) 45 f.; 27, 1910, 453; sowie Koch,
Cathedra Petri 117 ff. Die hier angerührten Probleme werden unten im ersten Kapitel
noch einmal erörtert.

[12] Vgl. oben Anm. 2.

rufen, welches Hans Freiherr von Campenhausen in seiner zusammenfassenden Studie über »Cyprian und das Bischofsamt« niedergelegt hat[13]. Er darf sich vor allem auch auf die gelehrten Ausführungen von Jean le Moyne stützen, der über die Frage der Autorschaft wieder gründlich nachgedacht hat[14]. Nicht alle seine Argumente scheinen überzeugend[15]: aber er hat doch noch einmal klar gezeigt, daß in der umstrittenen Fassung Petrus eine über das Maß des cyprianischen Entwurfs hinausführende Rolle spielt. Der Verfasser des P.T. hält zu hartnäckig an der Person des Erstapostels fest[16]: das hat le Moyne mit Recht auch gegen die verführerisch »cyprianische« Konzinnität des Stils[17] geltend gemacht[18]. Die Vermutung, das Stück gehöre, als Erzeugnis einer schon fortgeschrittenen Entwicklung, in die Nähe eines Optatus von Mileve[19], hat viel Wahrscheinlichkeit; und jedenfalls möchte es fraglich scheinen, ob sich unter Hinweis auf die handschriftliche Überlieferung Entscheidendes dagegen einwenden läßt[20].

---

[13] Kirchliches Amt S. 304, Anm. 3: »Ich halte den von H. Koch . . . geführten Gegenbeweis trotz alles dawider aufgebotenen Scharfsinns nach wie vor für zutreffend und genügend.«

[14] In dem oben Anm. 1 genannten Artikel.

[15] Daß P.T. eine Stellungnahme zugunsten Roms enthalte, läßt sich nicht beweisen, vgl. Bernhard Poschmann, Ecclesia principalis, ein kritischer Beitrag zur Frage des Primats bei Cyprian, 1933, S. 76.

[16] Le Moyne a. a. O. S. 100: »Dans P.T., saint Pierre après la résurrection est mis en relief une seconde fois: son ‚primatus' n'est pas provisoire. L'Apôtre le possède jusqu'à la fin de sa vie; il se continue même dans l'Église.« Auf das »post resurrectionem« hatte schon Koch den Finger gelegt, Cyprian und der röm. Primat S. 161f.; Cathedra Petri S. 124f. Der Einwand ist entscheidend: Cyprians (echter) Petrus bindet die Kirche in keinem (auch nicht in dem von der katholischen Forschung angenommenen, Rom gegenüber neutralen) Sinne an sich, sondern er geht — im wohlverstandenen Sinne — in der Kirche auf. Was dagegen in P.T. in Wirklichkeit steckt, erkennt man an seiner bedeutendsten Fortbildung, der Constitutio dogmatica I de Ecclesia Christi des ersten Vaticanum, Denzinger Nr. 1822: . . . Atque uni Simoni Petro contulit Iesus post resurrectionem summi pastoris et rectoris iurisdictionem in totum suum ovile dicens: Joh 21 15ff. . . . Hier feiert Stephan Triumphe, und Cyprian verhüllt sein Haupt.

[17] Hierzu ist vor allem Perlers Untersuchung zu vergleichen (oben Anm. 2).

[18] Le Moyne S. 99ff., bes. S. 104, Anm. 1.

[19] Ebd. S. 104f.: »Le texte du Contra Parmenianum 2/2 contient une doctrine assez semblable à celle de P.T. en ce qui touche Rome. N'est-ce-pas en Afrique qu'il faut chercher le lieu de rédaction de P.T. ?«

[20] Vgl. oben Anm. 11. — M. Bévenot, Primatus Petro datur, St. Cyprian on the papacy, in: The Journal of Theological Studies, N. S. 5 (1954) 19—35 legt den Finger auf einige Unstimmigkeiten in Le Moynes Darlegungen, ohne doch dessen aufs Ganze gesehen zutreffende Argumentation widerlegen zu können. Die verfehlte Auffassung des cyprianischen Petrus (er ist »the source of all those who came to be endowed pari potestate« etc., S. 23, »the rock on which all the faithful were to stand«, S. 28),

Die vorliegende Untersuchung geht von der Auffassung, nur T.R. sei als cyprianisch zu betrachten, als von einer an Sicherheit grenzenden Wahrscheinlichkeit aus: nicht um auf ihr, als auf einem immer noch schwankenden Grunde zu bauen, sondern um den Weg zu ihr aus einer bisher noch nicht eingeschlagenen Richtung gangbar zu machen. Denn hier handelt es sich in der Hauptsache zunächst um eine Kritik an Hugo Kochs weithin und besonders auf protestantischer Seite akzeptiertem Cyprianverständnis. So sehr nämlich Koch gegen seine konfessionell gebundenen Bestreiter im Recht gewesen ist, hat er sich bei seiner eigenen Deutung in Irrtümer verstrickt. Seinem Scharfsinn, seiner Unermüdlichkeit, seiner Furchtlosigkeit verdankt die Cyprian-Forschung viel. Aber seine mit reichen Stoffmassen umgehende Interpretationsweise ist nicht immer präzise genug, und seine Deutung bleibt zu konventionell. Das Andersgeartete in der Konzeption des karthagischen Bischofs wird sozusagen nur als Abweichung im Quantitativen begriffen — noch nicht papalistisch, nur erst episkopalistisch —; im Kontrast gegen Rom hofft der Ausleger, mit Abstrichen auszukommen. Infolgedessen ist Koch auf halbem Wege stehengeblieben, wie die nicht unberechtigten Einwände seiner Kritiker und seine eigene, in gewissem Sinne rückläufige Entwicklung[21] indirekt zeigen. So scheint es geboten, Kochs Ausführungen vor allem über De unitate cc. 4 und 5, und zwar gerade auch diejenigen, die er zuerst, im Jahre 1910, vorgelegt hat, gründlich zu prüfen. Denn es drängt sich die Vermutung auf, Koch sei mit all seinen Mißverständnissen der Wahrheit näher gewesen als seine Kritiker mit dem, was sie aus ihrer traditionellen Sicht bis zum heutigen Tage mit Recht gegen ihn einwenden können.

Was die vorliegende Studie positiv will, deutet im Unterschied zu den Titeln früher erschienener Abhandlungen (Caspar: *Primatus Petri*; Koch: *Cathedra Petri*; Poschmann: *Ecclesia principalis*) das Thema an. *Sacramentum unitatis*: auch ein aus Cyprians Schriften gewonnener Begriff, der nicht allein zugunsten der Datierung des Textus Receptus ein gewisses Präjudiz schafft[22], sondern vor allem den Wink

---

kurz der Petrozentrismus läßt den Verfasser hier wie auch sonst den Unterschied zwischen dem echten Cyprian und dem Autor des P.T. verkennen.

[21] In »Cathedra Petri« gelangt Koch zu Einsichten, die zwar für sich genommen einen Fortschritt bedeuten, aber auf dem von Koch eingeschlagenen Wege erst vollends in eine Sackgasse führen.

[22] »*Sacramentum unitatis*« begegnet im T.R. p. 213, 11, während es im P.T. fehlt — ein Umstand, auf dessen weitreichende Bedeutung die Forschung, soviel ich sehe, noch nirgends aufmerksam geworden ist. Es findet sich in der Einheitsschrift außerdem c. 7 = p. 215, 11, vgl. p. 216, 13 und c. 15 = p. 224, 12 (anders c. 19 = p. 227, 19). Überdies kommt es in der Korrespondenz vor, die auf die Erhebung Novatians folgt, vgl. die Nachweise bei Le Moyne a. a. O. S. 82, Anm. 5: ep. 45, 1 = p. 600, 4f.;

enthält, das *punctum saliens* weder in Rom noch bei Petrus (auch nicht in dem von Koch behaupteten »typischen« Sinne) zu suchen. Cyprians

ep. 54, 1 = p. 621, 19; ep. 55, 21 = p. 639, 5; ep. 59, 2 = p. 668, 8. Zum späteren Gebrauch des Terminus vgl. ep. 73, 11 = p. 786, 13; ep. 74, 11 = p. 808, 22. 23; 809, 9, vgl. 809, 13; ep. 69, 6 = p. 754, 15. Der 52. Brief (c. 2 = p. 617, 9 ff.) zeigt, daß Cyprian den Begriff von Eph 5 31f. aus gestützt hat (die Anregung wird von Tertullian ausgegangen sein, vgl. unten Kapitel 2, Anm. 22). Überdies wird deutlich, daß Cyprian, wenn er un. 4 (T.R.) = p. 213, 10 ff. Eph 4 mit den Worten einführt: *Quando et beatus apostolus Paulus hoc idem doceat et sacramentum unitatis ostendat*, hierbei zugleich Eph 5 in Gedanken hat. — Ich setze hierher, was ich in ThLZ 92 (1967) 4, 258 f. ausgeführt habe: »Es ist nicht leicht zu sagen, inwieweit sich Cyprian über die Gleichung *sacramentum = mysterion* Rechenschaft gegeben hat: der von Tertullian ererbte vielschichtige, an Untertönen reiche Wortgebrauch von *sacramentum* einerseits, Cyprians eigene monotone Eloquenz andererseits erschweren die präzise Begriffsbestimmung. Man tut gut daran, nicht sowohl die vokabelmäßige Bedeutung, als vielmehr den faktischen Wortgebrauch — und die Synonyma ins Auge zu fassen. Der Befund ist eindeutig. Das *sacramentum unitatis* von De unitate 4 kongruiert mit der *Una Mater* von c. 5, mit der *Sponsa Christi* und *Mater Ecclesia* von c. 6; es wird in c. 7 durch Christi nahtloses Gewand symbolisiert, das man entweder ganz oder gar nicht besitzt — kurz: es bezeichnet die im Geheimnis, als schöpferische Potenz und als Heiltum präsente himmlische Kirche, die nach un. 7 Christus »vom Himmel und vom Vater« auf die Erde gebracht, und die er nach c. 4 Petrus und den Aposteln (d. h. den Bischöfen) zu treuen Händen übergeben hat.« — Daß der Begriff (*sacramentum unitatis*) sich in Cyprians Briefen nach dem Bekanntwerden des novatianischen Schismas findet, zuvor aber nicht, läßt mit der Möglichkeit rechnen, daß die Einheitsschrift die römischen Wirren voraussetzt.

Erst nachträglich kam mir die Abhandlung von Adrien Demoustier, L'ontologie de l'église selon saint Cyprien, in: RechScRel 52 (1964) 554—588, zu Gesicht, wo der Begriff des *sacramentum* bemerkenswert ins Zentrum gerückt wird. Mit Recht legt der Vf. den Nachdruck darauf, daß es nicht ausreicht, den Kirchenbegriff Cyprians in juridischen Termini zu beschreiben: »Institution dont le centre est le corps épiscopal, l'Église n'en est pas moins une réalité et un pouvoir spirituels« (S. 557). Eine (nicht erschöpfend gemeinte) Untersuchung des cyprianischen Sakramentsbegriffs gelangt zu dem Ergebnis (S. 559), »que lorsque *Sacramentum* désigne une réalité perceptible de notre monde (im Hintergrund steht für den Vf. der Begriff der *res sacra*), il ne la signifie pas directement, mais vise à son propos une action divine«. Zum Überfluß zeigt sich, daß »dans de nombreux cas *Sacramentum* traduit manifestement *mysterium*«. Von besonderem Interesse ist die Anwendung des Wortes *sacramentum* (nicht nur auf die Taufe, sondern vor allem) auf die Eucharistie, S. 565 ff., in welcher *sacramentum spiritale et caeleste perficitur* (ep. 63, 13 = p. 712, 2 Hartel), in dem Sinne, daß die unzertrennliche Einheit Christi und der Gläubigen durch die Vermischung von Wein und Wasser, Mehl und Wasser nicht allein symbolisch bezeichnet, sondern (vermittels der Konsekration) auch realisiert wird. Entscheidend die Konklusion auf S. 567: » . . . retenons que l'union du peuple au Christ et donc l'Église se fait par l'Eucharistie puisqu'en elle ce que signifie le rite est rendu réel et que cette signification est l'union du Christ et de son Église.« Die Erörterung eines Abschnittes aus De dominica oratione (c. 18) ergibt, daß die Kirche nicht

Kirche läßt sich weder mit dem einen noch mit dem anderen einfach identifizieren: sie ist vor allem — sie selbst. So vage nun der Hinweis lediglich »la réalité sociologique juridiquement organisée par la hiérarchie épiscopale«, daß sie vielmehr a priori (d'abord) »l'assemblée eucharistique« ist, die sich durch die Feier des Sakramentes in versammelter Gemeinde konstituiert (S. 570). Auf der so gewonnenen Grundlage schreitet der Vf. zu einer ausführlichen Erörterung der Einheitsschrift. Ausgezeichnet seine Beobachtung, daß die vom fünften Kapitel insinuierte Parallelität zwischen Episkopat und Kirche eine qualitative Verschiedenheit impliziert (S. 574): »Ce chap. V assure ainsi la transition du corps épiscopal à l'Église proprement dite et montre comment le type d'unité spirituelle qui est celui de l'épiscopat se retrouve au niveau plus fondamental de l'Église elle-même.« Die rhetorische Anleihe, die Cyprian bei Verwendung des dreifachen Bildes der Sonne, des Baumes, der Quelle bei Tertullian adv. Prax. VIII macht, führt den Vf. zu der Überzeugung, Cyprian habe auch in sachlicher Übereinstimmung mit Tertullian sagen wollen (S. 575), »que l'unité Trinitaire est le fondement dernier de l'unité caractéristique de l'Église catholique«. Eine Bestätigung findet der Vf. in un. 6 (S. 580f.). Von Interesse sind die Hinweise des Vf.s auf die (»ontologische«) Bedeutung der *Mater Ecclesia* (S. 578), und endlich (S. 582) wird die Wendung *sacramentum unitatis* in un. 7 hervorgehoben. Wie der Vf. den Begriff näher bestimmt, sagt er auf S. 583: »Le *Sacramentum unitatis*, c'est l'unité de la trinité se reproduisant dans l'unité de l'Église et se faisant ainsi reconnaître comme l'origine de cette unité.«

Ich halte die Abhandlung von Demoustier für das Beste, was in jüngster Zeit über den Kirchenbegriff Cyprians publiziert worden ist. Trotzdem bin ich mit dem Vf. an entscheidenden Punkten nicht einig. Er beschränkt sich im wesentlichen auf drei Gesichtspunkte: den juridischen, den (im engeren Sinne) sakramentalischen, den trinitarischen. Die *Mater Ecclesia* Cyprians ist ihm keine eigenständige Größe, sie zerstreut sich bei näherem Zusehen in ihre verschiedenen Bezüge a) zur Heiligen Trinität, b) zu Taufe und Eucharistie, c) zu Bischof und gläubigem Volk. Hierher gehört, daß der Vf. höchst charakteristisch schon in un. 5 den trinitarischen Bezug prävalieren läßt, so daß die *Mater Sponsa* gar nicht dazu gelangt, ein *sacramentum sui generis* zu sein. In diesen Zusammenhang gehört, daß die Wendung ,*quam sit inseparabile unitatis sacramentum*' in ep. 69, 6 = p. 754, 15 Hartel vom Vf. ohne weiteres auf die in c. 5 des Briefes erwähnten Sakramente im engeren Sinne bezogen wird (S. 572f.), wozu der Text keinen Anlaß bietet. Mir scheint, diese an Cyprian vorbeidenkende Verkürzung der Perspektive (die das Mysterium nur im trinitarischen Glauben und im Vollzug von Taufe und Eucharistie zu Gesicht kommen läßt), resultiert daraus, daß der Vf. Petrus, Rom und die Einheit der Kirche zu rasch und zu undifferenziert aufeinander bezieht (ich moniere das an verschiedenen Stellen dieser Abhandlung, vgl. das Autorenregister). Damit hängt zusammen, daß der Vf. T.R. und P.T. von un. 4 auf einer Ebene sieht (vgl. oben Anm. 2). Demoustier ist auf die Bedeutung des Mysteriums aufmerksam geworden, das ist sein unbestreitbares Verdienst. Aber er interpretiert es nicht im Sinne der »ekklesiologischen Differenz«. Daß er damit das Mysterium der *ecclesia catholica* im Grunde gerade verfehlt, ließe sich im Anschluß an das letzte Kapitel der hier vorliegenden Untersuchung unschwer zeigen. Ich halte indessen die Ausführungen des Vf.s für so wichtig, daß die im Vorwort ins Auge gefaßte wiederholte Untersuchung des Sakramentsbegriffs sich vor allem mit ihm wird auseinandersetzen müssen.

auf das *sacramentum* »Kirche« scheinen mag[23], so pünktlich und rational läßt sich in Cyprians Denken der Ort bestimmen, an dem es sich geltend macht: dort, wo es die aufweisbare Kirche und ihre Repräsentanten in die Schranken ihrer Besonderung weist, um sie in sein vom Ursprung her Bleibendes und Eines zu versammeln. In einem tiefsten Sinne ist Kirche hier nicht gleich Bischof und nicht gleich der Summe der Bischöfe[24], so stark übrigens Cyprian betont, daß die Kirche »im« Bischof sei[25]. Dies »*Extra Cyprianicum*« hat die Forschung bisher zu wenig grundsätzlich genommen[26, 26a].

---

[23] Vgl. die vorige Anm.

[24] Joseph C. Plumpe, Mater Ecclesia, an inquiry into the concept of the Church as Mother in early Christianity (The Catholic University of America, Studies in Christian Antiquity 5, 1943, S. 95 ff.), reflektiert darüber, daß Cyprian so oft (an etwa 30 Stellen) die Kirche als »Mutter« bezeichnet, während die gleichzeitige römische Schriftstellerei und Korrespondenz (Novatian, Cornelius) sich hierin spröde zeigt. Überdies beobachtet Plumpe, daß Cyprian in ep. 47 (an Cornelius) die *Mater* mit der *ecclesia catholica*, also gerade nicht mit der römischen Lokalkirche gleichsetzt, während er in dem gleichzeitigen Schreiben an die novatianisch gesinnten römischen Bekenner unter lokalem Aspekt lediglich von *ecclesia* und *episcopus* spricht. Plumpe vermutet wohl zu Unrecht einen beabsichtigten Kontrast, aber seine Beobachtung ist sehr lehrreich. Der Gegensatz von hierarchischer und sakramentaler, von lokaler und universaler Kirche ist für Cyprians Kirchenbegriff konstitutiv, und beide Gegensatzpaare decken sich, sobald man die universale Kirche nicht (wie freilich gewöhnlich geschieht) als Summe der Einzelkirchen, sondern als *sacramentum unitatis* (= Mutter und Braut, vgl. un. 6) begreift. Le Moyne, der a. a. O. (vgl. o. Anm. 1) S. 82 bei Anm. 1 u. 2 den Vorstellungsbereich der „mütterlichen« Kirche ebenfalls streift, hat nur den Unterschied von église locale und ensemble de la Chrétienté im Auge und übergeht folgerichtig die paradoxe Identität von universaler und partieller Kirche, die wir bei Cyprian auf Schritt und Tritt voraussetzen müssen. Vgl. die in dieser Beziehung zutreffenden Bemerkungen bei Poschmann, Ecclesia principalis S. 94. Das paradoxe Zumal von Amt und Geheimnis löst auch die Schwierigkeit, die Plumpe a. a. O. S. 105, Anm. 68 in ep. 45, 3 findet. Die Feststellung, daß Cyprian im Vergleich zu den übrigen Lateinern eigene Wege ging, unterstreicht das Besondere seiner Konzeption (die beiden afrikanischen Bischöfe Sent. episc. 10 u. 26 sind von ihm inspiriert, und Firmilian, ep. 75, 14, mag sich durch seine origenistischen Voraussetzungen, die freilich auf anderer Ebene lagen — Plumpe 63 ff.; 104 — zur Antwort in Cyprians Sinne ermuntert gefühlt haben).

[25] Vgl. ep. 66, 8 = p. 733, 5: *episcopum in ecclesia esse et ecclesiam in episcopo*. Die — polemisch gemeinte — Formulierung läßt die Kirche nur im Bischof zugänglich sein. Aber diese Kongruenz ist nicht triviale Identität, sie ist eher im Sinne eines »Unvermischt und Ungeschieden« zu deuten und hindert nicht, daß der Bischof nur so lange »*in ecclesia*« bleibt, als er sich in Demut von dem alle Bischöfe gleichursprünglich (un. 5) einenden *sacramentum unitatis* her versteht. Novatian vermochte dies nicht und stand damit außerhalb der Kirche.

[26] Das gilt auch von den einschlägigen Passagen bei Joseph Ratzinger, Volk und Haus Gottes in Augustins Lehre von der Kirche, 1954, S. 87—102. Ratzinger ordnet zwar dem konkret-rechtlichen Kirchenbegriff Cyprians einen anders gearteten, eucha-

Es dürfte überhaupt schwerfallen, einen altkirchlichen Bischof zu finden, der an innerer Spannung zwischen hierarchischem Selbstbewußtsein und verzichtender Hingabe an das im Geheimnis Eine der

ristisch-sakramentalen Kirchenbegriff zu (und bewegt sich damit zehn Jahre vor Demoustier bereits in den von diesem beschrittenen Bahnen, vgl. oben Anm. 22). Ich bestreite nicht die Richtigkeit der damit angedeuteten Gesichtspunkte, wohl aber ihre Alleingültigkeit. Die Verkennung der »ekklesiologischen Differenz« kommt vielleicht am deutlichsten heraus, wo Cyprians Mater Ecclesia rundweg mit der Amtskirche identifiziert wird (S. 88). Es finden nur die beiden Seiten der vorfindlichen Kirche Berücksichtigung, die »äußere« und die »innere«, aber nicht deren geheimnisvoll-verborgener Schoß, d. h. die Kirche als *sacramentum sui generis*. Dies Manko geht indessen nirgends auf das Konto eines einzelnen Forschers: es wurzelt in der traditionellen katholischen Sicht, d. h. in der überlieferten kirchlichen Metaphysik. Ironischerweise bedeutet es zugleich die Verkennung des, wie man meinen sollte, grundkatholischen *Mysterium Marianum*, vgl. das abschließende Kapitel dieser Untersuchung. Das überlieferte katholische Denken ist noch nicht dazu gelangt, sich heilsam radikal in Frage zu stellen. Das kann auf das Verständnis seiner (verdeckten) Ursprünge nicht ohne Auswirkung sein.

[26a] Die Darstellung von Campenhausens, Kirchliches Amt S. 292 ff., ist darin so überaus lehrreich, daß sie die praktische Selbstbeschränkung des Amtes zugunsten der Kirche, der es dient, aus lebendiger Anschauung der konkreten Gegebenheiten vor Augen stellt. Vgl. auch die das Grundsätzliche streifenden schönen Sätze über das (die kirchenpolitische und juristische Seite hinter sich lassende) Wesen der Kirche Cyprians auf S. 306f. — Gute Bemerkungen zum Unterschied von Geistes- und empirischer Kirche auch bei Beck a. a. O. (vgl. o. Anm. 4) 149. 151ff. — Schade ist, daß Günter Klein, Die hermeneutische Struktur des Kirchengedankens bei Cyprian, in: ZKG 68 (1957) 48—68, bei vielen scharfsinnigen Bemerkungen und gewandter Terminologie die Konzeption Cyprians so gründlich verkennt. Das Anliegen des Verfassers, über das historisch Ableitbare hinaus nach dem, was spontan erwächst (nach dem »Selbstverständnis«) zu fragen, ist nur zu berechtigt (S. 49). Aber »spontan« ist bei Cyprian gerade die Unmittelbarkeit des Bischofs zum (im Umkreis ihrer »Aufweisbarkeit«) unverfügbar Einen der Kirche. Das *»sacramentum unitatis«* ist daher als »hermeneutischer Schlüsselbegriff« des Kirchengedankens zu betrachten und nicht, wie Klein S. 57 meint, die »Idee der Hierarchie«. Wo dies übersehen wird, entstehen Probleme, deren Lösung dann in bekannter Weise durch den Hinweis auf »Angst« und »Selbstbehauptung« (S. 67f.) gesucht werden muß, wie denn überhaupt Cyprians Lehre, die der Verfasser als »totale Diktatur des Kirchengedankens« charakterisieren zu dürfen glaubt, als Symptom und Folge der »Entfernung Gottes« erscheint (65f.). Es ist ohne Zweifel notwendig, die alte Kirche aus dem Gesichtskreis der wiederentdeckten Reformation zu begreifen. Aber wir müssen zugleich darum bemüht sein, die Gedanken der Väter, im Kontrast der Christentümer und mit der methodisch gebotenen Selbstvergessenheit, aus ihrem eigenen Horizont zu verstehen. Mit dem bloßen »Abhören« (dies bezeichnende, weil der überlegen-technischen, dem Mysterium entfremdeten Welt zugreifender Praktik entstammende Schlagwort der gegenwärtigen Theologie bei Klein S. 49) ist es da nicht getan. In Kleins Ausführungen hat nicht sowohl ihr Verfasser als vielmehr die Methode der existentialen Interpretation, einseitig geübt, sich selbst ad absurdum geführt. Es ist kein Schade, dies einmal

Kirche mit Cyprian sich zu messen berechtigt wäre[27]. Selbst ein Augustinus, an Schichten und Widersprüchen reich, läßt jene besondere Geste vermissen, mit welcher Cyprian sich und seine *coepiscopi* gleichsam in Anführungsstriche setzt, wenn es gilt, dem unverfügbaren Walten der Kirche Raum zu geben. Wo Augustinus die Kraft fühlt, auch Gegensätzliches zum Ganzen seiner großen Konzeption zu vereinen[28], bleibt Cyprian für die Möglichkeit des nicht aus dem eigenen Horizont zu begreifenden Fremden immer noch irgendwie offen[29]: man mag darüber nachdenken, welches von beidem das Christlichere ist. Cyprians zwischen Offenheit und Beharrung ausgewogener Charakter, seine bedeutende, jedoch nicht zentrale Stellung in der westlichen Kirche, endlich die auf den Ausgleich des Überkommenen mit dem krisenhaft Neuen hindrängende geschichtliche Situation haben zusammen bewirkt, daß sich ein kräftiges Amtsbewußtsein mit dem Gespür für das unverfügbare Zentrum der Kirche außerhalb des eigenen und jeden (auch des römischen) bischöflichen Machtbereichs die Waage hielt.

---

ad oculos demonstriert zu bekommen: ein Zugang zu den Vätern der Kirche ist auf diesem Wege nicht zu gewinnen.

[27] Nach von Campenhausen, Kirchliches Amt S. 319 ist bei Cyprian »die eigentümliche Dialektik zwischen Geist und kirchlicher Organisation . . . gänzlich zugedeckt«. Dies mag für den Bereich der lokalen Gemeinde (an die von Campenhausen wohl auch nur denkt) zutreffen: für das Verhältnis der Bischöfe untereinander dagegen nicht. Die kollegiale Selbstbeschränkung, wie sie uns in Cyprians Briefen auf Schritt und Tritt (besonders an den Krisenpunkten der kirchlichen Entwicklung) begegnet, ist mehr als eine bloß taktische Rücksichtnahme auf den »Pluralismus« der Kirche. Sie gibt im wechselseitigen Ansichhalten dem Geheimnis der Kirche Raum und sichert, im Rahmen der bischöflich verfaßten Gesamtkirche, jene Unmittelbarkeit zum Herrn (jeder Bischof ist nur ihm verantwortlich), die die Freiheit des Bischofs erst begründet (anders von Campenhausen 308 in.). Damit tritt aber auch die lokale *potestas* in ein anderes Licht. Das Halten an der Einheit ist für Cyprian »existentiell« notwendig, keine bloß kirchenpolitische Maßnahme (auch nicht im Ketzertaufstreit, vgl. Kirchliches Amt S. 320f.). »Kirche« ist für Cyprian nicht gleichsam nur eine organisatorisch lenkbare Summe von Schiffen (aber auch nicht das Eine Schiff, das die Römer aus ihr machen wollten): sie ist zuvor das Meer, das die Flotte trägt — ihm muß sich anvertraut haben, wer im Verbande der Gleichen segeln will; wer freilich ausschert, läuft nach Cyprians Überzeugung auf Sand.

[28] Man kann dies an der Art exemplifizieren, wie Augustinus die von ihm im Vergleich zu Cyprian viel stärker betonte kirchen-»typische« Bedeutung Petri doch ins Ganze seines vielschichtigen Kirchenbegriffs wieder zurücknimmt, so daß bei veränderter Perspektive doch noch eine kongeniale Cyprian-Interpretation herauskommt. Vgl. die Hinweise bei Karl Adam, Cyprians Kommentar zu Mt 16, 18 in dogmengeschichtlicher Beleuchtung, ThQ 94 (1912) 217ff.

[29] Vor allem tritt dies im Ketzertaufstreit hervor. Vgl. unten Kap. 7 Anm. 29, sowie Kap. 8, S. 137 mit Anm. 10.

Erstes Kapitel

Zur Datierung der Einheitsschrift und zur Frage der Echtheit des »Primacy Text«

Hugo Koch hat es wahrscheinlich gemacht, daß der ursprüngliche Titel der Einheitsschrift sich in den Handschriften R, G und im Mommsenschen Verzeichnis findet: *De unitate ecclesiae* bzw. *De ecclesiae unitate*, ohne die Charakterisierung der Kirche als »*catholica*«[1]. Dies ergibt sich vor allem daraus, »daß Cyprian in der Einheitsschrift nie die Bezeichnung ,*catholica ecclesia*' gebraucht«[2] — ein Umstand, über dessen Auffälligkeit auch Cyprians eigene spätere Inhaltsangabe »*catholicae ecclesiae unitatem quantum potuit expressit nostra mediocritas*«[3] nicht zu beruhigen vermag.

Aber die Schlüsse, die Koch für die Datierung des Traktats daraus zieht[4], bleiben problematisch, wenn man sie mit seinen übrigen Argumenten zusammenhält. Er selbst hat scharfsinnig die Indizien gesammelt, die für eine Abfassung der Einheitsschrift n a c h Ausbruch des novatianischen Schismas zu sprechen scheinen[5]. Zwar wird man auch hier sein Urteil zum Teil zu modifizieren haben. So ergibt der Vergleich zwischen un. 10 und ep. 54, 3 keinen Hinweis auf Novatian[6], denn d o r t erklärt Cyprian, das Aufkommen von Häresien führe schon vor dem Tage des Gerichts, durch den bloßen Gang der Ereignisse, zu einer Scheidung von Weizen und Spreu; h i e r (wie auch in ep. 55, 25) macht er dem rigoristischen Pseudobischof zum Vorwurf, er suche durch eigenmächtige Entfernung des Unkrauts aus dem Weizen dem göttlichen Urteil vorzugreifen. Das ist ein Unterschied der Gesichtspunkte, den auch der gemeinsame Vorstellungsbereich »Frucht und Unkraut bzw. Spreu«[7] nicht aufwiegen kann. Unsicher ist ferner die Beurteilung von c. 19. Das Vergehen der *Lapsi*, mit deren unbußfertiger Ungeduld Cyprian von seinem Verbannungsort aus zu kämpfen hatte, erscheint

---

[1] Cyprianische Untersuchungen (AzKG 4, 1926) S. 102ff.

[2] Ebd. S. 106.

[3] Ep. 54, 4 = p. 623, 19 Hartel, vgl. Koch S. 106f.

[4] A. a. O. S. 107: »Da ferner Cyprian von ep. 44 an überall, wo er vom novatianischen Schisma spricht, diesem die Einheit der *catholica ecclesia* gegenüberstellt, so wird die Einheitsschrift, wo dieser Ausdruck fehlt, noch in den Gedankenkreis von Ep. 43 gehören und das römische Schisma noch nicht vor sich haben . . .«

[5] A. a. O. S. 84ff.

[6] So Koch S. 86f.

[7] Ebd. S. 87.

hier als geringfügig im Vergleich zu der Schuld, welche die Schismatiker auf sich luden[8]. Ein solcher Gegensatz, so meint Koch zunächst[9], bestand vor Ausbruch des römischen Schismas in Karthago gar nicht, weil hier die Schismatiker laxistisch waren und die Lapsi gerade auf ihre Seite zogen. Andererseits, so korrigiert Koch sich selbst[10], meint Cyprian deutlich nur die bußfertigen Lapsi, und mit dieser Einschränkung kann un. 19 recht gut nur auf Karthago gemünzt sein. Zweifellos ist Koch mit seinem Einwand gegen sich selbst im Recht. Aber der Text ist hier (wie übrigens in der ganzen Einheitsschrift) so allgemein gehalten, daß man über den grundsätzlichen Gegensatz zwischen Abgefallenen und Schismatikern nicht hinauskommt. Solange nicht weitere Indizien hinzutreten, läßt sich keine Entscheidung treffen, auch nicht in dem Sinne, daß man sich (worauf es letzten Endes hinauslaufen wird) vor einem falschen Entweder-Oder bewahrt.

Anderes macht einen überzeugenderen Eindruck. So wird aus c. 16 deutlich, daß die Lage sich zugespitzt hat und daß Cyprian mit einer Intensität an das vermeintlich nahe Weltende denkt, wie wir sie weder aus der Korrespondenz der Verbannungszeit noch aus der Schrift De Lapsis kennen[11]. Ferner: in Karthago gab es im Jahre 251 noch keinen Gegenbischof[12], so daß die in cc. 8 und 10 gegen falsche *propositi* und *episcopi* gerichtete Polemik nur Novatian und seine Parteigänger im Auge haben kann[13]. Dazu würde passen, daß sich Cyprian im fünften Kapitel mit besonderer Emphase an die Bischöfe, als an die amtlichen Verteidiger der kirchlichen Einheit, wendet[14].

---

[8] p. 227, 9: *peius hoc crimen est quam quod admisisse lapsi videntur, qui tamen in paenitentia criminis constituti Deum plenis satisfactionibus deprecantur etc.*

[9] S. 84 ff.

[10] S. 109.

[11] A. a. O. S. 84. Auch Le Moyne findet, daß un. 16 sich nur unter der Voraussetzung des novatianischen Schismas verstehen läßt, a. a. O. (vgl. oben den Einleitungsteil, Anm. 1) S. 80.

[12] Zur Aufstellung des Fortunatus im Mai 252 vgl. Koch a. a. O. S. 92.

[13] Ebd. S. 88. Koch macht sich auf S. 109 selber den Einwand: »Wenn er aber ein bischöfliches Schisma vor sich zu haben scheint, so erklären sich diese Stellen daraus, daß er eben in den Anfängen einer aufrührerischen Bewegung schon das folgerichtige Ende sieht« usw. Freilich wird schon in ep. 41 über Felicissimus, den »*princeps seditionis*«, die Exkommunikation ausgesprochen. Auch diese Stelle bleibt, für sich genommen, doppeldeutig. Doch muß man sagen, daß Cyprians Polemik doch erst einen Sinn gewinnt, wenn er es mit wenigstens einem konkreten Gegenbischof schon zu tun hat.

[14] Koch S. 89. Es handelt sich um einen Passus, der nach Bévenot zum T.R. gehört (vgl. oben die Einleitung, Anm. 11). Nach Karl Adam, Cyprians Kommentar zu Mt 16 18 in dogmengeschichtlicher Beleuchtung, ThQ 94 (1912) 104 wären unter den in der Einheitsschrift wiederholt (pp. 209, 4; 227, 23; 230, 14; 232, 27) angeredeten *fratres dilectissimi* überhaupt die Bischöfe zu verstehen, doch zeigt der Zu-

Die Stichhaltigkeit wenigstens dieser letzten von Koch selbst beigebrachten Argumente scheint so groß, daß es überrascht, wenn Koch nun doch erklärt: man müsse seine Belege »eben anders« deuten[15], weil er sich inzwischen davon überzeugt habe, daß *De unitate* »noch in der *secessio* Cyprians geschrieben ist und nur die karthagischen Verhältnisse im Auge hat«[16]. Wenn freilich Koch, um ehrlichen Herzens nichts verschwiegen zu haben, auch noch eine mögliche Abhängigkeit Cyprians von Novatian zugunsten einer späteren Datierung der Einheitsschrift in die Waagschale wirft, so tut er des Guten zuviel[17]. Seine Liste angeblicher Parallelen zwischen Novatians *De trinitate* und Cyprians *De unitate* ist nicht überzeugend — es dürfte schwerfallen, eine literarische Abhängigkeit zu beweisen, wenn von zwei Autoren der eine schreibt: Der Himmel ist blau, und der andere: Das Meer ist blau. Soweit es sich bei den von Koch zitierten Partien um Gemeinsames handelt, erklärt es sich doch wohl aus der »sprachlichen und rednerischen Schulung der damaligen Zeit«, wie Koch an anderer Stelle[18] zutreffend bemerkt. Die einzige Analogie, die ernsthaft zu denken gibt, ist die zwischen un. 4 und trin. 31[19]. Ließe sich aber hier eine Abhängigkeit mit auch nur einiger Sicherheit konstatieren, so wäre für die Datierung der Einheitsschrift damit gar nichts gewonnen. Zwar hat Cyprian auch von Tertullians Schriften gerade in dem Sinne Gebrauch gemacht, daß er den Anregungen seines »*magister*«[20] nicht selten eine dessen Absichten entgegengesetzte Wendung gab[21]. Dafür aber, daß Cyprians Darlegungen auch nur in un. 4 »gegen Novatian selber gerichtet« sein könnten[22], daß er hier gegen den versteckterweise polemisierte, „der in *de trinitate* über die Einheit in der Vielheit so treffende Worte gefunden und dem Bischof von Karthago so aus der Seele gesprochen hatte und der nun den Mittelpunkt einer unseligen Kirchenspaltung bildete«[23] — dafür gibt der Text keinerlei Anhaltspunkt, und es entspräche auch nicht dem Charakter der über die Zufälligkeiten des Tages hinausgehobenen solennen »*probatio*« der Einheitsschrift.

---

sammenhang, daß sich dies nicht halten läßt, vgl. Bévenot Analecta (oben Einl. Anm. 2) S. 69f. (unter Hinweis auf Poschmann), ferner Koch, Cathedra Petri S. 62.

[15] Cyprian. Unters. S. 109.

[16] Ebd.

[17] Ebd. S. 93ff.

[18] Ebd. S. 50, vgl. S. 97, Anm. 1.

[19] Ebd. S. 93. Es geht, in vergleichbarer Diktion, im einen Falle um die *unitas ecclesiae*, im andern um die *unitas dei*.

[20] Hieron. vir. ill. 53.

[21] Vgl. Erich Caspar, Primatus Petri, in: Zeitschrift der Savigny-Stiftung für Rechtsgeschichte 47 (1927) 282. 284, Anm. 2.

[22] Cyprian. Unters. S. 109.

[23] Ebd. S. 97.

Stehe es nun mit der wechselseitigen Beziehung von un. 4 und trin. 31 wie immer es will (mag eine Anregung für den Bischof von Karthago von Novatian ausgegangen sein oder nicht[24]): ob Cyprian De unitate vor oder nach Novatians Erhebung verfaßt hat, läßt sich von hier aus jedenfalls nicht erkennen, und verständlicherweise äußert sich Koch selbst auch nicht sehr zuversichtlich dazu[25].

Als Ergebnis der bisherigen Erörterung darf gelten, daß einige der von Koch zugunsten einer späteren Abfassung der Einheitsschrift beigebrachten Indizien überzeugend sind und auch von seinen eigenen Einwänden nicht widerlegt werden[26]. Dagegen sind die Beweise, die er zusammenbringt, um die Einheitsschrift trotz allem lediglich auf die Vorgänge in Karthago beziehen zu können[27], sämtlich als mißlungen zu betrachten. Sie zeigen nur (woran aber auch bisher niemand hat zweifeln können), daß Cyprian es jedenfalls auch (und in erster Linie) mit seiner eigenen Gemeinde zu tun gehabt hat[28]. a) Der Satz: *ut cum evangelio Christi et cum observatione eius et lege non stantes christianos se vocent et ambulantes in tenebris habere se lumen existiment blandiente adversario adque fallente, qui secundum apostoli vocem transfigurat se velut angelum lucis etc.* aus dem dritten Kapitel der Einheitsschrift[29] soll deswegen mit Novatian nichts zu tun haben, weil *blandiri* »seit den Tagen Tertullians ... als Vorwurf gegen eine ungerechtfertigte oder vorschnelle Lossprechung gebraucht wird«, dem Novatian aber gerade das Gegenteil zum Vorwurf gereiche[30]. Aber *blandiri* ist an der betreffenden Stelle synonym mit *fallere* (Hendiadyoin) und bezieht sich auf die Verstellungskunst des Widersachers in einem allgemeinen, nicht speziell auf die Absolution bezogenen Sinne (es ist von Häresien und Schismen die Rede, vgl. Koch S. 98). Nichts

---

[24] Eine wiederholte Abhängigkeit Cyprians von der aus Novatians Feder stammenden ep. 30 des cyprianischen Briefcorpus vermutet M. Bévenot, A Bishop is responsible to God alone, in: RechScRel 39 (1951) 397—415. Doch sind hier begründete Zweifel anzumelden. Übrigens würde eine wirkliche Abhängigkeit Cyprians von Novatian (aber dieser schrieb ep. 30 im Namen des römischen Klerus) nur die Unbekümmertheit unterstreichen, mit welcher der Karthager alle Bäche in seinen Fluß zu leiten wußte. Eine das eigene Maß verleugnende Ergebenheit gegenüber dem römischen Stuhl auch nur bei dem frühen Cyprian vorauszusetzen (vgl. Bévenot S. 399), heißt seine Impulse verkennen. Vgl. ähnlich von Campenhausen, Kirchliches Amt S. 305, Anm. 4.

[25] Cyprian. Unters. S. 109.

[26] Koch hält es z. B. auch für möglich, daß mit un. 10 = p. 218, 26f. *qui nemine episcopatum dante episcopi sibi nomen adsumunt* Novatian gemeint sein kann, Cyprian. Unters. S. 88.

[27] Ebd. S. 98ff.

[28] Ich gehe Kochs Argumente im folgenden der Reihe nach durch.

[29] P. 211, 21ff.

[30] Cyprian. Unters. S. 99.

spricht dagegen, daß mit den karthagischen auch die römischen Wirren
ins Auge gefaßt sind[31]. b) Daß »die in c. 12 zurückgewiesene Berufung
der Gegner auf Mt 18, 20 — ‚*ubicunque fuerint duo aut tres collecti in
nomine meo, ego cum eis sum*‘ —viel eher in den Mund der karthagischen
Aufrührer als in den der novatianischen Gemeinde« paßt[32], ist gewiß
nicht ganz von der Hand zu weisen, da Novatian rasch eine große An-
hängerschaft gewann; aber auch die Novatianer waren, in der hier in
Frage kommenden Anfangszeit, eine Minorität. Daß Cyprian schon
selbst in ep. 11, 3 jene Matthäusstelle behandelt hat, vermag nur zu
zeigen, daß er in seiner Auffassung des Herrenlogions nicht wankend
geworden ist[33]. Und falls Cyprians schon von längerer Zeit her datie-
rendes Interesse für Mt 18, 20 die Frage nahelegt, ob es nicht gerade
A f r i k a n e r waren, die es in die Debatte warfen, so ließe sich nichts
mit absoluter Sicherheit darüber ausmachen, ob diese zu den Laxisten
oder zu den Rigoristen gehörten (so sehr übrigens die Waagschale sich
zugunsten der letzteren neigt[34]). Die »sittlichen Verfehlungen einiger
Bekenner«, wie Cyprian sie un. 21 andeutet, mögen nach Karthago
weisen, aber der Schluß des Kapitels spricht von Konfessoren, die ihre

---

[31] In ep. 10, 1 = p. 490, 17 sind täuschende *blanditiae* die zum Teil gutmütigen Versuche der Behörden, die Christen zur Verleugnung ihres Glaubens zu bewegen
(*opp.*: *minae*).

[32] Cyprian. Unters. S. 100.

[33] In ep. 11, 3 (vom Frühjahr 250, vgl. Harnack, Chronologie II, 341, Anm. 3) ruft
Cyprian den karthagischen Klerus auf, in der gegenwärtigen Bedrängnis einmütig
zu Gott zu flehen: dem einmütigen Gebet hat Gott Erhöhrung verheißen. Als
Schriftbeweis dient u. a. Mt 18 $_{19}$, wo Cyprian, das ‚*si convenerit*‘ überinterpretierend,
das Gebot der Nächstenliebe ausgedrückt findet. In deutlicher Anspielung an Mt 18 $_{20}$
fährt er fort (p. 498, 2f.): *quod si duo unanimes tantum possunt, quid si unanimitas
apud omnes esset*? (Zum Tenor ist der Traktat de dominica oratione zu vergleichen.)
— Von derselben exegetischen Position aus bestreitet Cyprian un. 12 den Schismatikern das Recht, sich auf Mt 18 $_{20}$ zu berufen: sie beschönigen damit den Umstand,
daß sie, die Wenigen, sich von allen getrennt haben, aber sie verkennen den Sinn
der Stelle, die sich an die Kirchentreuen, und zwar unter der Bedingung der *unanimitas* wendet (p. 220, 16ff.; der Satz p. 220, 14f.: *ostendens non multitudini sed unanimi-
tati deprecantium plurimum tribui*, besagt nicht, daß die Gegner sich auf ihre *multitudo*
beriefen, sondern hat den Sinn einer zurechtweisenden Konzession: »Gewiß — ihr
habt recht: Gott ist nicht notwendig bei der Majorität; aber der Gegensatz zur
bloßen Majorität ist nicht Minorität, sondern — Einmütigkeit!«). Es ist deutlich,
daß Cyprian mit Leuten zu tun hat, die in der Minderheit sind und sich betont als
solche wissen.

[34] Vielleicht paßt es besser zu einer in bewußtem Gegensatz zur Großkirche auf ihrer
geringen Zahl insistierenden Minorität, sich auf jenes Herrenwort zu berufen, als
zu der freilich auch nicht zahlreichen, aber die Masse der Lapsi hinter sich wissenden
(oder doch um sie werbenden) *factio Felicissimi*. Man könnte von daher das Auftauchen der Matthäusstelle in der Einheitsschrift als Indiz für deren (auch) anti-
novatianische Tendenz betrachten.

confessio durch eine *mala conversatio* (dem verlorenen Sohne gleich, dessen Bild dem Autor vorzuschweben scheint, p. 229, 16f.) »verschwenden« (*prodigere*), indem sie die Kirche verlassen und das Band der Eintracht zerreißen. Dies paßt trefflich zur Lage in Rom, wo gerade die Bekenner (oder doch ein gewichtiger Teil von ihnen) auf Novatians Seite traten[35]. Cyprian hat ihnen, während sie noch abtrünnig waren, die Einheitsschrift übersandt (ep. 54, 4), und es ist doch nicht von der Hand zu weisen, daß er gerade auch ihnen mit dem 21. Kapitel einen kräftigen Wink zu geben wünschte. Daß er sich über den »größeren und besseren« Teil der Bekenner lobend äußert[36], geschieht bei einem Manne wie ihm gewiß nicht ohne pädagogische Absicht[37] und beweist jedenfalls nichts gegen eine Beziehung des Traktats auf die römischen Verhältnisse[38]. c) Die Berührungspunkte zwischen der Einheitsschrift und den noch im Exil verfaßten Briefen 41 und 43 haben keine durchschlagende Beweiskraft für die Datierung. Mit dem gleichen Argument ließe sich behaupten, De unitate gehöre in die Zeit des Ketzertaufstreits[39].

Scheint also, in der Auseinandersetzung mit Koch, fast alles für eine Abfassung der Einheitsschrift n a c h dem Ausbruch des novatianischen Schismas zu sprechen, so gibt es doch e i n e n ernst zu nehmenden Einwand dagegen: den vermutlichen Titel der Schrift und die eingangs erwähnte Tatsache, daß Cyprian nirgends in De unitate die Kirche als »katholisch« bezeichnet[40]. Auch in den Briefen 1—43 gebraucht er fast nirgends (mit einer einzigen, nicht ins Gewicht fallenden Ausnahme[41]) den Ausdruck *»catholicus«*, und dies ändert sich

---

[35] Cyprian. Unters. S. 110ff. (»Schismatische Bekenner«).

[36] Un. 22, Cyprian. Unters. S. 100.

[37] Im gegenwärtigen Sprachgebrauch nennt man so etwas »Zweckoptimismus«.

[38] Koch selbst hat in seinem oben Anm. 35 zitierten Kapitel dargetan, daß man sich die Zahl der zu Novatian übergegangenen römischen Bekenner nicht als überwältigend groß und jedenfalls nicht als komplett vorzustellen hat.

[39] Vgl. die von Le Moyne a. a. O. S. 114 gebotene Liste von »remplois du De unitate pendant la querelle baptismale«, in welcher der Verfasser Kochs Nachweise (es waren schon 18, ThLZ 59, 1934, 14f.) um 15 weitere vermehrt.

[40] Vgl. oben S. 14.

[41] Ep. 25 = p. 538, 19: *secundum catholicam fidem stare*, vgl. Cyprian. Unters. S. 103. Zu dem nicht sicher datierbaren Brief 65, wo auch der Ausdruck *»ecclesia catholica«* begegnet, siehe ebd. Anm. 1. Übrigens entspricht in ep. 65, 4 = p. 725, 5 der Vorwurf gegen den abgefallenen, aber sein Amt behauptenden Bischof Fortunatianus, er verharre ,*ad decipiendam fraternitatem*' in seinem Wahn, der an die Adresse der Bischöfe gerichteten Mahnung in un. 5 = p. 213, 16 (zu T.R. gehörig): *nemo fraternitatem mendacio fallat etc.* Wir haben hier eine Illustration zu dem, was Cyprian sich unter »Täuschung der Brüder« konkret vorstellt. Es spielt einer den Bischof, ohne es zu sein, ohne den Geist (p. 724, 19) und die Kirche (726, 3) auf seiner Seite zu haben. Das entspricht auch dem *blandiri* und *fallere* von un. 3 (vgl. oben S. 17).

schlagartig mit seinem ersten, nach der Rückkehr aus dem Exil an
Cornelius gerichteten Schreiben (ep. 44). Seitdem ist im Zusammenhang mit dem novatianischen Schisma vergleichsweise oft von der
ecclesia catholica die Rede, und auch den römischen Konfessoren gegenüber charakterisiert Cyprian den Inhalt seiner Schrift als »*catholicae
ecclesiae unitatem*« behandelnd[42]. Koch zieht hieraus den Schluß, die
Einheitsschrift gehöre »noch in den Gedankenkreis von Ep. 43«, habe
also das römische Schisma noch nicht berücksichtigen können[43].

Das Problem ist schwierig und läßt sich nicht zur vollen Zufrieden-
heit klären. Die meisten Anzeichen sprechen dafür, daß Cyprian bei
Abfassung der Einheitsschrift die römische Situation schon vor Augen
hatte. Andererseits taucht in dem Augenblick, wo Cyprian mit dem
Kollegen auf der anderen Seite des Mittelmeers Kontakt aufnimmt,
die Vokabel ‚*catholicus*' auf, die in der Einheitsschrift noch fehlt. Ist
diese Modifikation des Sprachgebrauchs nun so schwerwiegend, daß
man genötigt wäre, hinsichtlich der Datierung von De unitate vor
ep. 44 eine entschiedene Zäsur zu setzen? Es mag sein, daß Le Moyne
das von Koch für so wichtig gehaltene Argument zu rasch abtut[44].
Aber Zweifel erregt doch die Selbstverständlichkeit, mit welcher die
Einheitsschrift einer genau begrenzten, mit ep. 43 endigenden Periode
zugewiesen wird, weil mit ep. 44 vermeintlich etwas Neues beginnt.
Cyprian selbst hat einen Bruch oder eine Wandlung offensichtlich nicht
empfunden[45]. Schon grundsätzlich läßt sich sagen: Die Neigung,
Epochen pünktlich gegeneinander abzugrenzen (Le Moyne teilt sie
in seiner Weise mit Koch[46]), verträgt sich nicht mit den fließenden

---

Ob es sich hierbei um einen Laxisten oder Rigoristen handelt, ist Cyprian im Prinzip
so gleichgültig wie der Unterschied von Schisma und Häresie.

[42] Ep. 54, 4 = p. 623, 19, Koch Cyprian. Unters. S. 102 ff.

[43] Ebd. S. 104, vgl. oben S. 16.

[44] Le Moyne a. a. O. S. 80, Anm. 3: »L'argument n'a pas de valeur«.

[45] Vgl. ep. 54, 4 (oben bei Anm. 3).

[46] Le Moyne (a. a. O. S. 80 ff.) zeichnet die Ereignisse von 251, im Grundsätzlichen zutreffend, als schrittweise sich vollziehende Entwicklung von der bloßen Verteidigung
des bischöflichen Amtes gegen die Widerspenstigen (ep. 33) über die Inschutznahme
der kirchlichen Einheit auf dem Boden einer Lokalkirche (gegen Felicissimus) bis
hin zur Verfechtung der gesamtkirchlichen Einheit (gegen Novatian). Aber Le Moyne
überschätzt die Zäsuren, was sich vor allem an der Art zeigt, wie er die Bedeutung
gewisser Begriffe in Veränderung denkt. So soll die Bezeichnung der Kirche als
»Mutter« sich zunächst ganz im Rahmen der karthagischen Lokalkirche gehalten
haben, um erst nach Ausbruch des römischen Schismas ihre gesamtkirchliche Bedeutung zu gewinnen. Aber selbst diejenige Belegstelle, auf die Le Moyne vor allem
den Finger legt (ep. 16, 4 = p. 520, 16 *cum Domino permittente in sinum matris
ecclesiae recolligi coeperimus*, vgl. a. a. O. S. 82, Anm. 2) ist nicht überzeugend.
Gewiß handelt es sich um die Rückkehr nach Karthago: aber die Bezeichnung der
ecclesia als ‚*mater*' beweist gerade, daß Cyprian seine Gemeinde in einem »katholischen«

Übergängen, die wir trotz gewisser Fixpunkte an den Ereignissen jener bewegten Monate wahrnehmen können. Vor allem aber vermag Kochs Versuch, die Veränderung in Cyprians Sprachgebrauch verständlich zu machen, auch im Speziellen nicht zu befriedigen. Danach wäre dem karthagischen Bischof erst in der novatianischen Gefahr (also in Kochs Sinne: erst nach Abfassung der Einheitsschrift, wie sie uns vorliegt!) »die volle Bedeutung des Episkopats für die Einheit und den Bestand der katholischen Kirche aufgegangen«[47]. Wenn dem so wäre, dann dürfte sich Cyprians vertiefte Einsicht nicht lediglich in dem häufigeren Gebrauch einer ihm auch schon vorher bekannten[48] Vokabel bekunden. Es müßte sich eine Spur davon finden, daß er seinen Kirchenbegriff unter dem Eindruck der römischen Vorgänge modifiziert hätte. Wenn aber dies nicht der Fall ist — ist es denn ein Zuwachs an Tief-

---

Zusammenhang mit allen Gemeinden erblickt — es wäre absurd, ihn so beim Wort zu nehmen, als wären für ihn die lokalen Bischofskirchen jeweils isolierte »Mütter« ihrer christlichen Söhne (trotz der scheinbar ganz auf Karthago gemünzten Warnung ep. 43, 5 = p. 594, 22: *nemo filios ecclesiae de ecclesia tollat*, denn auch das unmittelbar zuvor beschworene Evangelium ist gemeinkirchlicher Natur). Freilich: aktuell ist für Cyprian der Gedanke zunächst nur unter lokalem Aspekt, das Allgemeine hat sich gleichsam in das Konkrete zusammengezogen, ohne doch mit ihm schlechthin zu kongruieren. — Zu den übrigen von ihm zitierten Stellen bemerkt Le Moyne selbst: ». . . la question est plus délicate à trancher« (S. 82, Anm. 2). Ihr Sinn ist derselbe wie in ep. 16: sie meinen die in der Lokalkirche konkret gegenwärtige allgemeine Kirche, wobei teils (a) der lokale, teils (b) der ökumenische Aspekt in den Vordergrund tritt. a) Die »Mutter Kirche« vergießt Tränen über die Niederlage der *Lapsi*, ep. 10, 4 = p. 494, 3; bei ihr harren aus, die sich im karthagischen Schisma standhaft zeigen, ep. 41, 2 = p. 588, 13; b) sie rühmt sich ihrer Bekenner, ep. 10, 1 = p. 490, 5 (der gesamtkirchliche Aspekt scheint schon dadurch gegeben, daß es sich um eine weltweite Verfolgung handelt), sie muß Frieden vom Herrn empfangen, bevor den *Lapsi* der Friede gewährt werden kann, ep. 16, 3 = p. 519, 15 (vgl. ep. 15, 2 = p. 515, 3 und ep. 43, 6 = p. 595, 25). — Zum Teil zutreffend sagt Plumpe Mater Ecclesia S. 95: »When Cyprian speaks of the Church as *Mater* . . ., he means — without exception, I believe — the universal Church, the Ecclesia Catholica, not the Church at Carthage, Rome or elsewhere.« Einschränkend ist zu bemerken, daß es sich für Cyprian in jedem Falle um die Eine Kirche in Karthago, in Rom und anderswo handelt (vgl. oben die Einleitung, Anm. 24). — Abwegig ist, was Klein, ZKG 68 (1957) 67 über »das Verständnis der *ecclesia* als der ‚Mutter' der Glaubenden« im Sinne eines »Index für die Entfernung der Kirche vom Glaubenden« schreibt. — Aus dem Vorigen dürfte deutlich geworden sein, daß hier nicht an Le Moynes Aufriß grundsätzliche Kritik geübt wird, sondern nur insofern, als es sich bei Cyprians Entwicklung nicht um die Setzung eines immer Neuen, sondern um die Explikation eines von Anfang an Gegebenen durch den Gang der Ereignisse handelt. Und was für die einzelnen Begriffe, das gilt erst recht für die Konzeption der Kirche im ganzen.

[47] Cyprian. Unters. S. 104f.
[48] S. o. Anm. 41.

sinn gewesen, daß Cyprian plötzlich aufging, man könne die von ihm
verfochtene *una ecclesia* auch als die *catholica* bezeichnen? Cyprian
hat sich durch die Ereignisse in Rom nicht veranlaßt gesehen, seine
Idee der »sakramentalen« Einheit zu modifizieren, und wenn er nun
in seiner Korrespondenz mit dem römischen Kollegen nach dem zu
seiner Zeit noch verhältnismäßig spärlich gebrauchten[49] ‚*catholicus*'
greift, so liegt allem Anschein nach Anpassung an den römischen
Sprachgebrauch vor[50]. Dem Karthager ist offensichtlich das Wort
von außen aufgedrängt worden, und er griff es auf, weil sich angesichts
der Vorgänge in Italien sein ökumenischer Horizont im aktuellen Sinne
dermaßen geweitet hatte, daß er nun das Bedürfnis empfand, die weltweite Einheit der rechtmäßigen Bischöfe mit einem von »drüben« ent-
lehnten Ausdruck erst recht zu bekräftigen.

Nun hat man sich aber eingeredet, Cyprian wäre von der Sache
her gezwungen gewesen, den importierten und im Umgang mit den
Kollegen nun auch gern verwendeten Begriff seiner Einheitsschrift
noch einzuverleiben, falls er sie zur fraglichen Zeit noch unter den
Händen hatte. Hier erhebt sich die Frage: Fehlte denn der Schrift im
Sinne Cyprians etwas Wesentliches, wenn er den Begriff der Katholizität nicht supplierte? Cyprian denkt in De unitate an die universale,
nicht etwa nur an seine lokale Kirche in Afrika. Er begreift sie als eine
in sich unteilbare, durch den Herrn ein für alle Mal in die Welt ver-
pflanzte himmlische Wirklichkeit, die sich seit ihrem ersten Erscheinen
super Petrum in ihr Vielfaches verströmt und verzweigt, ohne ihre vom
Ursprung her bleibende Einheit, das heißt: ohne sich selbst preiszugeben (un. 4 und 5). Sicher hatte Karl Adam recht, wenn er diese Konzeption mit den philosophischen Strömungen der Zeit, mit dem gleichsam in der Luft liegenden Gespür für die platonisch-stoische »Gesamt-
anschauung von dem einzigartigen oder wenigstens überragenden Wert
der begrifflichen Ursache und ihrer zeugenden Kraft« in Beziehung
setzte[51]. »Das, was werden sollte — die einige Kirche, die eine mit
Schlüsselgewalt ausgestattete Kirche — das war schon seiner ganzen
Totalität nach beim Beginn dieses Werdens da und mußte da sein —
in Petrus«[52]. Verrät auch die den Text verkennende Schlußwendung,
mit welcher Adam das ‚*super Petrum*' Cyprians reproduziert, einen

---

[49] Cyprian. Unters. S. 104.
[50] Vgl. ep. 49, 2 = p. 611, 9. 16 und dazu Caprian. Unters. S. 105, Anm. Dazu Christopher Butler, St. Cyprian on the Church, in: The Downside Review 71 (1953) S. 5:
»It almost looks as though, in face of the attempt of Novatian to build up a world-
wide counter-church over against the communion that recognized his rival, the
Cornelianists (so to call them) were emphasizing the claim of their own communion
to be the authentic Church by the reiterated assumption of the epithet ‚*catholica*'.«
[51] ThQ 94 (1912) 241.
[52] Ebd. S. 243.

übrigens gemäßigten Petrozentrismus, so ist doch Cyprians Intention in dem hier interessierenden Punkte deutlich erkannt. Es ist die im Geheimnis Eine[53], und zwar weltweite Kirche, die Cyprian von Anfang an zum Gegenstand seines Nachdenkens macht, und Cyprians eigene Äußerung in ep. 54, 4 zeigt, daß es sich nicht um eine Modifikation, sondern um eine Aktualisierung handelt, wenn er den Römern gegenüber prononciert von der ‚katholischen' Kirche zu sprechen beginnt. Die Einsicht, daß es sich um eine im Sprachgebrauch der anderen sich bewegende Aktualisierung handelt, schafft aber nicht zwingend ein Präjudiz zugunsten der Meinung, Cyprian habe den Text der Einheitsschrift bereits zu einem Zeitpunkt vollendet, wo das römische Schisma noch gar nicht in Sicht gewesen ist. Seit dem Beginn der karthagischen Wirren hatte Cyprian sich mit den zu diesem Thema gehörigen Gedanken getragen[54]: was hindert, daß er ihnen die endgültige Fassung gegeben hat, als er von Novatians *seditio* bereits Kunde besaß[55]? Daß er hierbei den soeben erst sich anbietenden Begriff ‚*catholicus*' hätte verwenden müssen, ist eine durch nichts zu beweisende Behauptung. Er brachte seine Grundbegriffe schon mit, sie vermochten auch bei sozusagen erweiterter Ausgangsbasis seine Gedanken vollkommen auszudrücken. Er hatte nicht nötig, sich selbst dazwischenzureden, konnte aber erläuternd sehr wohl erklären, er habe eben das gemeint, wofür die Römer den Begriff ‚*catholicus*' hatten, und konnte sich diesen in der Folgezeit auch selber zu eigen machen. Jedenfalls ist die Wahrscheinlichkeit, daß De unitate Novatian schon kennt, auf Grund der oben beigebrachten Indizien so groß, daß die mit dem Auftauchen von ‚*catholicus*' verbundene Problematik nicht hinreicht, sie aus dem Felde zu schlagen.

---

[53] Mit Recht erwägt daher Chr. Butler a. a. O. die Übersetzung »Oneness« statt »Unity«.

[54] Spuren einer Beschäftigung mit der Gedankenwelt von De unitate mögen sich in der letzten Korrespondenz vor Cyprians Rückkehr aus dem Exil finden lassen, vgl. ep. 43, 4 = p. 593, 15 *hinc tamen, fratres dilectissimi, hinc admoneo pariter et consulo ne perniciosis vocibus temere credatis, ne fallacibus verbis consensum facile commodetis, ne pro luce tenebras, pro die noctem, pro cibo famem, pro potu sitim, venenum pro remedio, mortem pro salute sumatis.* Dazu un. 3 = p. 211, 19ff. ähnlich gelagerte Gegensatzpaare. Zu ep. 43, 4 = p. 593, 23 *ecclesiae pudicitiam corrumpere* vgl. un. 6 = p. 214, 17 *adulterari non potest sponsa Christi, incorrupta est et pudica.* Die *dispositio divina* ep. 43, 5 = p. 594, 10 entspricht dem *disposuit* un. 4 = p. 213, 2 der Satz *Deus unus est etc.* ep. 43, 5 = p. 594, 5f. dem Zitat aus Eph 4 un. 4 = p. 213, 11. Zu ep. 43, 5 = p. 594, 21 *nemo vos Christianos ab evangelio rapiat, nemo filios ecclesiae de ecclesia tollat* vgl. un. 3 = p. 211, 19 *rapit de ipsa ecclesia homines etc.*

[55] Koch, Cathedra Petri S. 117, meint, unter den »aufregenden, Schlag auf Schlag sich folgenden Ereignissen des Frühjahrs 251« habe Cyprian nicht einmal Zeit gefunden, den aus dem Exil schon mitgebrachten Traktat auch nur zu verbessern. Vielleicht sollte man aber doch nicht unterschätzen, wozu ein Mensch imstande ist, der durch die täglichen Bedrängnisse in seinem eigensten Wollen herausgefordert ist!

Dürfte man also davon ausgehen, daß die Einheitsschrift einem von der letzten Zeit des Exils bis in den Frühsommer des Jahres 251 sich hinziehenden geistigen Gärungsprozeß ihre Entstehung verdankt, so würde sich ergeben, daß die endgültige Formulierung auch den Abfall der römischen Bekenner zu Novatian schon zur Voraussetzung hätte. Von ihm ist zuerst in ep. 46 die Rede, also schon gleich zu Beginn der römischen Korrespondenz nach der Wahl des Cornelius[56]. Aber schon die in der Sammlung vorausgehenden Briefe 44 und 45 zeigen deutliche Spuren einer gleichzeitigen Beschäftigung mit der Gedankenwelt der Einheitsschrift (manche Stellen erinnern besonders an den Textus Receptus des vierten Kapitels)[57]. Läßt sich auf Grund solcher Berührungen eine gleichzeitige Arbeit am Text von De unitate auch nicht zwingend erweisen[58], so ist es doch bei Berücksichtigung aller Faktoren bis zu einem gewissen Grade wahrscheinlich, daß Cyprian unter den Wirren jener Monate —auch über das karthagische Schisma erfahren wir aus ep. 45[59] — letzte Hand an sein *opusculum* legte, um es dann, wie aus ep. 54, 4 hervorgeht, in Karthago zu verlesen und später nach Rom zu senden. Ep. 49, in der zweiten Hälfte des Jahres 251[60] von Cornelius an Cyprian gerichtet, und die gleichzeitige, von den römischen Bekennern verfaßte ep. 53 melden bereits die Rückkehr der irrenden Konfessoren in die Kirche. Beide Ereignisse (Verlesung und Übersendung) müssen jedenfalls dem Empfang dieser Briefe vorausgegangen sein (auf ep. 53 ist ep. 54 die Antwort gewesen).

---

[56] Ep. 46, an die Konfessoren gerichtet, ist von ep. 47 (an Cornelius) begleitet und mit ep. 45 gleichzeitig, datiert also vom Sommer 251 (Harnack Chronologie II 351).

[57] Ep. 45, 1 = p. 600, 1ff. (von Cyprian an Cornelius gerichtet): *sed quoniam diversae partis obstinata et inflexibilis pertinacia non tantum r a d i c i s et m a t r i s sinum adque complexum recusavit, sed etiam gliscente et in peius recrudescente discordia episcopum sibi constituit et contra s a c r a m e n t u m semel traditum divinae d i s p o s i t i o n i s et catholicae u n i t a t i s adulterum et contrarium caput extra ecclesiam fecit etc.* Die gesperrten Worte (man könnte auch *e p i s c o p u m* noch hinzunehmen) finden sich in un. 4 f., nur »*catholicae*« tritt im Briefe hinzu. — Ep. 45, 3 = p. 602, 17: *hoc enim vel maxime, frater, et laboramus et laborare debemus ut unitatem a Domino et per apostolos nobis successoribus traditam* (kein Wort von Petrus!) *quantum possumus obtinere curemus etc.* Hierzu vgl. den von Bévenot in die Zeit des Ketzertaufstreits verwiesenen Passus un. 5 in. = p. 213, 14 *Quam unitatem tenere firmiter et vindicare debemus, maxime episcopi qui in ecclesia praesidemus etc.* Beides — das Schweigen über Petrus und der Anklang an den zu T.R. gehörigen Eingang des fünften Kapitels der Einheitsschrift— spricht dagegen, daß Cyprian zu dieser Zeit mit dem »Primacy Text« umgegangen sein sollte. Jedenfalls zeigen diese Hinweise hinlänglich, daß sich die spätere Datierung des T.R. nicht halten läßt.

[58] Vgl. oben S. 17 ff. die gegen Koch geltend gemachten Bedenken.

[59] Ep. 45, 4 handelt von der Exkommunikation des Felicissimus.

[60] Harnack Chronologie II 352.

[61] Vgl. oben Anm. 56.

Läßt sich dafür ein noch genauerer Termin bestimmen? Koch hielt es für das Wahrscheinlichste, daß die beiden Traktate De Lapsis und De unitate ecclesiae, von deren Übersendung nach Rom ep. 54, 4 berichtet, gleichzeitig mit den Briefen 45—47[61] dorthin gelangt seien[62]. Da diese Briefe der ep. 44, »worin das Eintreffen der Nachricht von der Erhebung Novatians erwähnt ist«, auf dem Fuße folgten, schloß Koch: Die Abfassung von De unitate ist zwingend vor den Ausbruch des römischen Schismas zu setzen, vermutlich noch in die Zeit des freiwilligen Exils, und die in ep. 54, 4 erwähnte Verlesung[63] bezieht sich auf die Frühjahrssynode des Jahres 251[64]. Aber schon Ernst hat darauf hingewiesen, daß Cyprian in den Briefen 46 und 47 die Einheitsschrift nicht erwähnt, und daß wahrscheinlich »der *libellus de unitate ecclesiae catholicae* erst in der Zwischenzeit zwischen ep. 46 und 54 nach Rom an die Konfessoren gesandt wurde«[65]. Bévenot[66] bekräftigt dies Argument, indem er zeigt: Cyprian hielt es in der gespannten Lage zwischen Karthago und Rom für geraten, Cornelius den kleinen Brief an die novatianisch gesinnten Konfessoren (ep. 46) mit einem an ihn gerichteten Begleitschreiben (ep. 47) zur Beurteilung vorzulegen; und da sollte er gleichzeitig die beiden umfänglichen Traktate an sie geschickt haben, ohne sie dem römischen Bischof gegenüber auch nur mit einer Silbe zu erwähnen? Da nun ersichtlich, so schließt Bévenot seine überzeugende Beweisführung, ep. 46 das erste an die abgefallenen römischen Konfessoren gerichtete Schreiben Cyprians ist, so muß man Ernst recht geben, der die beiden Traktate zwischen ep. 46 und ep. 54, und zwar gleichfalls mit einem Begleitschreiben Cyprians, nach Rom gelangt sein läßt.

Als einzige Schwierigkeit bleibt schließlich die Frage: bei welcher Gelegenheit wurden die beiden Traktate in Karthago verlesen[67]? Seit Benson herrscht die Vorstellung, dies sei im Frühjahr 251 auf der ersten Synode der afrikanischen Bischöfe nach Cyprians Rückkehr aus dem Exil geschehen[68]. Gegen diese auch von Koch (s. o.) mit Nachdruck verfochtene These wendet Bévenot ein, es sei kaum vorzustellen, daß Cyprian einen so wichtigen Umstand hinter so allgemein gehaltenen Worten *(quos hic nuper legeram)* sollte verborgen haben[69]. Nun ist dies Argument, das in ähnlichem Sinne schon Poschmann gebraucht

---

[62] Cyprian. Unters. S. 108.

[63] p. 623, 16: *Quae omnia penitus potestis inspicere lectis libellis quos hic nuper legeram et ad vos quoque legendos pro communi dilectione transmiseram etc.*

[64] Cyprian. Unters. S. 108.

[65] Johann Ernst, Cyprian und das Papsttum (Der Katholik 91, 1911, S. 329).

[66] St. Cyprian's De unitate chap. 4 etc. (vgl. oben die Einleitung Anm. 2) S. 73ff.

[67] Vgl. oben Anm. 63.

[68] Edward White Benson, Cyprian, his Life, his Times, his Work, London 1897, S. 180.

[69] A. a. O. S. 69.

hat[70], im Zusammenhang des an die römischen Bekenner gerichteten Schreibens nicht so überzeugend, wie es Le Moyne[71] erscheinen möchte. Es kann nämlich gar nicht als ausgemacht gelten, daß Cyprian es für nötig befand, gegenüber den eben erst zu ihrem Bischof zurückgekehrten Bekennern der römischen Gemeinde besonders zu betonen, daß die ihnen übersandten Schriften bereits einer afrikanischen Bischofsversammlung zur Kenntnis gebracht waren. Eine solche Mitteilung wäre dem Amtskollegen Cornelius gegenüber am Platze gewesen — für die Konfessoren genügte der Hinweis, daß es sich um hirtenamtliche und in diesem Sinne Beachtung heischende Verlautbarungen des karthagischen Bischofs handelte, ohne daß es diesem eingefallen wäre, durch unzeitige Redseligkeit die für sein Bewußtsein immer bestehenden Schranken zwischen Bischöfen und (bloßen) Konfessoren niederzulegen, und ohne daß er andererseits das Bedürfnis empfand, sich und seine afrikanischen Kollegen den Schafen einer fremden Herde mit einer die brüderliche Ermahnung überschreitenden Betulichkeit als Hirten aufzudrängen.

Auch der Schluß des dritten Kapitels, wo Cyprian seine von den Rigoristen abweichende Haltung gegenüber den *Lapsi* charakterisiert, ist ja sehr allgemein gehalten, und doch zeigt ein Vergleich mit dem etwas späteren 55. Brief, daß Cyprian hier in der Tat auf das Frühjahrskonzil des Jahres 251 anspielt[72]. Scheint dies Wasser auf die Mühlen derer zu sein, die das unmittelbar (p. 623, 16f.) folgende *»quos hic nuper legeram«* auf eben jenes Konzil beziehen möchten, so ist doch gerade diese Wendung wieder zu unbestimmt und erlaubt durchaus auch die Vermutung, daß De Lapsis auf der Frühjahrssynode vor den afrikanischen Bischöfen, De unitate dagegen bei späterer Gelegenheit vor der karthagischen Gemeinde verlesen wurde. Auf diese Unterscheidung führt auch die eigentümliche Diktion zu Beginn des vierten Kapitels. Cyprian führt nämlich zunächst b e i d e *libelli* als in Karthago verlesen und nach Rom gesandt ein, um dann aus der Konstruktion zu fallen und die Einheitsschrift durch eine merkliche Zäsur wie etwas Zusätzliches von De Lapsis zu distanzieren[73]. Das drängt die (wenn auch

---

[70] Ecclesia principalis S. 22, Anm. 33.

[71] A. a. O. S. 84 bei und mit Anm. 6.

[72] C. 3 fin. lautet (p. 623, 12ff.): *Propter quod et nos temperamentum tenentes et libram Domini contemplantes et Dei patris pietatem ac misericordiam cogitantes diu multumque tractatu inter nos habito iusta moderatione agenda libravimus.* Hierzu ep. 55, 6 = p. 627, 14ff.: *... copiosus episcoporum numerus ... in unum convenimus et scripturis diu ex utraque parte prolatis temperamentum salubri moderatione libravimus* etc. Hier, in der Auseinandersetzung mit dem numidischen Bischof Antonianus, werden die in Karthago versammelten Bischöfe ausdrücklich genannt.

[73] P. 623, 18: *(lectis libellis) ubi lapsis nec censura deest ... nec medicina ... sed et catholicae ecclesiae unitatem* etc. (man erwartet ein abermaliges ubi). (Den Plural *libellis*

nicht ganz sichere) Vermutung auf, von den beiden Schriften stehe die eine mit dem unmittelbar zuvor erwähnten Konzil in engem Zusammenhang (De Lapsis soll ja den Konfessoren zeigen, wie in der Bußfrage die rechte Mitte zwischen Härte und Nachgiebigkeit zu halten sei[74]). Außerdem ist aber da noch die Einheitsschrift, die für die Konfessoren jetzt besondere Aktualität besitzt, weil diese durch ihre Handlungsweise, was jene ans Herz legt, bekräftigt haben[75]. — Man kann dies Ergebnis durch Le Moynes Hinweis auf die bei Cyprian vorauszusetzende Gewohnheit unterstreichen, vor versammelter Gemeinde »de lire — ou de faire lire — les nouvelles, les renseignements, les décisions reçues de Rome ou des autres églises«[76]. Man ist also nicht unbedingt genötigt, für die Verlesung der Einheitsschrift an die Synode zu denken[76a].

So läßt sich, wenn auch nicht in allen Punkten befriedigende Gewißheit zu erlangen ist, das Ergebnis dieser Erörterungen doch dahingehend zusammenfassen, daß Cyprian seiner Einheitsschrift die endgültige Form mit hoher Wahrscheinlichkeit nach Ausbruch des nova-

---

Z. 16 nur auf De Lapsis zu beziehen, was freilich der Gedankengang nahelegt, geht schwerlich an.)

[74] Es ist bemerkenswert, daß Cyprian auch nach den Beschlüssen des Konzils an seiner Schrift De Lapsis festhält, obwohl sie strengere Töne anschlägt, als den Konzilsvätern nachmals vertretbar schien. Ihren Inhalt charakterisiert er als eine wohltemperierte Mischung aus *censura* und *medicina* (p. 623, 18f.), und er hat recht: seine seelsorgerliche Haltung spricht aus De Lapsis so stark wie aus den späteren, Schritt für Schritt vollzogenen Konzessionen. Auch bezüglich der Bußfrage ist daher zu urteilen, daß es sich für Cyprian bei den einzelnen Stationen vorwärts nicht um ein jeweils Neues, sondern um die Explikation eines von Anfang an Gegebenen handelt (vgl. oben Anm. 46 fin.). Es ist daher irrig, entweder, traditionell, das Beharrende oder, oppositionell, das den Bischof angeblich in Verlegenheit stürzende Neue (in diese Richtung tendiert Koch) über Gebühr zu betonen: das in diesen Zusammenhängen von Cyprian gebrauchte Verbum »*librare*« ist durchaus ernst zu nehmen. Sicher scheint, daß Novatian aus Prinzip, Cyprian aus seelsorgerlichen Motiven streng gewesen ist: folgerichtig brach jener aus der Kirche aus, während dieser sich aus Einsicht und Liebe anzupassen wußte.

[75] Ep. 54, 4 = p. 623, 20: *quem libellum magis ac magis nunc vobis placere confido, quando eum iam sic legitis ut et probetis et ametis, siquidem quod nos verbis conscripsimus vos factis impletis etc.*

[76] A. a. O. S. 84.

[76a] In diesem schwer durchschaubaren Gewirre setzt die Akzente etwas anders Lucien Campeau, Le texte de la Primauté dans le ,De Catholicae Ecclesiae Unitate' de S. Cyprien, in: Sciences Ecclésiastiques 19 (1967) S. 84: »Cyprien parle du De Lapsis et du De . . . Unitate comme s'ils avaient été lus devant l'Église de Carthage à la même époque. En tout cas, le second des deux paraît bien avoir été lu, non seulement devant l'Église, mais aussi en présence de plusieurs évêques. Cette circonstance suggère la réunion d'un concile.« Campeau denkt an das Konzil von 252, womit auch der Zeitpunkt der Publikation fixiert wäre.

tianischen Schismas gegeben hat[76b], und daß er sich bei der grundsätzlichen Bedeutung seiner Ausführungen gedrungen fühlt, nicht nur
seine eigene, sondern auch die bedrohte römische Kirche mit ihrem
Inhalt bekannt zu machen.

Aus den hier vorgetragenen Überlegungen zur Datierung der Einheitsschrift ergibt sich indessen noch ein weiterer wichtiger Schluß.
Wenn es nämlich zutrifft, daß Cyprian seinen Traktat unter dem Gesichtswinkel der als *sacramentum* begriffenen »Einheit« konzipiert und
auf die diesseits und jenseits des *Mare Internum* mit sich identische
»katholische« Kirche appliziert hat; und dies in einem Augenblick, in
welchem das Schisma auch jenseits des Meeres, obschon unter den entgegengesetzten Vorzeichen, akut wurde: so scheint es unmöglich, daß
zu diesem Zeitpunkt der sogenannte »Primacy Text« aus seiner Feder
geflossen sein sollte[77]. Zwei Möglichkeiten sind zu erwägen: entweder
hat Cyprian den P.T. ursprünglich mit der Einheitsschrift konzipiert,
dann müßte dieser zentrale Passus den universalen Aspekt verdeutlichen, unter welchem die ganze Schrift abgefaßt ist; oder Cyprian hat
den P.T. nachträglich, unter besonderer Berücksichtigung der römischen Situation eingefügt, dann müßte diese zweite Redaktion den
lokalen Aspekt der römischen Kirche *(cathedra Petri)* in den Vordergrund rücken. Die erste Möglichkeit scheidet aus, falls sich herausstellt, daß der P.T., der den Hinweis auf das *sacramentum unitatis* bezeichnend genug unter den Tisch fallen läßt[78], die universale Kirche
(falls diese gemeint ist) mit einer Strenge an Person und Amt Petri
bindet, die sich mit Cyprians Kirchenbegriff nicht verträgt. Aber auch
die zweite Möglichkeit scheidet aus: denn in dem Augenblick, wo
Cyprian sich dem römischen Schisma aktiv zuwendet, faßt er gerade
nicht die römische Lokalkirche in ihrer wie kirchen-zentral immer
gemeinten Besonderheit ins Auge, sondern erinnert sich, im Bewußtsein gleichen Schicksals diesseits und jenseits des Meeres[79], der Einen
allumfassenden katholischen Kirche[80]. Und zwar in dem Maße, daß

[76b] Campeau in seinem Anm. 76a zitierten Beitrag versucht wieder den Nachweis, daß
Cyprian sich in De unitate ausschließlich gegen Felicissimus wendet. Gerade gegen
den Hintergrund der durch Koch verursachten Diskussion können seine Argumente
nicht überzeugen, obschon sie bei Erwägung der von Cyprian ins Auge gefaßten
konkreten Vorgänge Beachtung verdienen.

[77] Nach Perler, RQ 44 (1936) 43 richtete sich die erste Fassung der Einheitsschrift
(inklusive P.T.) gegen das Schisma des Felicissimus. Dies wäre keine üble Lösung,
sofern es denkbar wäre, daß Cyprian im Rahmen der Einheitsschrift im Sinne des
P.T. »petrozentrisch« hätte werden können. Ich halte dies für ausgeschlossen. Vgl.
das folgende.

[78] Vgl. oben die Einleitung, Anm. 22.

[79] Ep. 45, 2 = p. 601, 3: *fratres longe positos ac trans mare constitutos*. Ep. 45, 4 = p. 603,
13: *tam istic quam illic*.

[80] Eine Andeutung dieses Gedankens auch bei Koch, Cathedra Petri S. 139.

er auch die »Katholizität« des römischen Bischofs Cornelius, wie in der Forschung jetzt wohl allgemein zugegeben ist, nicht unter dem engen Gesichtswinkel seiner römischen Amtstätigkeit, sondern in der Weite ökumenischer Bruderschaft anerkannt wissen will. Von Petrus und seiner *cathedra* ist in dieser ersten römischen Korrespondenz, auch an Stellen, wo man es erwarten sollte, überhaupt nicht die Rede[81].

---

[81] Ep. 45, 1 = p. 600, 10: *secundum quod divinae traditionis et ecclesiasticae institutionis sanctitas pariter ac veritas exigebat, litteras nostras ad te (sc. Cornelium) direximus.* Es handelt sich um die Tradierung der Wahrheit von Petrus her zu den Bischöfen im Sinne von ep. 33, 1: bezeichnenderweise bleibt aber Petrus im Hintergrund, dagegen ist einige Zeilen zuvor (p. 600, 4) vom *sacramentum semel traditum divinae dispositionis et catholicae unitatis* die Rede — ganz im Sinne des T.R. also, in dem das Gewicht auf dem *sacramentum unitatis* liegt, während Petrus im Kollegium der Apostel verschwindet. Des Cornelius »Katholizität« gründet sich in Cyprians Sinne auf die Zugehörigkeit zum Bischofskollegium. Vgl. ep. 44, 1 = p. 597, 13: *inlicitae et contra ecclesiam catholicam factae ordinationis pravitate conmoti a communicatione eos nostra statim cohibendos esse censuimus* (sc. die Abgesandten Novatians). Das benachbarte bloße *»ecclesia«* (ep. 44, 3 = p. 599, 8) schillert in seiner Bedeutung: durch Rückkehr zu ihrer lokalen Kirche gehören die Abtrünnigen *eo ipso* zur »katholischen« Kirche, die in jener präsent ist, vgl. p. 598, 19, wo von denselben Leuten und ihrem Treiben nun nicht mehr in Rom, sondern in Afrika gesagt ist: *hic quoque in schismatis partes Christi membra distrahere et catholicae ecclesiae corpus suum scindere ac laniare nituntur etc.* — Ep. 45, 1 = p. 599, 16: Cyprians Sendboten reisen mit dem dringenden Auftrag nach Rom, *ut ad catholicae ecclesiae unitatem scissi corporis membra componerent et Christianae caritatis vinculum copularent.* Hier sind *unitas* und *vinculum caritatis* nahezu synonym. Dieser mehr auf das Kollegium zielende Aspekt fehlt auch in der Einheitsschrift nicht, vgl. c. 7 in., wo *unitatis sacramentum* und *vinculum concordiae inseparabiliter cohaerentis* in einem Atem genannt werden (p. 215, 11). (Noch eindeutiger ep. 69, 6 = p. 754, 15: *inseparabile unitatis sacramentum,* vgl. ep. 55, 21 = p. 639, 5.) In Wirklichkeit ist Cyprian gar nicht imstande, Wesen und Erscheinung der Kirche zu trennen: diese ist eine Ausstrahlung jenes. — Ep. 45, 4 = p. 603, 9: Von Cyprian hat Cornelius *pro dilectione communi* Briefe erhalten. Mehr unter dem Gesichtswinkel der Amtskirche dasselbe ep. 45, 2 = p. 600, 18: *honoris etiam communis memores.* — Ep. 46, 1 = p. 604, 10 (an die römischen Bekenner): die Adressaten haben zugestimmt, daß *contra Dei dispositionem, contra evangelicam legem, contra institutionis catholicae unitatem* ein Gegenbischof und eine Gegenkirche sich erhob. Die Stelle erinnert wieder an ep. 33, 1 und an un. 4: aber wieder bleibt Petrus ungenannt, und beinahe möchte man an Absicht (oder ist es unbewußt der Takt, der das Zentrum im Unverfügbaren beläßt?) glauben. — *Ecclesia* p. 604, 13 schillert wieder. Novatian wirft sich zum Bischof einer Lokalkirche auf, aber damit handelt er, als wäre es möglich, den Ursprung der von Petrus herkommenden Einen Kirche noch einmal zu setzen (in diesen Zusammenhang gehört das *sacramentum semel traditum* p. 600, 4f. sowie der gegen Novatian gerichtete Vorwurf des *a se incipere,* ep. 73, 2 = p. 780, 1). — Wichtig ep. 48, 3 = p. 607, 16: Cyprian trug Sorge, *ut te* (sc. *Cornelium) universi collegae nostri et communicationem tuam id est catholicae ecclesiae unitatem pariter et caritatem probarent firmiter ac tenerent* (wieder ein Anklang an den Textus Receptus

Gerade der Umstand also, daß mit dem Beginn der römischen Wirren der Gedanke nicht an Petrus, sondern an die, die Kontinente verbindende »Katholizität« der Kirche schlagartig auftaucht, ist der stärkste Einwand gegen die in Wirklichkeit das Blickfeld verengende Textfassung des P. T.: vorausgesetzt, daß die Behauptung stimmt, Cyprian habe, als er das *sacramentum unitatis* dachte, unmöglich die Kirche mit dem von P. T. offenbar beabsichtigten Nachdruck an Petrus und seine *cathedra* binden können.

In seinem Aufsatz »‚*Hi qui sacrificaverunt*' — a significant variant in St. Cyprian's *De unitate*«[82] fügt M. Bévenot seinem von Jahren her zugunsten der Echtheit des P. T. aufgeführten Beweisgebäude einen Schlußstein ein, dessen verblüffend passende Form keinen Zweifel daran zu lassen scheint, daß P. T. die von Cyprian zuerst verfaßte Version von c. 4 gewesen ist. Es stellte sich dem gründlichen Kenner der Handschriften nämlich heraus, daß in dem Archetypus der Familien 1, 4 und 7, der den P. T. enthielt[83], überdies in *un. 19* das »*lapsi*« p. 227, 10 durch »*hi qui sacrificaverunt*« ersetzt war (so daß der betreffende Satz dort lautete: *Peius hoc crimen est quam quod hi qui sacrificaverunt admisisse videntur*[84]). Nun stand es vor dem Frühjahrskonzil 251 für Cyprian fest, daß alle *Lapsi* auf die Entscheidung einer Synode zu warten hätten. Auf dieser wurde dann beschlossen, daß außer den *sacrificati* alle *Lapsi* wiederaufgenommen werden sollten. Unter der Voraussetzung, daß die Einheitsschrift nach Novatians Erhebung, also auch nach dem Konzil verfaßt worden ist (Bévenot verweist vor allem auf c. 10, das sich nur als auf Novatian gemünzt verstehen lasse), begreift es sich, daß Cyprian nur jene Lapsi hat nennen können, die damals tatsächlich noch im Stande der Buße waren (*qui tamen in paenitentia criminis constituti etc.*, p. 227, 10). Da andererseits, wie ep. 57 zeigt, schon

---

von un. 5: *Quam unitatem tenere firmiter ... ut ... probemus*, p. 213, 14ff.). — Ep. 48, 4 = p. 608, 6 *catholicae ecclesiae concordi unanimitate*. Ep. 51, 1 = p. 614, 13: *ad ecclesiam catholicam regressos esse, id est ... unitatis ac veritatis domicilium ... repetisse*. p. 615, 6: *proditores fidei et ecclesiae catholicae inpugnatores* (die Begriffe *veritas* und *fides* verstärken den universalen Aspekt). Ep. 51, 2 = p. 615, 24: *ecclesia catholica una esse nec scindi nec dividi posse monstrata est*, vgl. un. 8 = p. 216, 15: *Quis ergo sic sceleratus ... ut aut credat scindi posse aut audeat scindere unitatem Dei* (die hierzu geäußerte Vermutung Adams, ThQ 94, 1912, S. 102, der dogmatische »Hauptsatz« der Sektenführer habe gelautet: *scindi potest ecclesiae unitas* — noch jüngst beifällig zitiert von Klein, ZKG 68, 1957, S. 50 Anm. 15 — beruht auf einer irrigen Systematisierung der Polemik Cyprians, der seinen Gegnern vielmehr zum Vorwurf macht, daß sie die Eine Kirche faktisch zerreißen). — Als synonym mit *ecclesia catholica* erscheint hier überall *mater* bzw. *matrix*, vgl. pp. 599, 4 (neben 598, 20); 600, 2; 602, 22; 604, 17; 605, 7; 605, 16 (*ad matrem suam id est ecclesiam catholicam*); 607, 8 (*catholicae matricem et radicem agnoscere ac tenere*). Vgl. oben Anm. 46.

[82] Journal of Theological Studies, N.S. 5, 1954, 68—72.

[83] Vgl. oben die Einl. Anm. 11.

[84] Bévenot a. a. O. S. 69, Anm. 2.

im folgenden Jahre (in Erwartung einer neuen Verfolgung) auch den *sacrificati* die kirchliche *pax* erteilt wurde, ergibt sich schlüssig, daß mit dem (nach Bévenot) authentischen Text von c. 19 auch P.T. während des verbleibenden einen Jahres verfaßt worden ist, während alles dafür spricht, daß T.R. eine Frucht des Ketzertaufstreites ist.

Hierzu kommt noch die schon von Chapman beobachtete Abweichung, daß in den Hss, welche P.T. bieten, die »*hic's*« und »*illic's*« in c. 19 vertauscht sind[85], so daß, abweichend von Hartels Ausgabe, der Text dort lautet: *Peius hoc crimen est* (sc. das der Schismatiker) *quam quod hi qui sacrificaverunt admisisse videntur, qui tamen in paenitentia criminis constituti Deum plenis satisfactionibus deprecantur. Illic ecclesia quaeritur et rogatur, hic ecclesiae repugnatur; illic potest necessitas fuisse, hic voluntas tenetur in scelere; illic etc.* (vgl. Bévenot S. 69, Anm. 2). Chapman ging bei seiner Erklärung von der Voraussetzung aus, Cyprian habe nach Ausbruch des novatianischen Schismas seine Einheitsschrift den römischen Verhältnissen angepaßt a) durch Abfassung des P.T., b) durch Umstellung der *hic's* und *illic's* in c. 19, indem der jetzt näherliegende Fall (das römische Schisma) durch »*hic*«, der fernerliegende (die karthagischen *Lapsi*) durch »*illic*« bezeichnet wurde. Bévenot, der P.T. für ursprünglich hält, schließt in dies Urteil nun auch die *Hic's* und *Illic's* ein. Was früher als vertauscht galt, ist eben das Ursprüngliche, d. h. Cyprian hat zunächst d a s durch »hic« bezeichnet, was in seinem Bewußtsein den Vorrang hatte. Später korrigierte er nach den literarischen Erfordernissen und kehrte die Reihenfolge um.

Bévenots Beweisgang zeigt, wieviel sich mit Logik erreichen läßt, sobald man nur weiß, was man will. Er selbst weist übrigens darauf hin, wie vorzüglich die behandelte Variante in Chapmans Konzept gepaßt hätte: vor dem Konzil hätte Cyprian natürlich »*Lapsi*« geschrieben, nach dem Konzil änderte er in »*hi qui sacrificaverunt*«. — Man fragt sich: weshalb sollte Cyprian an der genannten Stelle auf den Terminus »*sacrificati*« so großen Wert gelegt haben, wenn er an d r e i weiteren Stellen desselben Kapitels (p. 227, 13. 19. 20) den Ausdruck »*Lapsus*« nicht scheut? Es muß sich also doch wohl — wie Bévenot S. 72 selber erwägt — um die Glosse eines aufmerksamen Lesers handeln. Daß ferner Cyprian, dieser gründliche Rhetoriker, gegen die Logik des Gedankengangs *hic* auf die Schismatiker, *illic* auf die Lapsi bezogen haben sollte, ist ganz und gar unwahrscheinlich. Um eine bloße Verwechslung (durch einen Schreiber) kann es sich allerdings auch nicht handeln, weil die Vertauschung zu konsequent durchgeführt ist.

Ich vermute, daß diese Veränderung tatsächlich aus derselben Richtung kommt wie die interpolierte Fassung (P.T.) des vierten Kapitels. Es könnte sich in ihr verraten, daß die *Lapsi*-Frage dem Interpolator (zeitlich und deswegen interessemäßig) ferngerückt ist, während ihm das Problem des Schismas auf den Nägeln brennt (naiverweise hätte er also die eigene Situation in Cyprians Schrift einfach eingetragen). Sollte dies die richtige Erklärung sein, so würde sie bestätigen, was ich (unabhängig von den *Hic's*

---

[85] John Chapman, Les interpolations dans le traité de S. Cyprien sur l'unité de l'église, RevBén 20 (1903) 46 f.

und *Illic's*) für eine mögliche Lösung des »Primacy Text«-Problems halten
möchte.

Man hat längst beobachtet, daß der P.T. eine auffällige Nähe zu Optatus
von Mileve zeigt[86]. Aber Optat wird der Verfasser nicht sein — falls man
ihm eine derartige Fälschung überhaupt zutrauen sollte, hätte er gewiß
nicht versäumt, den Donatisten bei dieser Gelegenheit die Verbindung
Petri mit dem katholischen Rom kräftig unter die Nase zu reiben (vgl.
Adam a. a. O. S. 215). Mit Rom hat indessen P.T. nichts zu tun[87]. So wird
man die umstrittene Fassung wohl zwischen Cyprian und Optat einzuord-
nen haben, und P.T. mag die Fälschung eines Donatisten sein. Indizien:
1. beriefen sich die Donatisten vor allem auf Cyprian, 2. stellten sie Petrus
(als »*typus*«, wie Augustinus referiert) und Mt 16₁₈f zur Behauptung ihrer
Bischofskirche ins Zentrum (hierzu und zur donatistischen Betonung des
»Amtsgnadentums« vgl. Adam a. a. O. S. 213ff.). Diese Lösung würde aufs
glücklichste den Ursprung des P.T. in Afrika fixieren und zugleich in eine
Zeit (4. Jahrhundert) führen, die Harnack letzten Endes doch sicherer er-
schien als das von Chapman angenommene 3. Jahrhundert[88].

Begreiflich wäre auf diese Weise auch der Ausfall des Passus »*Quando
et beatus apostolus Paulus*« etc. bis »*corrumpat*« in un. 4f. (p. 213, 10—214, 1),
dessen vermeintliche Unerklärlichkeit Bévenot so unermüdlich als Waffe
gebraucht. Wer daran interessiert war, das von ihm beanspruchte Bischofsamt mit Nachdruck auf Petrus bzw. auf dessen universalkirchliche *Cathedra*
zu gründen (bei den Donatisten war dies der Fall), der hatte guten Grund,
an die letzte rhetorische Frage des P.T. (*Qui cathedram Petri, super quem
fundata ecclesia est, deserit, in ecclesia se esse confidit?*) sofort den fundamentalen Doppelsatz von un. 5 = p. 214, 1ff. anzuschließen: *episcopatus
unus est . . ., ecclesia una est.* Und was sollte der Betreffende mit dem
sacramentum unitatis anfangen — was mit dem relativischen Anschluß
»*Quam unitatem*« etc. (c. 5 in.), wenn unmittelbar zuvor von der *cathedra
Petri* die Rede war? Leider kranken die scharfsinnigen Versuche, den P.T.
zu retten, sämtlich daran, daß sie z u scharfsinnig sind.

---

[86] Karl Adam, ThQ 94 (1912) 215f.; Jean le Moyne, RevBén 63 (1953) 104f.
[87] Vgl. oben die Einleitung, Anm. 15.
[88] ThLZ 28 (1902) 262f.

Zweites Kapitel

Die Kirche des Ursprungs

Das vierte Kapitel der Einheitsschrift,
in kritischer Auseinandersetzung mit Kochs grundlegender Deutung,
erster Teil

Mit Recht sieht Koch in seiner ersten Deutung der Einheitsschrift[1] die Absicht des vierten Kapitels (T.R.) in dem »Nachweis, daß die kirchliche Einheit von Gott gewollt und von Christus, dem Stifter der Kirche, angeordnet sei«[2]; mit Recht — obschon nicht in jeder Hinsicht zutreffend[3] — unterstreicht er die Bedeutung von Mt 16 18f. für den Beweisgang. »Der Umstand, daß der Herr dieselbe Gewalt, die er später allen Aposteln zuwies, zuerst Einem allein, dem Petrus, erteilt hat, ist ein autoritatives Zeichen dafür, daß die Kirche Christi eine sein solle«[4].

Freilich macht die zuletzt zitierte Formulierung eine für Kochs Auffassung charakteristische Verschiebung des Sinnes deutlich. Denn wo in un. 4 versucht Cyprian den Nachweis, daß die Kirche eins sein soll[5]? Seine Worte stehen doch, wie Koch selber sagt[6], »unter

---

[1] Cyprian und der römische Primat, 1910. Dies Buch ist, mit seinen Vorzügen und Fehlern, grundlegend auch für Cathedra Petri (1930) und bedarf einer gründlicheren Erörterung als die spätere Monographie, vgl. o. die Einleitung S. 8.

[2] Primat S. 11.

[3] Zur Abgrenzung gegen Kneller, Der hl. Cyprian und die Idee der Kirche, Stimmen aus Maria-Laach 65 (1903) 498—521, vgl. Primat S. 12, Anm. und S. 19f. (mit Anm. auf S. 20). Kneller ging entschieden zu weit, wenn er schon in c. 2 = p. 210, 22f. eine Vorbereitung auf c. 4 finden wollte (*super petram* dort entspräche dem *super istam petram* hier). Aber er hat doch richtig gesehen, daß für Cyprian nur die Mt-Stelle »eine Einrichtung und Anordnung Christi enthält« (Primat S. 20, Anm. 1). Koch setzt dagegen zu Unrecht Mt 16 18f. zu den übrigen Schriftzitaten dieses und der folgenden Kapitel ohne weiteres in Parallele.

[4] Primat S. 11.

[5] Primat S. 13: Der Herr »bevollmächtigte zuerst den Petrus allein und später erst die übrigen Apostel, um ganz deutlich zu zeigen, daß seine Kirche eins sein soll«. S. 18: Christus hat seinen Willen, »daß die Kirche eins sein soll, deutlich kundgegeben«. S. 20f.: Mt 16 hat Christus »seinen autoritativen Willen, daß die Kirche eins sein solle, durch einen sinnfälligen Vorgang am deutlichsten kundgegeben«. S. 21: »Ein Blick auf den Anfang der Kirche . . . gibt zu allen Zeiten die Lehre: die Kirche muß eins sein« usw. S. 22: »Durch diesen Anfang hat der Stifter am deutlichsten gezeigt, daß seine Kirche immerdar eine einzige und einig sein solle.« S. 45:

dem Zeichen ... des ‚*sacramentum unitatis*‘ (p. 213, 11)« — sie deuten auf ein von Gott gegebenes Unverfügbares[7], auf ein für sich Bestehendes, auf etwas, das menschlichem Wollen und Laufen zuvor entrückt ist, in das der Mensch sich zu fügen, das er anzuerkennen vermag, das er aber nicht selbst erst schaffen kann oder soll. Das vierte Kapitel der Einheitsschrift will nicht beweisen, daß die Kirche eins sein soll, sondern daß sie Eine ist — sein Verfasser hat es zunächst nicht mit dem Imperativ, sondern mit dem Indikativ zu tun. Er meint eine gegebene Wirklichkeit und dann erst — gegen Ende des Kapitels — deren Bedeutung »für uns«.

Das ist leicht zu erkennen, wenn man dem Gedankengang folgt[8]. Es gibt Christen, so schreibt Cyprian im dritten Kapitel, die durch den getarnten Teufel dazu verführt werden, das Draußen mit dem Drinnen zu verwechseln. Für den alten Weg heidnischer Blindheit sind sie verloren — nun stößt sie der Feind auf den neuen Weg des Glaubensirrtums. Häresien und Schismen erfindet er und raubt die gerade Bekehrten der Kirche. So zerstört er den Glauben, verfälscht die Wahrheit, zerreißt die Einheit.»Während sie sich schon dünken lassen, sie hätten dem Licht sich genähert und seien der Nacht dieser Welt entronnen, flößt er den Ahnungslosen abermals, nur andere Finsternis ein, so daß sie, ohne auf seiten des Evangeliums Christi, seiner Regel und seines Gesetzes zu stehen, sich Christen nennen und in Finsternis wandelnd das Licht zu besitzen vermeinen; durch Schmeichelei[9] und Trug des Feindes, der nach des Apostels Wort sich zum Engel des Lichtes verstellt und seine Diener wie Diener der Gerechtigkeit auftreten läßt. Die suchen, der Nacht für den Tag, dem Untergang statt des Heiles Geltung zu schaffen — der Verzweiflung unter dem Vorwand der Hoffnung, dem Unglauben unter dem Deckmantel des Glaubens, dem Antichrist unter Christi Namen. Während sie, was einen Schein der Wahrheit hat, lügnerisch erfinden, wollen sie die Wahrheit

---

»Am Anfang der Kirche steht die numerische Einheit Petri, und diese numerische Einheit gibt uns zu verstehen, daß die Kirche nach dem Willen ihres Stifters ... eine bleiben soll.« An dieser letzten Stelle wird deutlicher, aber in der Auffassung gleichfalls unbefriedigend zwischen Sein und Sollen unterschieden (vgl. auch Primat S. 25), und so dann auch Cathedra Petri S. 64 (zu un. 5): »Es laufen immer zwei Gedanken ineinander: die Einheit ist der Ausgangspunkt, und: von der Wahrung der Einheit ... hängt der Bestand des Einzelnen ab.« — Auch in Kochs Bemerkungen zu ep. 73, 7 (Primat S. 43) wird richtiger zwischen »Gründen« und »Zeigen« der Einheit unterschieden. Doch drängt sich überall der pädagogisch-moralische Gesichtspunkt vor, weil das Wesen der Einheit verkannt ist.

[6] Primat S. 11.

[7] Zu *sacramentum* vgl. oben die Einleitung, Anm. 22.

[8] P. 211, 6ff.

[9] Zur Bedeutung von *blandiri* an dieser Stelle vgl. oben Kapitel 1, S. 17.

durch Vorwitz zunichte machen. Dies geschieht deswegen, geliebteste Brüder[10], weil man nicht auf den Ursprung der Wahrheit zurückgeht, noch das Haupt sucht, noch die Unterweisung der himmlischen Lehre in acht nimmt.«

Mit dem letzten Satz[11] verweist nach Koch Cyprian auf die Heilige Schrift, und hierfür scheint manches zu sprechen. Cyprians Vorliebe für Synonyma führt auf die Gleichung: *veritatis origo = caput = magisterii caelestis doctrina.* Ferner bringt Cyprian im vierten Kapitel alsbald eine Reihe von Schriftzitaten. Endlich wirken die von Koch aus Briefen Cyprians beigebrachten Parallelen[12] zunächst überzeugend. Trotzdem erheben sich gegen diese Auslegung gewichtige Bedenken. Denn schon im folgenden vierten Kapitel wird »*origo*« (p. 213, 1; vgl. *exordium* Z. 4) auf das *sacramentum* der Einen, auf Petrus erbauten Kirche bezogen. Und ebenso ist im fünften Kapitel, wo der Zusammenhang an die Heilige Schrift erst recht nicht denken läßt, von der Kirche als dem »*unum caput*«, der »*origo una*« (und der »*una mater fecunditatis*«, p. 214, 13f.) die Rede. Endlich heißt es in c. 12 von solchen, die unter Berufung auf Mt 18 20 der Kirche den Rücken kehren[13]: »Wie aber kann mit jemandem eine Übereinkunft treffen, wer nicht zugleich mit dem Leibe der Kirche und mit allen Brüdern in Übereinstimmung ist? Wie können zwei oder drei sich im Namen Christi versammeln, von denen doch feststeht, daß sie sich von Christus und seinem Evangelium trennen? Denn nicht wir sind von ihnen, sondern sie sind von uns gewichen und haben — da Häresien und Schismen erst später entstanden sind —, indem sie für sich besondere Konventikel begründen, das Haupt und den Ursprung der Wahrheit verlassen. Der Herr aber spricht (Mt 18 20) von seiner Kirche und zu denen, die in der Kirche sind« usw. Auch hier darf der Hinweis auf das Evangelium nicht dazu verleiten, die Wendung »*veritatis caput adque originem*« (p. 220, 25) anders als von der Kirche zu verstehen. Der unmittelbare Zusammenhang mit seinen Antithesen: »wir« und »sie«, die später entstandenen Häresien und Schismen im Kontrast zur früheren Kirche, dementsprechend die *conventicula diversa* im Gegensatz zu *veritatis caput adque origo*; endlich der Nachdruck, mit welchem das »*de ecclesia*« in dem strittigen Herrenwort unterstrichen wird (p. 220, 25): dies alles läßt gar keinen anderen Schluß zu als den, daß wir es hier nicht mit der isolierten Schrift oder Lehrtradition, sondern mit beidem nur *sub*

---

[10] Zu dieser Anrede an die Gemeinde vgl. oben Kapitel 1, Anm. 14.

[11] p. 212, 3: *hoc eo fit, fratres dilectissimi, dum ad veritatis originem non reditur nec caput quaeritur nec magisterii caelestis doctrina servatur.*

[12] Primat S. 20 mit Anm. 1, vgl. auch S. 44 Anm. 1 fin. Es handelt sich um ep. 74, 10. 11 und ep. 63, 1, vgl. unten S. 38 ff.

[13] Zu diesem Passus vgl. oben Kapitel 1, S. 18 f.

specie der »ursprünglich« vom Herrn gegründeten Kirche zu tun
haben[14].

Koch führt allerdings auch diese Stelle zum Beweise seiner Behauptung an. Widersprechende Meinungen sucht er durch den Hinweis auf eine unmögliche Tautologie aus dem Felde zu schlagen[15]: man
dürfe Cyprian das Argument nicht zutrauen, »man verläßt die Einheit,
wenn man nicht bei der Einheit bleibt« — oder wenn man diese von
Koch gegen eine spezielle Auffassung[16] gerichtete Formulierung für
den vorliegenden Fall modifiziert: »man verläßt die Kirche, wenn man
nicht bei der Kirche bleibt«. Aber weder in c. 12 noch in c. 3 kommt
es zu dieser Tautologie, wenn man dem von Cyprian gemeinten Wesen
der Kirche Rechnung trägt. Daß unsere Gegner, erklärt der Bischof
in c. 12, sich auf ein aus dem Zusammenhang gerissenes Bibelwort
stützen, ist ganz konsequent: sie zerreißen den Text, wie sie die Kirche
zerreißen[17]. Aber zuerst war die Kirche da — dann erfand der Teufel
die Häresien und Schismen[18]. Wenn also die Schismatiker sich ans
postmodum[19] halten, so haben sie notwendig das *caput* und die

---

[14] Vgl. un. 14 = p. 223, 14: *ita nec christianus videri potest qui non permanet in evangelio
eius et fidei veritate.* Auch hier eine Variation des in c. 3 angeschlagenen Themas
— auch hier warnt der Zusammenhang (p. 223, 5: *cum Deo manere non possunt
qui esse in ecclesia Dei unanimes noluerunt*) davor, das Evangelium und die *fidei veritas*
(ein Ausdruck, der überdies in die Nähe der *regula fidei* führt) anders als auf dem
Hintergrund der Kirche zu verstehen.

[15] Primat S. 21 Anm.

[16] Nach einer durch einen anonymen Rezensenten (dessen Ausführungen übrigens
einen vorzüglichen Eindruck machen und der Wahrheit Cyprians sehr nahe kommen)
in ThQ 1823, 516 vertretenen Auffassung soll *»veritatis origo et caput«* in un. 3 die
»Einheit des gesamten Episkopats« bedeuten. Diese Interpretation ist so lange abwegig, als sie Cyprians Kirche zu rasch mit dem Episkopat identifiziert (vgl. oben
die Einleitung S. 11); sie wäre mit einem Schlage richtig, wenn die »Einheit« als
sacramentum sui generis begriffen würde.

[17] P. 220, 7f.

[18] Mit c. 12 = p. 220, 22 *cum haereses et schismata postmodum nata sint*, vgl. c. 3
= p. 211, 16 *haereses invenit et schismata* (*sc. inimicus* Z. 9).

[19] G. Klein, ZKG 68 (1957) 52 bemängelt Cyprians »Verständnis des *postmodum* als
eines konstitutiven Strukturmoments des Schismas (p. 220, 23) gegenüber dem
nemo ante der Großkirche (p. 630, 1)«: »Die eigentümliche Verlegenheit einer Polemik,
die den Gegner erledigen muß, ohne sein Selbstverständnis antasten zu können,
meldet sich aber unüberhörbar in dem Versuch, den Dissensus mit dem Gegner am
Leitfaden der Idee zeitlicher Priorität aufzureihen.« Klein übersieht (aber hierin
scheint er durch die *traditio*, die bei Koch ihre *origo* hat, bestimmt zu sein), daß es
sich für Cyprian gar nicht um eine rein »zeitliche Priorität« handelt, daß diese vielmehr lediglich das wesenhafte, ein für allemal gültige Erscheinen der Wahrheit
bekräftigt, die ihrerseits der Kategorie der Zeit überlegen ist. Jeder Abfall von ihr
(vgl. das *semel traditum* ep. 45, 1 = p. 600, 5) schließt eine Art Seinsminderung ein
(die beste Illustration bietet un. 5; zum philosophischen Hintergrund des Gedankens

origo verlassen — die rechtmäßige Kirche, die im Ursprung war (und ist), die der Herr auf Petrus gegründet hat[20], bei welcher die Wahrheit (p. 220, 24), bei welcher Christus und sein Evangelium (p. 220, 21) ist. — Nicht anders heißt es in c. 3: daß die durch die Häretiker und Schismatiker verführten Gläubigen in Verblendung einem teuflischen *Quidproquo* verfallen, hat seinen Grund darin[21], daß sie sich nicht an die wahre Kirche halten (welcher der Feind sie raubt p. 211, 19) — die von Anfang war und bei welcher die wahre himmlische Lehre ist (p. 212, 3ff.). Denn Häresien und Schismen hat der Widersacher nachträglich erfunden. — Wer erkennte hier nicht den Einfluß des von Cyprian so fleißig gelesenen[22] Tertullian, der die zeitliche Priorität der Kirche als entscheidendes Argument (als »*praescriptio*«) gegen die Häretiker ins Feld geführt hat[23]! *Origo* und *caput* sind also an den zitierten Stellen unter dem Gesichtswinkel der legitimen kirchlichen Lehrüberlieferung (und damit natürlich, was aber hier zurücktritt,

---

vgl. oben Kap. 1, S. 22 f.; zur Herkunft von Tertullian unten bei und mit Anm. 23). Daß Cyprian im Ketzertaufstreit »gezwungen ist, *ratio* . . . und *veritas* . . . kritisch gegen die *consuetudo* auszuspielen« (Klein a. a. O.), bedeutet noch nicht den »Zusammenbruch der Idee der zeitlichen Priorität«: denn ob *consuetudo* oder *ratio*, immer handelt es sich um die ursprünglich-substantielle Wahrheit, die Klein verkennt, wenn er von dem angeblichen »Vorrang der aufgewiesenen Kirche vor der Wahrheit« handelt (S. 61 f.).

[20] Un. 4 = p. 213, 1.

[21] Es ist zu verknüpfen: p. 211, 21 *ut . . . habere se lumen existiment . . .* mit p. 212, 3 *hoc eo fit etc.*

[22] Vgl. oben Kapitel 1, S. 16 mit Anm. 20.

[23] Praescr. III, 13 = p. 189, 36 Refoulé (CC SL vol. I): *Ex nobis, inquit, prodierunt sed non fuerunt ex nobis; si fuissent ex nobis permansissent utique nobiscum.* Hierzu un. 12 = p. 220, 22 Hartel *non enim nos ab illis, sed illi a nobis recesserunt* (I Joh 2 19). — Praescr. V, 4 = p. 191, 1 *Denique si totum capitulum* (sc. bei I Cor 11 18) *ad unitatem continendam et separationes coercendas sapit, haereses vero non minus ab unitate divellunt quam scismata et dissensiones. Sine dubio et haereses in ea condicione reprehensionis constituit in qua et scismata et dissensiones.* Hier wie bei Cyprian das Interesse an der *unitas* und die Gleichstellung von Häresie und Schisma. — Praescr. XX, 7—9 = p. 202, 23 *Omne genus ad originem suam censeatur necesse est. Itaque tot ac tantae ecclesiae una est illa ab apostolis prima ex qua omnes. Sic omnes primae et omnes apostolicae, dum una omnes. Probant unitatem communicatio pacis et appellatio fraternitatis et contesseratio hospitalitatis. Quae iura non alia ratio regit quam eiusdem sacramenti una traditio.* Hier ist Cyprians Rede vom »Ursprung« vorgebildet. Die *una ecclesia* kommt »*ab*« apostolis, vgl. un. 4 = p. 213, 1 *ab uno*. Zwischen der *prima ecclesia* und *omnes ecclesiae* wird nicht lediglich ein Kausalverhältnis, sondern die Identität behauptet: in diesem Sinne »organisch« sieht auch Cyprian un. 5 die Kirche. Endlich begegnet hier auch die *traditio sacramenti* (vgl. p. 600, 4f. Hartel): doch hat *sacramentum* noch nicht die cyprianische Bedeutung, Tertullian denkt an die *regula fidei*, auf die der Christ bei der Taufe seinen »Fahneneid« leistet (doch meint E. de Backer, Sacramentum, Le mot et

der apostolischen Sukzession) zu verstehen. Im Kontrast zu dem später lügenhaft Hinzuerfundenen deuten sie auf diejenige Instanz, bei welcher die Wahrheit zuerst war und von welcher sie herkommt[24], zugleich im Sinne eines für die späteren Geschlechter verbindlichen Orientierungspunktes. Diese Instanz ist für Cyprian nicht die isolierte Heilige Schrift, sondern die mit der Schrift von Anfang betraute Kirche[25].

Bei näherem Zusehen spricht aber auch der von Koch herangezogene 74. Brief[26] gar nicht zugunsten seiner Auffassung. Cyprian beklagt sich im zehnten Kapitel (= p. 807, 12ff.) mit einem Seitenblick auf Stephan über die Anmaßung, lieber den eigenen Irrtum zu verteidigen als der fremden Wahrheit seine Zustimmung zu geben. Dabei hat doch schon Paulus vom Bischof gefordert, er habe nicht

---

l'idée représentée par lui dans les oeuvres de Tertullien, Louvain 1911, S. 24f., es handle sich lediglich um die Gleichung *sacramentum = doctrina*). — Praescr. XXI, 4ff. = 202, 10: *Si haec ita sunt, constat perinde omnem doctrinam, quae cum illis ecclesiis apostolicis matricibus et originalibus conspiret, veritati deputandam, id sine dubio tenentem, quod ecclesiae ab apostolis, apostoli a Christo, Christus a Deo accepit* (cf. I. Clem 42, 1f.!); *omnem vero doctrinam de mendacio praeiudicandam quae sapiat contra veritatem ecclesiarum et apostolorum Christi et Dei.* Zum Gegensatz *veritas-mendacium* unter kirchlichem Aspekt vgl. un. 3 (daß Tertullian die Kirchen in die Mehrzahl setzt, wo Cyprian pointiert von der Einen Kirche spricht, hat Koch schon vermerkt); zu *matrix* vgl. oben Kap. 1, Anm. 81 fin. — Praescr. XXI, 7—XXII, 1 = p. 203, 21f.: *... testimonium veritatis ... tam expedita probatio*, vgl. un. 4 = p. 212, 7 *... probatio ... conpendio veritatis.* — Praescr. XXXL, 1—4 = p. 212, 48: *Sed ab excessu revertar ad principalitatem veritatis et posteritatem mendacitatis disputandam, ex illius quoque parabolae patrocinio quae bonum semen frumenti a Domino seminatum in primore constituit, avenarum autem sterilis faeni adulterium ab inimico diabolo postea superducit. ... Ita ex ipso ordine manifestatur id esse dominicum et verum quod sit prius traditum, id autem extraneum et falsum quod sit posterius inmissum. Ea sententia manebit adversus posteriores quasque haereses etc.* Zum Ganzen vgl. un. 3 usw. Zu *adulterium* (vgl. auch XLVI, 2) s. z. B. un. 6 = p. 214, 17 *adulterari non potest sponsa Christi.* — Vgl. noch XXXII, 1; XXXIV, 8; XXXV, 3; XXXVII, 4; XXXVIII, 6; XLII, 8.10. — Koch, der den Tertullian gründlich kannte, hat besonders in Cathedra Petri viele Parallelen zu Cyprian aufgewiesen. Merkwürdig, daß er nie auf den Gedanken gekommen ist, den Kontext der Einheitsschrift auf dem Hintergrund von De praescriptione zu erklären!

[24] Nach Erich Altendorf, Einheit und Heiligkeit der Kirche, AzKG 20, 1932, 47 Anm. 7 bedeutet *origo* »den Anfang, den zeitlichen Ausgangspunkt« (unter Berufung auf Koch). Das ist ein richtiger, aber nicht der einzig richtige Gesichtspunkt.

[25] Vgl. Tert. praescr. XIX, 3 = p. 201, 8 Refoulé (CC SL vol. I): *Ubi enim apparuerit esse veritatem disciplinae et fidei christianae, illic erit veritas scripturarum et expositionum et omnium traditionum christianorum.* XXI, 7 = p. 203, 20: *Communicamus cum ecclesiis apostolicis quod nulla doctrina diversa: hoc est testimonium veritatis.*

[26] Vgl. oben Anm. 12.

nur zu lehren, sondern auch sich lehren zu lassen[27]. Für fromme, schlichte Gemüter ist es aber überhaupt Sache eines Augenblicks[28], den Irrtum abzulegen und die Wahrheit zu finden. »Denn wenn wir zum Haupt und Ursprung der göttlichen Überlieferung *(ad divinae traditionis caput et originem)* zurückkehren, hört menschlicher Irrtum auf; und wenn das Wesen der himmlischen Geheimnisse erkannt ist, so wird, was unter der dunklen Wolke der Finsternisse verborgen war, ins Licht der Wahrheit bloßgelegt.« Diesen Rückgang *ad fontem* unternehmen wir ja auch, wenn es gilt, die Ursache für das Versiegen einer Wasserleitung (!) ausfindig zu machen: wir prüfen, ob der Schaden *in capite* oder *in medio* sei[29]. »Dies müssen auch jetzt Gottes Priester[30] tun, wofern sie die göttlichen Gebote in acht nehmen — daß, wenn in irgendeinem Stück die Wahrheit ins Wanken gerät, wir zu dem vom Herrn gesetzten Ursprung und zur evangelischen und apostolischen Tradition zurückkehren und von dort unsere Amtsführung *(actus nostri ratio)* ihren Ausgang nehme *(surgat)* — *unde et ordo et origo surrexit.«*

Dies ist eine der nicht seltenen Passagen in Cyprians Schriften, die wegen ihrer so unpräzisen wie wortreichen Diktion schwer zu verstehen sind. Cyprians Begrifflichkeit eignet ein stumpfer Glanz — man mag daran herumpolieren, oft kommt kein wirklich klarer Reflex zustande, sehr im Unterschied zu Tertullian, dessen scharfgeschliffene Pointen etwas Funkelndes haben[31]. An der vorliegenden Stelle ist zunächst das Verbum *surgere* einigermaßen deutlich — im Sinne des anfänglichen Hervorgehens kann es z. B. vom Tage, von der Sonne, von der Quelle gebraucht werden[32]. Hier handelt es sich um solches, das auf die *origo dominica* (und die mit dieser gesetzte *evangelica adque apostolica traditio*) zurückgeht, dort seinen Ursprung hat. Und was geht aus diesem Ursprung hervor? Zunächst die *actus nostri ratio*

---

[27] Das διδακτικός von I Tim 3 2; II Tim 2 24 gibt Cyprians Neues Testament mit *docibilis* wieder.

[28] P. 807, 21 *in conpendio est autem apud religiosas est simplices mentes et errorem deponere et invenire adque eruere veritatem.* Dies *compendium* ist ein anderes als das *compendium veritatis* un. 4 = p. 212, 7. Ep. 74, 11 = p. 809, 9: *brevi et spiritali conpendio.* (Vgl. Jos. Schrijnen und Christine Mohrmann, Studien zur Syntax der Briefe des hl. Cyprian, I, 1936, 142.)

[29] Auch Tertullian hatte es mit der Wassertechnik, vgl. De baptismo 8 seine Demonstration an der Wasserorgel.

[30] *Sacerdos = episcopus.* Vgl. Harry Janssen, Kultur und Sprache, zur Geschichte der alten Kirche im Spiegel der Sprachentwicklung von Tertullian bis Cyprian, 1938, 84ff. (zur Kritik an den von Janssen vorgenommenen Einschränkungen: von Campenhausen, Kirchliches Amt S. 310, Anm. 2).

[31] Zu dieser Eigentümlichkeit Tertullians vgl. ZThK 62 (1965) 159.

[32] Nachweise bei Georges s. v.

(s. o.), aber deren Herkunft wird daran gemessen bzw. orientiert, daß aus derselben Wurzel *et ordo et origo* stammen. Bei Tertullian bezeichnet *ordo* den Stand der Kleriker im Unterschied zu den Laien[33]. Überhaupt dient der Ausdruck zur Bezeichnung verschiedener kirchlicher Stände, zum Beispiel der Witwen[34]. Zu unserer Cyprianstelle meint Janssen[35]: sie sei »sehr unbestimmt«, und der Sinn von *ordo* gehe hier »kaum über die allgemeine Bedeutung von ‚Ordnung' hinaus«. Wohl in diesem Sinne faßt Baer[36] *ordo* und *origo* zusammen und übersetzt: »Ursprüngliche Anordnung«. Was hat sich Baer, und was hat sich Cyprian hierbei gedacht? *Ordo* ist die Ordnung zunächst im Sinne der Reihe. Im vorliegenden Zusammenhang spricht Cyprian ferner von den Bischöfen *(sacerdotes[37])* und deren öffentlicher Amtsführung (das ist mit *actus* gemeint). Liegt es nicht also nahe, *ordo* auf die Bischöfe zu beziehen? Es wäre dann weniger an den »Stand« (im Sinne einer soziologischen Gruppe) als an die durch Sukzession vermittelte Teilhabe am Bischofsamt gedacht. *Ordo* wäre also s.v.w. »Amts-Reihe«. Dies Verständnis erweist sich im Blick auf Tertullian als zum mindesten möglich. Man vergleiche praescr. XXXII, 1[38]: *edant ergo origines ecclesiarum suarum, evolvant ordinem episcoporum suorum, ita per successionem ab initio decurrentem.* Zwar ist *ordo* an unserer Cyprianstelle absolut gebraucht, aber das ist eine abgekürzte Redeweise, die angesichts des Kontextes nicht sehr ins Gewicht fällt. Vor allem besticht, daß bei Tertullian l. c. neben *ordo* auch *origo* (im Plural) erscheint, bezogen auf den geforderten apostolischen Ursprung der Kirchen. Von hier aus legt sich geradezu die Vermutung nahe, der unentwegt Tertullian repetierende karthagische Bischof habe bei *origo* speziell an die Kirche gedacht, so daß also Bischofsamt und Kirche nebeneinander stünden. Diese Doppelung ist bei Cyprian sehr gewöhnlich. Vor allem ist das Nebeneinander von *episcopatus* = Bischofsamt und *ecclesia* in un. 5 zu beachten, ferner ep. 33, 1 = p. 566, 1ff.: *Dominus noster ... episcopi honorem et ecclesiae suae rationem disponens in evangelio loquitur et dicit Petro*: Mt 16 18f. *inde per temporum et successionum vices episcoporum ordinatio[39] et ecclesiae ratio decurrit ut ecclesia super episcopos constituatur et omnis actus ecclesiae per eosdem praepositos gubernetur.* Besonders der Schluß dieses Passus *(actus!)* erinnert an ep. 74, 10. Man muß sich hier freilich vor zu festem Zupacken hüten: es wäre

---

[33] Janssen a. a. O. S. 47.

[34] Ebd. S. 48.

[35] Ebd. S. 51.

[36] Julius Baer, Des heiligen Kirchenvaters Caecilius Cyprianus Briefe aus dem Lateinischen übersetzt. In: Bibliothek der Kirchenväter, Cyprian II. Band, 1928, S. 367.

[37] Vgl. oben Anm. 30.

[38] CC SL Tertullian vol. I, p. 212 (Refoulé).

[39] Amtseinsetzung, vgl. Janssen S. 51.

schon wieder übers Ziel geschossen, neben *ordo* = »Amts-Reihe« nun einfach *origo* durch »Kirche« wiederzugeben. Daß aber das Gemeinte in diese Richtung zielt, ergibt sich aus dem Zusammenhang sowie aus den Parallelen bei Tertullian und Cyprian und hat jedenfalls vielmehr Wahrscheinlichkeit als die inhaltlich ganz unbestimmte, nichtssagende Rede von einer »ursprünglichen Ordnung«. Cyprian will offenbar sagen: Wenn die Wahrheit zu wanken beginnt, dann zurück zu dem vom Herrn gesetzten Ursprung, und damit zugleich zu der im Herrenwort und im apostolischen Zeugnis vorliegenden Überlieferung! Denn die Bischöfe haben sich mit ihrer Amtsführung dort zu orientieren, wo die Reihe ihrer apostolischen Sukzession, nicht anders als die Überlieferung der Wahrheit, beginnt, nämlich an der vom Herrn stammenden *origo*, mit welcher die Kirche ein für alle Mal gegeben ist.

Deutlich wird nun in dem Satz p. 808, 14: *ut ... et ad originem dominicam et ad evangelicam adque apostolicam traditionem revertamur*, zwischen dem durch den Herrn gesetzten Ursprung (vgl. un. 4 = p. 213, 1 *unitatis eiusdem originem ab uno incipientem sua auctoritate disposuit*), d. h. der den Häresien und Schismen vorweg gegründeten K i r c h e, und der wie gewöhnlich nach Evangelium und Apostolos unterschiedenen T r a d i t i o n, d. h. der Heiligen Schrift, differenziert[40]. Was dann in c. 11 = p. 808, 18ff. als Inhalt der *traditio* aufgezählt wird[41], trägt den Stempel einer aus der Schrift gezogenen kirchlichen *regula fidei*. Für diese Auffassung spricht auch die unmittelbar (p. 808, 20ff.) sich anschließende Kontrastierung von rechtmäßiger, im Besitz der Taufe und der Tradition befindlicher Kirche (p. 808, 23: *unitatis sacramentum*) — und Häretikern. Von da aus legt es sich nahe, auch in dem *caput* und der *origo divinae traditionis* p. 808, 1f. nicht die isolierte Lehrtradition (oder Schrift), sondern diese im Hinblick auf die vom Ursprung her legitime Kirche zu erkennen[42], und zwar auch hier

---

[40] Zur Gleichung Tradition = Heilige Schrift vgl. Altendorf, Einheit und Heiligkeit S. 75. Allerdings hat Altendorf S. 75f. Kochs irrige Erklärung *origo veritatis* usw. = Heilige Schrift übernommen.

[41] Ein Gott, ein Christus, eine Hoffnung, ein Glaube, eine Kirche, eine Taufe: das ist Eph 4 4f. in leichter Veränderung (die Reihenfolge ist modifiziert, der Geist fehlt; statt *corpus*: *ecclesia*; statt *Dominus*: *Christus*). Dieselbe Stelle wörtlich un. 4 = p. 213, 11ff., und widerum paraphrasiert ep. 70, 3 = p. 769, 18 *quando et baptisma unum sit et spiritus sanctus unus et una ecclesia a Christo Domino nostro ... fundata.* Erich Caspar, Primatus Petri S. 288 Anm. 2 vermutet zu dieser letzten Stelle, Cyprian sei nicht unmittelbar von Eph 4, sondern von Tertullian De bapt. 15 abhängig, p. 290, 4ff. Borleffs (CC SL vol. I): *Unum omnino baptismum est nobis tam ex domini evangelio quam et apostoli litteris quoniam unus deus (et unum baptismum) et una ecclesia in caelis.*

[42] Man hat mir eingewandt, diese Auffassung sei zu kompliziert: nach c. 9 in. (*Christi praecepta* soll der Bischof beobachten) und fin. (Christus ist die Wahrheit, und daran müssen sich die Bischöfe halten) gelte einfach Christus als *caput et origo divinae*

wieder im Gegensatz zu dem nachträglich eingedrungenen *error humanus* Z. 2, der *caligo ac nubes tenebrarum* Z. 3f. Auf diesen Gegensatz zwischen ursprünglicher kirchlicher Überlieferung und späterer häretischer Verderbnis ist ja auch das Bild von der schadhaften Wasserleitung gemünzt: man soll bis dahin zurückgehen, wo die Verbindung mit der Quelle noch ohne Unterbrechung »funktioniert«, also bis zu dem Punkt, wo noch die heile Kontinuität mit dem vom Herrn gesetzten Ursprung gewahrt wird, vor den später abgespaltenen Irrtümern der Kirchenflüchtigen.

Entsprechendes gilt von ep. 63, 1[43]. Cyprian gibt dem Vertrauen Ausdruck, daß »die Mehrzahl der Bischöfe, die den Kirchen des Herrn in der ganzen Welt durch göttliche Gnade vorgesetzt sind, die evangelische Wahrheit und die vom Herrn begründete Überlieferung respektieren«. Aber er will doch durch sein (die Eucharistie betreffendes)[44] Schreiben dazu beitragen, daß die Irrenden »zur Wurzel und zum Ursprung der Herrenüberlieferung« zurückkehren. Auch hier wird man *»radix adque origo traditionis dominicae«* (p. 701, 22) nicht auf die isolierte Schrift, aber auch nicht auf den isolierten Christus, sondern auf die vom Herrn, allen Irrtümern vorweg, mit der Kirche zugleich begründete Lehrtradition beziehen, die von Anfang bei Aposteln und Bischöfen ist, und nach der sich diese allerdings selber zu richten haben.

Es erhebt sich indessen noch eine Schwierigkeit, deren Lösung die (unreflektierte) Kompliziertheit des cyprianischen Kirchenbegriffs verdeutlicht. Sie wurde für den Leser der vorigen Erörterungen durch die einigermaßen vagen Formulierungen: »von der Kirche«, »sub specie der ... Kirche« (S. 35f.), »die mit der Schrift ... betraute Kirche« (S. 38), »im Hinblick auf die ... Kirche« (S. 41) bereits angedeutet. Wenn es nämlich zutrifft, daß *origo, caput, radix* die vom Ursprung her legitime Kirche bedeuten, so erwartet man, daß mit den Wendungen *»veritatis origo«, »radix traditionis«* usw. ein Kausalverhältnis ausgedrückt sei[45]. Die Kirche erscheint

---

traditionis. Dafür scheint ja auch der Ausdruck *origo dominica* p. 808, 15 zu sprechen. — Ich halte trotzdem die Gleichung *»caput et origo = Christus«* für nicht cyprianisch. In un. 5 = p. 214, 14 besteht die andere Gleichung *»caput = origo = mater fecunditatis* (= *sponsa Christi* p. 214, 17). So wenig an der letztgenannten Stelle die Kirche von Christus, kann in ep. 74 Christus von der Kirche getrennt werden. Es kommt eine protestantische Färbung hinein, wenn man Cyprian mit Emphase sagen läßt: Haltet euch an Christus, der ist das Haupt! Denn immer ist Christus *sub specie ecclesiae* gemeint — p. 808, 2 ist *caput* nicht der Herr, sondern das vom Herrn gesetzte *principium.*

[43] P. 701, 12ff.

[44] Der Brief ist nicht sicher zu datieren, Harnack Chronologie II 348.

[45] In diesem Sinne Bernhard Poschmann, Die Sichtbarkeit der Kirche nach der Lehre des hl. Cyprian, Forschungen zur christlichen Literatur- und Dogmengeschichte VIII, 1908, S. 16. Poschmann identifiziert dort überdies die *origo* mit Petrus.

dann als diejenige Instanz, welche die heilsame Wahrheit hervorbringt und so, im unbestreitbaren Besitz der von ihr selbst erzeugten Lehre, den Häretikern entgegenzutreten vermag.

Es folgen hier zur besseren Übersicht noch einmal die behandelten Texte.

un. 3: *ad veritatis originem non reditur nec caput quaeritur nec magisterii caelestis doctrina servatur.*

un. 12: *dum conventicula sibi diversa constituunt, veritatis caput adque originem reliquerunt.*

ep. 74, 10: *nam si ad divinae traditionis caput et originem revertamur, cessat error humanus ... ... ut si in aliquo nutaverit et vacillaverit veritas, et ad originem dominicam et ad evangelicam adque apostolicam traditionem revertamur et inde surgat actus nostri ratio unde et ordo et origo surrexit.*

ep. 63, 1: *veritatis luce perspecta ad radicem adque originem traditionis dominicae revertatur.*

Daß an ein Kausalverhältnis (die Kirche als »Quell« der Lehre) gedacht sei, scheint der Schluß von un. 5 nahezulegen: *illius* (sc. *matris*) *fetu nascimur, illius lacte nutrimur, spiritu eius animamur* (p. 214, 15). Andererseits läßt die Bezeichnung der Kirche als »Mutter« erwarten, daß die Kirche, was sie gibt, auch selbst empfangen hat (un. 6 erscheint neben der Mutter Kirche Gott als Vater, p. 214, 23). Auf beides reflektiert Cyprian jedoch nicht. Und jedenfalls drückt die Wendung *»unitatis origo«* un. 4 (p. 213, 1) kein Kausalverhältnis aus: derjenige, der das *sacramentum unitatis* »manifestiert«, ist der Herr (p. 212, 18 f.), er ist es, der die *origo unitatis* von Einem (Petrus) ausgehen läßt. *Origo* bezeichnet also keine Instanz, die der Einheit, diese verursachend, voraus wäre, sondern die Einheit selbst. Es handelt sich um einen Genetivus definitivus (»Einheits-Ursprung«, »Einheit im Ursprung«)[46].

Diese Erkenntnis schafft ein Präjudiz für die Erklärung der übrigen hier in Frage stehenden Wendungen. Daß nämlich die »Wahrheit« und »Überlieferung« nicht die Kirche, sondern wie diese selbst den Herrn zum Urheber hat, geht aus den Verbindungen »magisterii caelestis doctrina« (un. 3), »divinae traditionis caput« (ep. 74, 10), »radix traditionis dominicae«[47] (ep. 63, 1) eindeutig hervor. Dann aber liegt es am nächsten, auch die in den oben zitierten Texten begegnenden Wendungen dieser Art als explikative Genitive zu verstehen. *Veritatis origo* (un. 3) ist Wahrheits-Ursprung, der Ursprung, insofern er sich als Wahrheit bestimmt. Man kann auch einfach »ursprüngliche Wahrheit« sagen, was sich bestätigt, wenn man etwa das Motto von Kochs erstem (Cyprian betreffendem) Buch aus Cypr. ep. 74, 9 vergleicht: *consuetudo sine veritate vetustas erroris est;* zu übersetzen: »eingefleischter Irrtum«. Die übrigen Stellen schließen sich an: *caput* un. 12 ist Synonym von *origo; divinae traditionis caput et origo* ep. 74. 10 läßt sich demnach wiedergeben: »die von Gott ursprünglich gegebene Lehr-

---

[46] Zum Genetivus definitivus vgl. Schrijnen-Mohrmann I 78 ff. (es finden nur die Briefe Berücksichtigung und übrigens werden, soviel ich sehe, die hier behandelten Stellen nicht erwähnt, vermutlich, weil die Verfasser an ein Kausalverhältnis dachten).

[47] Zu dominicus als »Adjektiv in genetivischer Bedeutung« Schrijnen-Mohrmann I 91 ff.

überlieferung«; und sinngemäß dasselbe bedeutet *radix adque origo traditionis dominicae* ep. 63, 1[48].

Nur darf man nun nicht voreilig mit Koch erklären, dies alles bedeute nichts anderes als die Heilige Schrift. Denn die Erörterung der Zusammenhänge hat gezeigt, daß der Kirchengedanke überall im Mittel ist. Wenn man auch nicht so weit gehen darf, in der Wendung »*et ordo et origo*« ep. 74, 10 ohne Umschweife (s. o.) *origo* mit »Kirche« zu übersetzen, so hat doch die vielfache Verschlingung der Motive ergeben: Wo immer an den einschlägigen Stellen die Vokabel *origo* erscheint, da ist mehr oder minder ausdrücklich auf die Dreieinheit Kirche-Amtsreihe-Lehrüberlieferung hingewiesen, und zwar als »ursprünglich« vom Herrn gesetzt. Diese drei Aspekte lassen sich im Grunde nie voneinander trennen — für den, der von Tertullian und von den antignostischen Kämpfen der Kirche herkommt, eine Selbstverständlichkeit. Die »Lehre im Ursprung« und die »Kirche im Ursprung« (mitsamt der gleich-ursprünglich beginnenden Amts-Reihe) sind auf paradoxe Weise identisch. Es handelt sich um die Eine, von Cyprian gleichsam substantiell empfundene[49], im Ursprung ein für allemal gestiftete Wahrheit[50], die alles, was zum Heile dient, im vorhinein schon eingefaltet in sich birgt.

Daß dies die zutreffende Erklärung ist, zeigt ep. 74, 11. Nachdem[51] im Anschluß an Eph 4 und unter Berücksichtigung der durch den »Ketzertaufstreit« geschaffenen Situation die kirchliche *traditio* inhaltlich umschrieben ist, wird denen, die für die Gültigkeit der Ketzertaufe eintreten, der Vorwurf gemacht (p. 808, 22): sie bekämpften in Wirklichkeit das *sacramentum divinae traditionis*. Hier verbindet sich also ein Begriff, der in anderen Zusammenhängen der Kirche vorbehalten ist (*sacramentum*), nahezu als Synonym des sonst gebräuchlichen »*origo*« mit dem Komplex der Lehrtradition. Und damit nicht genug, fährt Cyprian sogleich (p. 808, 23) mit relativischem Anschluß fort: *cuius unitatis sacramentum expressum videmus etiam in cantico canticorum*, und es folgt nun, ähnlich wie in un. 4, ein Zitat aus dem Hohenlied zur Bekräftigung des »*sacramentum unitatis*«. Das heißt: Cyprian identifiziert selbst und gleichsam ohne dessen gewahr zu werden das *sacramentum* (≈ *origo*) *traditionis* mit dem *sacramentum*

---

[48] Von hier aus wird deutlich, daß die oben S. 40 zitierte Übersetzung von Baer (»ursprüngliche Anordnung«) rein vokabelmäßig falsch ist, denn sonst müßte im Text stehen: *ordinis origo*. In der Wendung ,*et ordo et origo*' ep. 74, 10 fin. handelt es sich aber auch nicht um bloße Synonyma. Die Art, wie Cyprian sich hier gedrungen fühlt zu differenzieren, ist ein Hinweis darauf, daß ihm bei *origo* etwas Umfassendes, eben die hier weiter unten charakterisierte »Dreieinheit« vorschwebt, in welcher der *ordo* auch wieder inbegriffen ist. Man ist versucht zu paraphrasieren: »Die Amtsreihe und überhaupt alles, was zum Ursprung gehört«.

[49] Vgl. oben Kap. 1, S. 22.

[50] Man darf diese Wahrheit nicht problemlos mit Christus identifizieren, nur weil ep. 74, 9 fin. Christus als *veritas* eingeführt wird. Es handelt sich um die von der Wahrheit mitgeteilte Wahrheit — über das logische Verhältnis beider Wahrheiten zueinander denkt Cyprian aber nicht nach, weil ihm eines ins andere übergeht.

[51] Vgl. oben S. 41.

($\approx$ *origo*) *unitatis* und deutet damit nicht nur den Heilscharakter seines Wahrheitsbegriffs an, sondern darüber hinaus die »ursprüngliche« Selbigkeit der von Christus ausgehenden Kirche und ihrer Wahrheit[52].

Deshalb darf man, ohne sich einer Fehldeutung schuldig zu machen, Cyprians Wahrheit des Ursprungs als »kirchliche« Wahrheit bezeichnen. Es ist jene Wahrheit, die von Anfang im Horizont der Kirche beheimatet ist.

Hat sich also Koch durch gewisse, in ihrer Isolierung vom jeweiligen Zusammenhang zunächst bestechende Parallelen über die Bedeutung der Ausdrücke *origo, caput* und *radix (veritatis* bzw. *traditionis)* täuschen lassen, so spricht daraus doch mehr als ein nur partieller Irrtum des Philologen: die von Tendenz nicht freie[53] Neigung nämlich, von der Wirklichkeit der zuvor gegebenen Einen Kirche übereilt zu dem Appell fortzuschreiten, daß die Kirche eins sein soll. Die von der »Kirche« gelöste Heilige Schrift wird so zu einer Anweisung, kraft moralischen Entschlusses die Eine Kirche sozusagen erst zu konstituieren. Darauf hätten es die in un. 4 folgenden Schriftzitate dann abgesehen. Aber auch hier läßt eine Besinnung auf den Gedankengang die Gewichte richtiger verteilen.

Wenn man sich nämlich, so fährt der Text in c. 4 (dem Sinne nach) fort, das wirkliche Verhältnis zwischen Kirche und Widerkirche, zwischen ursprünglicher Echtheit und sekundärer Nachäffung, zwischen rechtmäßigem Drinnen und unrechtmäßigem Draußen vor Augen hält (an diese in c. 3 berührten Gegensätze erinnert das einleitende *Quae si quis consideret et examinet* p. 212, 6), so bedarf es gar keiner langen Rede und umständlichen Argumentation. Es gibt eine bündige Beweisführung[54], welche das von uns gesuchte Wahre eindeutig sehen läßt[55]. Nach Mt 16 18f. baut der Herr die Kirche auf Einen, und obschon er, wie Joh 20 21f. zeigt, nach der Auferstehung alle Apostel mit derselben

---

[52] Übrigens auch inhaltlich ganz begreiflich, da die Wahrheit, die für Cyprian im Ketzertaufstreit zur Debatte steht, die Eine Kirche (als Spenderin der Einen Taufe) ist.

[53] Primat S. 20f., Anm. zeigt, daß Koch es mit Leuten zu tun hatte, die auf die römische Kirche und den Papst hinauswollten. Er bezog die extreme Gegenposition: nicht Kirche, sondern Schrift.

[54] P. 212, 7: *probatio est ad fidem facilis conpendio veritatis. Probatio ad fidem* dürfte pleonastisch sein (zu *fides* = »Beweis« siehe die Lexika). An den »Glauben« würde ich hier nicht denken (vgl. aber p. 211, 17, wo *fides* und *veritas* nebeneinanderstehen); zur »Auflösung des Dativs in präpositionelle Verbindungen«, vorzugsweise mit *ad*, vgl. Schrijnen-Mohrmann I 103ff. — Zu *conpendium* vgl. un. 15 = p. 224, 1f.: *Dominus in evangelio cum spei et fidei nostrae viam conpendio breviante dirigeret, . . . inquit* (Mc 12 29f.). Dazu die Erläuterung p. 224, 9: *prophetas omnes et legem praeceptis duobus inclusit.* — ep. 59, 9 = p. 676, 24: *erroris diluendi ac perspiciendae veritatis conpendium* (gemeint ist die an Cornelius gesandte Liste der rechtmäßigen afrikanischen Bischöfe). — ep. 74, 11 (p. 809, 9): *quo brevi et spiritali conpendio*

Binde- und Lösegewalt betraut, so hat er doch kraft seiner Autorität
die Kirche von dem Einen her ihren Anfang nehmen lassen, um sie
in ihrer Einheit sichtbar zu machen. In der Tat — so wird derselbe
Gedanke noch einmal wiederholt — waren die übrigen Apostel Petrus
gleichgestellt, hatten gleiches Amt[56] und gleiche Gewalt mit ihm.
Gleichwohl hat die Kirche von Einem her ihren Ausgang genommen,
damit sie als Eine sich zeige. Auf diese Eine Kirche deutet im Hohen-
liede der Geist, wenn er dem Bräutigam Christus das Wort von der
»einen Taube« in den Mund legt. Wer sich an diese Einheit nicht hält —
bildet der sich noch ein, den rechten Glauben zu haben? Wer sich der
Kirche widersetzt — wagt der es noch, auf seine vermeintliche Kirchen-
gliedschaft zu trotzen? Wo doch auch der Apostel Paulus dasselbe
lehrt wie die dem Alten Testament entnommene Stelle, wenn er im
Epheserbrief das Sakrament der Einheit[57] vor Augen stellt!

Die Wahrheit des Ursprungs will das vierte Kapitel zeigen. Das
geschieht »bündig« durch den Hinweis auf die Mt-Stelle, die für Cyprian
gleichsam die Gründungsurkunde der Kirche ist[58]. Das Zitat aus Joh 20
bestätigt nur das allgemein Anerkannte, um desto stärker den Blick
auf die Wahrheit, in diesem Falle: die Einheit des Ursprungs zu lenken.
Es ist richtig, daß alle Apostel gleiche Gewalt mit Petrus empfingen:
aber auf ihn erbaut wurde die Kirche als Eine gezeigt[59]. Die beiden

---

(gemeint ist das vorausgehende Zitat I Petr 3 20f.) *unitatis sacramentum manifestavit*
(*sc. Petrus*). — Vgl. auch oben Anm. 28.

[55] Die p. 212, 8 gemeinte *veritas*, von welcher Mt 16 18f. ein *conpendium* bietet, ist
nicht eine bloße Satzwahrheit, sondern zugleich die c. 3 fin. gemeinte Wahrheit
des Ursprungs.

[56] *Honor = potestas*, vgl. von Campenhausen, Kirchliches Amt S. 302, Anm. 3.

[57] Vgl. oben Anm. 7.

[58] Caspars Urteil (Primatus Petri 282), Mt 16 18f. sei für Cyprian »die *divina lex*, welche
die monarchische Bischofsgewalt stiftete« (mit ihm stimmt Koch überein, Cathedra
Petri S. 34: Cyprian erblickt in der Matthäusstelle »die Stiftung der monarchischen
Bischofsgewalt und nur dieser«), ist zutreffend, soweit es den Widerspruch gegen
die papalistische Deutung von un. 4 und den Umstand betrifft, daß Cyprian in
Petrus den ersten Bischof gesehen hat. Aber die Einschränkung des Blickfeldes
auf das Amt und die daraus resultierende Identifizierung von *ecclesia* und *episcopatus*
ist bei Caspar wie bei Koch vom Übel — die Früchte solcher Einseitigkeit erntet
man bei Klein a. a. O. Die ältere Forschung ist insofern entschuldigt, als sie ihr
Augenmerk vor allem auf Handliches richtete — mit Verfassungsfragen war etwas
anzufangen, das andere lief als mystischer Einschlag nebenher. Der Kontext von
un. 4f. zeigt jedoch, daß Cyprian thematisch zwischen *episcopatus* und *ecclesia*
unterscheidet, vgl. die folgenden Kapitel.

[59] So hat man zunächst die Akzente zu setzen, wie Caspar Primatus Petri S. 280 (und
die ebd. Anm. 2 genannten Forscher) gegen Koch einwendet, der »den Haupton
auf das *hoc erant utique et ceteri apostoli quod fuit Petrus* legt und von da aus interpretiert«. Koch bezeichnet es dagegen in Cathedra Petri S. 55 Anm. 1 auch als seine

letzten Schriftzitate (Cant Eph) haben nur mehr erläuternde und bekräftigende Funktion: aller Ton liegt auf den Worten des Herrn an Petrus[60]. Die Applikation auf die Widerspenstigen bringt der Text noch eben zum Schluß, zwischen die beiden letzten Zitate eingeschoben: deutlich wird der Appell durch ein Faktum, der Imperativ mit dem Indikativ begründet. An der Einheit läßt sich festhalten, weil sie von Anfang gegeben ist. Wer von ihr läßt, verliert mit der Wahrheit des Ursprungs den Glauben[61], wer sich von der einmal gestifteten Kirche löst, darf nicht behaupten, noch in ihr zu sein (vgl. un. 12).

Koch hielt die Wendungen »unitatis ... originem ab uno incipientem« (p. 213, 1) und »exordium ab unitate proficiscitur« (p. 213, 4) für »pleonastisch«: nach seiner Meinung würde »unitatem ab uno incipientem« und »ab unitate proficiscitur« (sc. ecclesia resp. potestas) genügen[62]. Er übersieht die Prägnanz, die beiden Ausdrücken innewohnt — sie wird freilich erst in c. 5 ganz deutlich, wo vom incipere resp. proficisci nicht mehr ausdrücklich die Rede ist und caput mit origo, absolut gebraucht, synonym neben die una mater fecunditatis tritt (p. 214, 14f.). Daß es sich mithin nicht um rhetorische Floskeln, sondern um Chiffren handelt, die das sacramentum unitatis andeuten sollen, kann nicht wohl bezweifelt werden, und es ergibt sich überdies aus dem Nachweis, daß in anderen Zusammenhängen origo und seine Synonyma die Kirche als den ursprünglich-legitimen Ort der Wahrheit »bedeuten« (s. o. S. 41f.).

Cyprians Auge gleitet, wenn er vom »Ursprung« und »Anfang« der Kirche spricht, nicht allein vom Zeitpunkt ihrer Gründung per temporum et successionum vices (ep. 33,1 = p. 566, 9f.) bis zur Gegenwart: es sucht zugleich den Weg durch die Zeiten hinter Abfall und Verirrung zurück an den Ursprung als das unverfälscht Echte (ep.

Auffassung, daß Cyprians Gedanke in un. 4 »ex concessis« fortschreite — die Gleichheit der Apostel sei selbstverständlich, für die Einheit der Kirche sei aber der Gedanke an Petrus bezeichnend. Damit ist der logische Fortschritt des Gedankengangs richtig wiedergegeben. Daß Koch sich in »Cyprian und der römische Primat« (1910) nicht immer daran gehalten hat, resultiert aus der dort bevorzugten umgekehrten Blickrichtung und ist an und für sich kein Fehler. Denn Cyprian sucht den Weg zur Wahrheit des Ursprungs zurück zu verfolgen, Koch rekonstruiert dagegen den Weg der Kirche von Petrus über die Apostel zu den Bischöfen, wie er sich aus un. 4 ergibt. Diese Umkehrung ist legitim und wird auch in der vorliegenden Untersuchung vorgenommen.

[60] Vgl. oben Anm. 3.
[61] Vgl. c. 3 = p. 211, 16: haereses invenit et schismata, quibus subverteret fidem, veritatem corrumperet, scinderet unitatem. — Es wäre ein Mißverständnis, diese Stellen so zu deuten, als zeige sich hier »der Vorrang der aufgewiesenen Kirche vor der Wahrheit« (Klein a. a. O. 61f.), da vielmehr der Abfall von der »substantiell« empfundenen Wahrheit des Ursprungs (vgl. oben S. 44 bei Anm. 49) den Glaubensverlust zur Folge hat.
[62] Primat S. 16.

74, 10). Solche, an einer Norm interessierte ἄνω κάτω ὁδός vom Einst zum Jetzt und vom Jetzt zum Einst enthält den Hinweis, daß es hier im tiefsten Sinne gar nicht um die historische Fixierung von Zeitpunkten geht, zwischen denen der Bestand einer auf ihren *»ordo«* gegründeten »aufweisbaren« Kirche sich dehnt. Was Cyprian sucht, im Einst wie im Jetzt, ist die Wahrheit des Ursprungs als eine die *successionum vices* aus sich entlassende[63], die Vielfalt der aufweisbaren Bischofskirchen zu sich versammelnde[64], von Anbeginn und immer lebendig gegenwärtige Macht der Einheit. Freilich braucht er einen Fixpunkt, an welchem die Kirche als die anfänglich Eine, gegen den Widerspruch ihrer Abtrünnigen, greifbar wird. Er findet ihn nach Mt 16 in dem Einen Petrus, »auf« dem der Herr die Kirche erbaut hat. Aber auch so hört er nicht auf, die Kirche als sie selbst, als »Sakrament«, als vom Herrn den Bischöfen anvertraute, aber doch, wie das fünfte Kapitel der Einheitsschrift zeigt, aus sich selbst quellende schöpferische Macht zu empfinden: die auf Petrus errichtete Kirche darf nicht mit Petrus verwechselt werden.

---

[63] Un. 5 = p. 214, 13: *unum tamen caput est et origo una et una mater fecunditatis successibus* (= Nachkommenschaft) *copiosa.*

[64] Un. 5 = p. 214, 6: *unitas tamen servatur in origine.*

Drittes Kapitel

Die Kirche und Petrus

*Das vierte Kapitel der Einheitsschrift,
in kritischer Auseinandersetzung mit Kochs grundlegender Deutung,
zweiter Teil*

In Kochs Deutung des vierten Kapitels der Einheitsschrift verrät sich die Tendenz, das von Cyprian vorausgesetzte Faktum *(super unum aedificat ecclesiam)* nur in der Hast einer Konzession gelten zu lassen, um desto rascher die von Cyprian gezogene Konsequenz *(quam unitatem tenere debemus)* ins Auge zu fassen[1]. Eigentlich hat die Kirche bei ihm gar keine Zeit, sich »auf« Petrus niederzulassen. Ihre Wirklichkeit schrumpft rasch, in der Person des Erstapostels, zur Bedeutsamkeit eines bloßen Zeichens[2]. Hierfür ist charakteristisch, wie Koch die Aussage des Textes, der Herr habe die Kirche durch ihre Erbauung auf Petrus in ihrer Einheit »zeigen« wollen, gegen seine katholischen Gesprächspartner ins Feld führt[3]. Mit Recht bestreitet er die »reale Bedeutung Petri für die kirchliche Einheit« in Poschmanns Sinne[4].

---

[1] Eine ähnliche Verschiebung des Sinnes, nur in der entgegengesetzten Richtung, findet man bei dem von Koch bekämpften Poschmann, Die Sichtbarkeit der Kirche S. 17, Anm. 2 (vgl. Koch Primat S. 17): »Durch den Bau der Kirche auf Petrus hat der Herr die Notwendigkeit der Einheit gezeigt (die zu beweisen ja der Zweck des Kapitels ist).« Bei Poschmann steht die Vorstellung von Petrus als dem »Fundament« im Hintergrund (a. a. O. S. 19), welches alle späteren Instanzen bleibend-verpflichtend zu sich herruft. Dieser Deutung unterläuft zwar nicht der Fehler eines übereilten Fortschreitens von dem auf Petrus perfekten Bau der Kirche zu dem Appell, die Kirche gleichsam erst zu bauen. Dafür fällt sie in den entgegengesetzten Irrtum, die Kirche nach rückwärts an Petrus zu binden, ihr nicht die Freiheit zu lassen, als sie selbst im Geheimnis auf Petrus zu ruhen. Poschmann ruft die Kirche zu Petrus zurück, Koch läßt Petrus im voraus auf die Kirche deuten — das beiden Auffassungen Gemeinsame ist der Fehler, Cyprians Kirche v o n Petrus h e r (und nicht vielmehr in B e z i e h u n g a u f Petrus) zu denken.

[2] Vgl. das Zitat aus »Cyprian und der römische Primat« oben Kap. 2, S. 26 bei Anm. 4.

[3] Primat S. 16ff.

[4] Die Sichtbarkeit der Kirche S. 16: »Noch zweimal hebt also der Kirchenvater nachdrücklich hervor (sc. in un. 4), daß trotz der Gleichstellung aller Apostel in der Gewalt Petrus allein das Fundament der Kirche bleibe. Daraus folgt aber, daß er eine reale Bedeutung für die Einheit der Kirche haben muß. Wenn er das Fundament der Kirche ist, dann muß alles, was zu ihm gehören will, auf ihm aufgebaut, d. h. notwendig mit ihm verbunden sein« usw. Vgl. auch oben Anm. 1.

Aber er kommt nicht auf den Gedanken, alle »reale Bedeutung« nunmehr, wie es der Text verlangt, der auf Petrus erbauten Kirche als solcher beizumessen; also eine kopernikanische Wende vom Subjekt des Repräsentanten der Kirche fort — nicht zum »Objekt« der Kirche, das hier, als »aufweisbare« Institution, von nur beiläufiger Wichtigkeit ist, sondern zur *origo unitatis*, zum *sacramentum unitatis* sich vollziehen zu lassen. Dies ist jedoch nötig, um die übliche Cyprian-Interpretation endlich einmal, wie sich's gebührt, auf den Kopf zu stellen, damit die Kirche des karthagischen Bischofs ihr »ursprüngliches« Wesen erkennen läßt, das sie unter ihrer institutionellen Schale besitzt. Koch begnügt sich damit, die »reale«Bedeutung Petri auf eine vermeintlich »typische« Bedeutung zu reduzieren[5]. Damit haftet auch er noch am Subjekt des Kirchen-Mannes, dessen ekklesiologische Relevanz er nur nach Kräften zu schmälern sucht. Hätte er ihn nur getrost sich selbst überlassen, so hätte sich ihm die Kirche Cyprians nach ihrem wahren Wesen gezeigt! Auf dem von ihm beschrittenen Wege der Reduktion hat sich im Verhältnis zur römisch-katholischen Cyprian-Erklärung manches quantitativ, qualitativ gar nichts geändert[6].

Wenn man untersucht, wie die Synonyma »*manifestare*« (p. 213,4) im Zusammenhang gemeint sind, so ergibt sich: der Herr hat die Kirche »zunächst einmal« auf Petrus gestellt, um zu zeigen, zu »manifestieren«, daß sie Eine sei. Die Kirche ist im vorhinein Eine: darauf deuten das Hohelied und der Epheserbrief. Daß sie es aber wirklich sei, wird dadurch erwiesen, daß sie kraft der autoritativen *dispositio* des Herrn »zunächst einmal« auf Petrus, dem Einen, Platz gefunden hat. Als würde zum Beweis, daß Ein Feuer sei, zunächst nur Eine Kerze entzündet: so wird die Kirche, bevor der Herr sie allen Aposteln gleichermaßen anvertraut, »zunächst einmal« dem Einen Petrus gegeben. Was also »gezeigt« werden soll, ist (nicht Petrus, sondern) die Kirche. Daß sie gezeigt werden kann, resultiert daraus, daß sie selbst, als die Eine und Ganze, »zunächst einmal« auf den Schultern Eines Mannes wirklich zu sein vermag. Nach der Meinung Cyprians hat Christus — hieran läßt sich nichts drehen und deuten[7] — die Kirche »auf« Petrus gebaut.

---

[5] Koch ist nicht der erste, der eine »typische« oder »symbolische« Bedeutung Petri verficht, vgl. die Liste von Namen bei Poschmann, Sichtbarkeit S. 15, Anm. 1. Aber er hat dieser Auffassung die abschließende und für die *communis opinio* weithin bestimmende Form gegeben.

[6] Vgl. oben die Einleitung S. 8.

[7] Koch wollte nichts davon wissen, daß die Kirche »auf« Petrus erbaut sei, er ließ sie lieber »mit« Petrus ihren Anfang nehmen (Primat S. 11. 13 f. 22), um die »zeitliche Priorität« gebührend zu unterstreichen. Chapman widersprach nachdrücklich, vgl. dessen Besprechung: Professor Hugo Koch on S. Cyprian, in: RevBén 27 (1910) 448: »Not Mit but Auf, and that makes all the difference.« Caspar, Primatus Petri S. 285 pflichtete Chapman bei, worüber wiederum Koch, Cathedra Petri S. 34 ff.

Aber er hat es getan, um die Wirklichkeit der Kirche vor Augen zu stellen, wie sie gleichsam gegen den Hintergrund des Einen sinnfällig zu werden vermochte. Es wird die Kirche selbst als die Eine, die sie ist, gezeigt: aber im Hinblick und in Beziehung[8] auf den Einen, »auf« welchem sie von Christus erbaut worden ist.

Der an und für sich einfache Sachverhalt muß nachdrücklich zur Geltung kommen, weil an diesem entscheidenden Punkte die Forschung ohne es zu merken stets das Rechte verfehlt hat. In diesem Sinne wird die Wendung »zunächst einmal« betont und prägnant gebraucht. Sie gibt, als Interpretation der Sätze »*unitatis eiusdem originem ab uno incipientem sua auctoritate disposuit*« (p. 213, 1) und »*exordium ab unitate proficiscitur*« (p. 213, 4) der Auffassung Kochs recht, daß der Vorrang Petri ausschließlich in der »zeitlichen Priorität« (ep. 71, 3 = p. 773, 11: *Petrus quem primum Dominus elegit*) gelegen ist[9]. Andererseits betont sie, als Interpretation des Satzes »*super unum aedificat ecclesiam*« (p. 212, 14; zur sachlichen Identität aller drei Sätze vgl. Koch, Primat S. 13; Cathedra Petri S. 35), daß die Kirche »zunächst« wirklich »einmal«, ganz als sie selbst, »auf« Petrus gestanden hat. In diesem Sinne impliziert die Formel »zunächst-einmal« die paradoxe Problematik, die der Idee Cyprians von der anfänglichen Gründung der Kirche auf Einen anhaftet. Sie deutet aber auch bereits die Lösung an, indem sie zu verstehen gibt, daß man sich vor einem falschen Entweder-Oder zu hüten hat.

Im Grunde liegt dies alles in der Linie Kochs, der von einer Identifizierung der Kirche mit Petrus, in seiner ersten Untersuchung wenigstens, mit Recht nichts wissen will[10]. Merkwürdig nur, daß er auf halbem Wege stehenbleibt, um wie aus alter Anhänglichkeit zu dem Ersterwählten doch wieder umzukehren. Hierbei verwickelt er sich in mannigfache Widersprüche. Aus Furcht davor, dem Idol des Katholizismus zuviel zu geben, wagt er es nicht, die Kirche »zunächst einmal« auf Petrus stehen zu lassen. Dies rührt daher, daß er die von Cyprian eindeutig formulierte, aber unzulänglich gedachte qualitative Unterscheidung zwischen dem *sacramentum* der Kirche und dem Apostel des Herrn nicht realisiert. Ihm bleibt verborgen, was hier, damit die Sache einen Namen hat, als ekklesiologische Differenz bezeichnet werden mag. Wäre ihm deutlicher gewesen, daß Cyprian nirgends —weder bei Petrus noch bei den übrigen Aposteln noch bei den Bischöfen — die Kirche mit dem Amt (und seinem Träger) einfach in eins setzt;

---

seinen Verdruß bezeigte, weil ihm Caspar einen »Übersetzungsfehler« vorrückte. Die vorliegende Untersuchung möchte zeigen, in welchem Sinne beide Parteien im Recht (und im Unrecht) sind.

[8] Vgl. oben Anm. 1 fin.

[9] Vgl. oben Anm. 7.

[10] Daß er diese Identifizierung auf seine Weise trotzdem vornimmt (vgl. die Untersuchung im folgenden), steht auf einem anderen Blatt.

hätte er sich klarmachen können, daß der Petrus Cyprians sozusagen
nur die Wand ist, auf welche die Kirche zum Beweise, daß sie Eine sei,
ihren Schatten wirft: so wäre es ihm leichter gefallen, mit der paradoxen Stellung dieses ersten Bischofs — daß er etwas ist, ohne etwas
zu sein — fertig zu werden.

Die nächste Folge dieses πρῶτον ψεῦδος ist die unvermerkt sich
einschleichende Fehldeutung der Verben *manifestare, monstrare* in dem
Sinne, daß Petrus selbst zum Subjekt des Zeigens der kirchlichen
Einheit wird[11]. Kochs Äußerungen sind in diesem Punkte nicht eindeutig. Er kann in Übereinstimmung mit dem Text erklären, Christus
habe Petrus zunächst allein bevollmächtigt, »um ganz deutlich zu
zeigen, daß seine Kirche eins sein soll«[12]. Der Vorgang der — Koch
unbewußten — Verschiebung wird daneben handgreiflich, wenn aus
der Wendung »*ut ecclesia Christi una monstretur*« p. 213, 4 (wo nur
von Christus und der Kirche die Rede ist[13]) auf die »typische« Bedeutung des Erstapostels geschlossen wird[14]. Der Prozeß der Subjektver-
tauschung[14a] ist abgeschlossen, wo Petri »numerische Einheit« (bzw. er
selber) in immer wiederholten Wendungen zum Bild, Symbol und
Typus[15], zum Vorbild[16] und zur Vorbildlichkeit[17], zum leuchtenden
Bild[18] und Beispiel[19] kirchlicher Einheit wird. Bei Cyprian ist er
dies alles nicht: es dürfte schwer fallen, auch nur einen Text zu fin-

---

[11] Zwar schreibt Cyprian ep. 74, 11 = p. 809,4 von Petrus, er sei *ipse quoque demonstrans
et vindicans unitatem*, ebenso ep. 69, 2 = p. 751, 10, er sei *ostendens unam ecclesiam
esse*. Aber in beiden Fällen ist Petrus als Verfasser von I Petr 3 20f. gemeint. Es
ist daher irreführend, wenn Erich Altendorf, Einheit und Heiligkeit der Kirche
S. 45 diese Stellen zur Bekräftigung der — von Koch übernommenen — Auffassung
anführt, Petrus sei »Repräsentant der Einheit«. Im gleichen Sinne könnte auch
Paulus als »Repräsentant der Einheit« bezeichnet werden, denn er hat in Cyprians
Sinne in Eph 4 gleichfalls die Einheit »gezeigt« (*ostendat* p. 213, 11).

[12] Primat S. 13, vgl. S. 22: »Durch diesen Anfang hat der Stifter am deutlichsten
gezeigt, daß seine Kirche immerdar eine einzige und einig sein solle.« Von der Überbetonung des »Sollens« handelte das vorige Kapitel.

[13] In dem Satz: *ut unitatem manifestaret . . . disposuit* p. 212, 18ff. ist der Herr Subjekt,
und Entsprechendes gilt, in Anbetracht des Parallelismus, für p. 213, 4 *ut ecclesia
Christi una monstretur*, wo ebenfalls Christus der die Einheit »Zeigende« ist.

[14] Primat S. 16 fin.

[14a] Zu dieser eine hübsche Parallele bei Adrien Demoustier, Épiscopat et union à Rome
selon saint Cyprien, in: RechScRel 52 (1964) 354: » . . . toutes les églises sont fondées
sur Pierre, seul ce siège a été fondé sur Pierre par Pierre lui-même.« (Es ist von der
römischen cathedra die Rede).

[15] Ebd. S. 11.

[16] Ebd. S. 22.

[17] S. 14.

[18] S. 21.

[19] S. 18.

den, aus dem dieser Schluß gezogen werden könnte, geschweige daß
es irgendwo wörtlich zu lesen stünde. Den unvermeidlichen Konsequenzen seiner Deutung sucht Koch zu entgehen, indem er den Erstapostel aus Leibeskräften von sich wegzeigen läßt. Aber solcher Anstrengungen hätte es nicht bedurft, weil die Kirche auch ohne Petri
Zutun »zunächst einmal« auf seinen Schultern ruht. Wenn man will,
ist Petrus für den karthagischen Bischof zwar gleichsam die materia,
an welcher sich die forma der Kirche zu konkretisieren vermag. Aber
gerade deswegen hat dieser »Petrus« keinen Anspruch auf eine (auch
nur im »typischen« Sinne) ins Gewicht fallende eigene Existenz.

»Die numerische Einheit in dem Augenblick, als der Herr die
denkwürdigen Worte zu Petrus sprach, ist ein Bild, ein Symbol, ein
Typus der moralischen Einheit, die mit der Vervielfältigung der
petrinischen Gewalt an die Stelle der numerischen Einheit treten
sollte«[20]. Es ist an und für sich nicht falsch, die »numerische« Einheit
Petri mit der, von Cyprian zum Beispiel im fünften Kapitel geforderten
»moralischen« Einheit[21] zu konfrontieren. Aber die numerische Einheit
ist innerhalb des vierten Kapitels doch nur sozusagen die Hohlform,
das Negativ der sakramentalen Einheit der Kirche, auf die in Wirklichkeit der Akt des *manifestare* und *monstrare* gerichtet ist.

Exordium ab *unitate proficiscitur* p. 213, 4 bezieht sich, wenn man so will[22],
auf die »numerische Einheit« des Petrus, der vier Zeilen zuvor (p. 213, 1) als der »Eine«
bezeichnet wird, von dem die »sakramentale« Einheit ihren Ausgang nimmt (*unitatis
origo*). Wenn man allerdings, wie es wohl fast überall in der Forschung geschieht, den
Einen Petrus mit der *origo unitatis* identifiziert, hat man dem Verständnis für die
ekklesiologische Differenz von vornherein einen Riegel vorgeschoben. Petrus ist
Petrus, und die origo ist — sie selbst[23].

In dem übereilten Fortschreiten von der numerischen Einheit des
Einen zur moralischen Einheit der Vielen (und dies im Sinne eines
bloßen Appells)[24] meldet sich der Grundirrtum dieser Interpretation:
die Verkennung der ekklesiologischen Differenz. Weil das »sakramentalische« Für-sich-sein der Kirche fehlt, das den Erstapostel gleichsam
nur zum Anlaß seiner selbst nimmt, und zu welchem dann auch die
übrigen Apostel kraft ihrer Sendung durch den Herrn (p. 212, 16) sich
fügen werden, gleitet der Blick von der Kirche ab auf den Kirchen-

---

[20] S. 11 (die Sperrungen von Koch).
[21] Im Grunde ist aber auch dort dieser Begriff verfehlt, denn in Wirklichkeit handelt
es sich um die, durch menschliche Entscheidung zu verwirklichende und gleichwohl
vom Herrn vorgegebene, »sakramentale« Einheit der Kirche.
[22] Koch will so, Primat S. 13 fin. 16. 22 fin.; Cathedra Petri S. 43.
[23] Vgl. das vorige Kapitel.
[24] Vgl. Primat S. 18: Christus hat die »moralische Einheit der Kirche mit Einem, mit
der numerischen Einheit, beginnen lassen.«

Träger. Es findet eine Verkehrung des Wesens der Kirche ins Vorfindlich-Demonstrierbare statt, die, damit ein Begriff auch hier nicht fehle,
als anthropozentrische Inversion bezeichnet werden mag. Weil
die Blindheit für die ekklesiologische Differenz das »Wesen« der Kirche
gar nicht erst zu Gesicht kommen läßt, hat sie sich im vorhinein auf
die anthropozentrische Inversion versteift. Indem sich der Ton von
der Einen Kirche auf den Einen Petrus verschiebt, wird der Ersterwählte dazu gedrängt, aus der Vergessenheit der als *sacramentum*
für sich bestehenden Kirche, kraft seiner »numerischen« Einheit an
die »moralische« Einheit der Bischöfe zu appellieren. Wie er dies bewerkstelligen soll, bleibt rätselhaft. Denn immer ist moralische Einheit
eine Sache von mehreren, und nicht leicht wird jemand auf den Gedanken kommen, auf einer Säule stehend zu rufen: Seid einig, denn
auch ich bin eine Person[25]!

Aber genug: das Verschwinden der Kirche macht Petrus zum
Bild, zum Symbol, zum Typus der kirchlichen Einheit, und weil er
»Realgrund« der Einheit bei Koch (mit Recht) nicht sein darf, wird
ihm eingeräumt, wenigstens »Erkenntnisgrund« der Einheit zu sein[26].
Hier wird besonders deutlich, wie das — wenn man Cyprian zu Worte
kommen läßt — zwischen dem Einen und den Vielen vermittelnde
sacramentum unitatis bei Koch auf die numerische Einheit des Erstapostels reduziert wird. Denn wenn schon Termini gebraucht werden
müssen, die das schlichte und ihm selbst nicht bis ins Letzte geklärte
Denken Cyprians im Grunde überfordern, so ist in dessen Sinne natürlich die Kirche »Erkenntnisgrund« ihrer selbst, nach der Weise, wie
der Herr sie gegen den Hintergrund des Einen Petrus manifestiert.
Denn gerade in ihrer Einheit ist die Kirche *sacramentum* und kann —
da mit dem Grunde die Folge notwendig gesetzt ist — den Menschen
Petrus höchstens zur Folie, nicht aber zum (obschon nur logischen)
»Grunde« haben. Und so muß es Cyprian selbst auch empfunden haben,
denn Petrus wird bei ihm mit der Kirche und ihrem Amte betraut.

Das Wesen der ekklesiologischen Differenz kann noch deutlicher werden, wenn man sich vergegenwärtigt, daß durch Wendungen wie »*origo
veritatis*«, »*radix traditionis*« usw. kein Kausalverhältnis, sondern die Beheimatung der von Gott gestifteten Wahrheit im Horizont der von Gott
gestifteten Kirche bedeutet ist[27]. Ist damit der Gedanke an eine wie immer
geartete Herrschaft der Kirche über die Tradition für den Bereich der

---

[25] Der johanneische Christus betet um die Einheit seiner Jünger nicht in Erinnerung
an sein isoliertes »ἐγώ«, sondern um der Einheit willen, in der er selbst mit dem
Vater lebt: Jo 17 11. 21.

[26] Primat S. 18 und 21 (an der zweiten Stelle wird allerdings, um eine Nuance richtiger
der Mt 16 18f. geschilderte »Vorgang« als »Erkenntnisgrund« bezeichnet). Vgl. auch
S. 43 ff.

[27] Vgl. oben Kap. 2, S. 41 ff.

sponsa Christi, die *adulterari non potest* (un. 6 = p. 214, 7), ausgeschlossen, so gilt dies auch für den Bereich der »aufweisbaren« Kirche. In ep. 63, 1 sind es gerade die Bischöfe, die »zur Wurzel und zum Ursprung« der Überlieferung zurückgerufen werden, p. 701, 21f. Und nach ep. 74, 10 ist der römische Bischof, der *divina traditio* abgekehrt, dem *error humanus* verfallen (p. 808, 1ff.). Cyprian geht nicht so weit wie der leidenschaftlichere Firmilian, Stephan mit den Schismatikern auf eine Ebene zu stellen[28]. Daran hindert ihn weniger eine Devotion gegenüber dem römischen Stuhl[29] als vielmehr der in seinem Geiste immer wache Gedanke des *sacramentum unitatis* (ep. 74, 11 = p. 808, 23), durch den auch das Fremdeste noch einbezogen bleibt, solange es sich nicht selbst vom Ganzen löst. Eine absolute Infallibilität der aufweisbaren Kirche kennt Cyprian nicht. Die Repräsentanten der Kirche können irren[30] — hieran offenbaren sie ihr Menschliches (*error humanus* p. 808, 2) im Unterschied zum *sacramentum divinae traditionis* p. 808, 22, an dessen Berührung die menschliche Schwachheit gesundet.

Die Problematik der Kochschen Interpretation tritt noch klarer hervor, wenn man die verschiedenen, dem Erstapostel zugemuteten Prädikate genauer zu differenzieren sucht. Petrus sei »Bild« der Kirche: soll er ihr Abbild oder ihr Vorbild sein? Vielleicht dies Letzte, da er auch »Vorbild« der kirchlichen Einheit heißt. Wirklich sieht es so aus, als sei auch der »Symbol«gehalt der Gestalt Petri im vorbildlichen, »beispielhaften« Sinne verstanden[31]. Wie wird aber dann der Interpret damit fertig, daß gerade in seinem Sinne die auszeichnende Bedeutung des cyprianischen Petrus auf eine begrenzte Zeitspanne zu reduzieren ist? Auf S. 11 liest man: »Seine Bedeutung liegt lediglich darin, daß er eine Zeitlang der Einzige war und darum für immer ein Vorbild der kirchlichen Einheit bleibt«[32]. Offenbar ging also Petrus dem Apostelkollegium doch nicht lediglich in zeitlichem Sinne voraus, sondern bleibt ihm in einem grundsätzlichen Sinne dauernd vorweg. Wie verträgt sich damit, daß Petrus später zum Kollegium der Apostel selber fraglos gehört? — Neben die bisher genannten Titel tritt bei Koch endlich der Begriff des »Typus«. Seine Erklärung findet sich auf S. 22: »Der eine Petrus ist ebenso Vorbild der kirchlichen Einheit wie der ungeteilte Rock Christi, wie Rahab, an die die Worte Jos 2 18f. ge-

---

[28] Cypr. ep. 75, 23ff.

[29] Wie M. Bévenot, A Bishop is responsible to God alone, in: RechScRel 39 (1951) 397—415 es ansieht. Vgl. vom selben Verfasser: Épiscopat et Primauté chez saint Cyprien, in: Ephemerides Theologicae Lovanienses 42 (1966) 1, 183ff.

[30] Schwerlich in ihrer Gesamtheit: von Campenhausen, Kirchliches Amt S. 306 fin.

[31] Primat S. 11.

[32] Die Sperrungen von mir — Koch hat den ganzen Passus gesperrt. Vgl. S. 32: »Petri Priorität bleibt nur als sprechendes Bild der kirchlichen Einheit, als beständige Mahnung, die moralische und solidarische Einheit zu wahren, nachdem die numerische Einheit der Vergangenheit angehört.«

richtet sind, wie das Paschalamm, das in einem Hause gegessen werden mußte. Nur tritt die Typik in Petrus klarer und autoritativer hervor, weil sie sich in einem Manne darstellt, dem Christus zuerst die kirchliche Gewalt verliehen hat, der also zeitlich der erste bevollmächtigte Apostel, der Anfang der Kirche ist«[33].

Daß Koch denselben Mann zum »Typus« der Kirche (bzw. ihrer Einheit) erklärt, von dem er zugleich behauptet, er sei der »Anfang« der Kirche; und daß er diese, in seinem zweiten Cyprian-Buch nur unwesentlich modifizierte These dadurch zu stützen sucht, daß er Mt 16 18f. von Joh 19, Jos 2 und Ex 12 aus interpretiert (Cyprian verwendet diese Stellen in späteren Kapiteln der Einheitsschrift): dies hat, wie so manches andere, die Forschung bereitwillig von ihm übernommen[34]. Und wo sie ihm aus dogmatischen Gründen widersprach, hat sie sich's doch nicht einfallen lassen, zu prüfen, ob seine Aufstellungen an den von ihm bemühten Texten eine auch nur im simplen philologischen Verstande ausreichende Stütze finden. Wie steht es in Wirklichkeit, aus der Perspektive Cyprians, mit den vermeintlichen Parallelen zu Mt 16 18f.?

Im siebenten Kapitel seiner Einheitsschrift bietet Cyprian eine allegorische Deutung des ungenähten Rockes Christi (Joh 19 23ff.): »Dies Sakrament der Einheit, diese Fessel einer unzertrennlich in sich zusammenhaftenden Eintracht wird dargetan (ostenditur), wenn im Evangelium die Tunika des Herrn Jesus Christus überhaupt nicht geteilt noch zerrissen wird; vielmehr, indem man um das Gewand Christi das Los wirft[35], damit sich zeige, wer den Vorzug erlangt,

---

[33] Die Sperrungen von mir.

[34] Wie stark Cyprian unter Kochschen Aspekten erscheint, zeigt z. B. Karl Müller, Kirchengeschichte I/1, 1943³ (neu bearbeitet in Gemeinschaft mit Hans Freiherr von Campenhausen), S. 332: Petrus ist »das Symbol der Einheit des Episkopats und der ganzen Kirche: an ihm zeigt sie sich, weil er den Episkopat eine Zeitlang allein innegehabt hat. In diesem Sinne ist er das Fundament, auf das die Kirche gebaut ist.« (Zur Vorstellung vom »Fundament« vgl. unten S. 61.) Auch das zur allgemeinen Unterrichtung so nützliche Buch von Erich Altendorf (vgl. oben Kap. 2, Anm. 24 u. ö.) wandelt in Kochs Spuren. Doch war Altendorf gelegentlich den Irrtümern Kochs gegenüber hellhörig, z. B. S. 46f. Anm. 6: man dürfe die Kirche nicht einfach mit Petrus identifizieren, sie sei vielmehr auf ihm erbaut usw. Der Unterschied zwischen *typus ecclesiae* und *typus unitatis* freilich, auf welchen Altendorf ebd. großes Gewicht legt (als Typ der Einheit will er Petrus gelten lassen), besteht für Cyprian nicht: bei ihm *ist* die Kirche *sacramentum unitatis*, und Petrus ist Typus weder für das eine noch für das andere. — Auch auf katholischer Seite hat man Kochs Ansichten z. T. rezipiert: das »Typische« des Erstapostels und seine »zeitliche Priorität« z. B. auch bei van den Eynde (vgl. oben die Einleitung Anm. 2).

[35] P. 215, 13: *sortientibus de veste Christi* könnte evtl. als Dat. auctoris verstanden werden.

Christum anziehen zu dürfen[36], wird das Kleid unversehrt und unver-
dorben empfangen, unzertrennt die Tunika in Besitz genommen. (Es
folgt Joh 19 23f.) Der Gewinner trug die Einheit, die ‚vom oberen Teile
herab‘, das heißt vom Himmel und vom Vater kam: von ihrem Emp-
fänger und Besitzer konnte sie durchaus nicht zerrissen werden, vielmehr besaß er ein für allemal die ganze und völlige[37] Festigkeit (der
Einheit) unzertrennlich. Besitzen kann nicht die Hülle Christi, wer
die Kirche Christi zerreißt und zerteilt«[38]. In dieser Auslegung wird
Christi nahtloses Gewand zu einem Gleichnis, einem Symbol — zu
einer mystischen Repräsentation des *sacramentum unitatis*. Wer dies
Gewand besitzt, »besitzt« die Kirche in ihrer Einheit, wer es trägt,
muß sich dieser Einheit würdig erweisen. Es wäre indessen verfehlt,
die *tunica Christi* in Cyprians Deutung als »Typus« der Einheit zu bezeichnen, wenn man an dem Sprachgebrauch, demzufolge unter
»Typen« unvollkommene (und in der Regel alttestamentliche) Präfigurationen neutestamentlicher Ereignisse und Phänomene zu verstehen sind, festhalten will. Was Cyprian hier bietet, ist Allegorese,
nicht Typologie; nicht heilsgeschichtliche (oder in Kochs Sinne: moralische) Vorbildlichkeit, sondern mystische Identifikation. Dies wird
noch dadurch unterstrichen, daß Christi Gewand und Christi Kirche
in Cyprians Sinne als gleichzeitig zu betrachten sind (Mt 16 geht Joh 19
zeitlich voraus[39].

Anders steht es mit Rahab und dem Passalamm: hier haben wir
wirklich — alttestamentliche — »Vorbilder« der Einen Kirche im
typologischen Sinne, und Cyprian sagt dies so deutlich, daß schon von
hier aus auf alle Stellen ein Zweifel fällt, denen die gleiche Eindeutigkeit fehlt. »Du bildest dir ein, es könne bestehen und leben, wer von
der Kirche weicht[40], sich andere Heimat, feindlichen Wohnsitz gründet? Wo doch zu Rahab gesagt ist, in welcher die Kirche vorgebildet
wurde (praeformabatur): ‚Deinen Vater und deine Mutter und deine
Brüder und das ganze Haus deines Vaters sollst du zu dir in dein Haus
versammeln, und es soll geschehen, ein jeglicher, der durch die Tür

---

[36] So gebe ich p. 215, 14: *quis Christum potius indueret* wieder.

[37] Z. 22: *totam semel et solidam firmitatem.* Die Bedeutung von *solidus* ergibt sich daraus,
daß es mit *totus* ein Hendiadyoin bildet (von *firmitas* aus könnte man an und für
sich auch auf die Bedeutung »fest« schließen). Hierzu vgl. p. 214, 1 *»in solidum«.*

[38] P. 215, 11ff.

[39] Die mystische Gleichsetzung von Gewand und Kirche zeigt auch der Anfang des
achten Kapitels, p. 216, 15ff: *Quis ergo sic sceleratus et perfidus, quis sic discordiae
furore vesanus, ut aut credat scindi posse aut audeat scindere unitatem Dei, vestem
Domini, ecclesiam Christi?* Vgl. c. 7 fin., p. 216, 13: *sacramento vestis et signo declaravit
ecclesiae unitatem* (von Koch, Primat S. 22 zitiert).

[40] Die Stelle zeigt, daß für Cyprians Bewußtsein die Zugehörigkeit zur Kirche von
vitaler Bedeutung ist.

deines Hauses auswärts geht, wird für sich selbst die Schuld tragen'
(Jos 2 18f.) — wo doch ebenso auch das *sacramentum* des Passa im
Gesetz des Buches Exodus nichts anderes zum Inhalt hat als daß das
Lamm, das zum Vorbild *(in figura)* Christi geschlachtet wird, in
einem Hause verzehrt werden soll. Gott spricht: ,In einem Hause
soll es verzehrt werden, ihr sollt nicht Fleisch aus dem Hause nach
außen werfen' (Ex 12 46). Das Fleisch Christi und das Heilige des Herrn
kann nicht nach außen (weg)geworfen werden[41], noch haben die Gläubigen außer der Einen Kirche irgend ein anderes Haus«[42]. Der letzte
Satz resümiert in chiastischer Umkehrung die vorausgehende Auslegung: das Passalamm resp. das Eine Haus, in welchem es verzehrt
werden mußte; Rahab bzw. das Eine Haus, in welchem sie sich auf-
halten sollte, sind alttestamentliche *formae, figurae,* »Typen« der Kirche
Christi. Sie deuten auf das Sakrament der Kirche voraus, das durch
Christi *dispositio* greifbare Gestalt gewonnen hat. Das von Cyprian
am Schluß des Kapitels zitierte Psalmwort (68, 7): »Gott, der die Einmütigen im Hause wohnen läßt«, »bedeutet« *(designat)* und »verkün-
det« *(denuntiat)* dasselbe Haus[43]: hier handelt es sich deutlich wieder
nicht um Typologie, sondern um eine mit dem Weissagungsbeweis ver-
knüpfte Allegorese.

    Es fragt sich, ob diese Texte mit Mt 16 18f. in einem Atem zu
nennen sind[44]: die Antwort kann nur entschieden verneinend sein.
Zur »Tunika Christi« ist Petrus kein Äquivalent: nirgends heißt es
von ihm, *er* sei das »*sacramentum et signum*«[45], durch welches der Herr
die Einheit der Kirche deklariert; der Sache nach ist er vielmehr derjenige, der das unverdiente Glück hatte, als erster mit dem Gewande
der Einheit bekleidet zu werden. Schlicht heißt es in un. 4 im Sinne
der Matthäus-Stelle, der Herr habe die Kirche »auf« Petrus erbaut,
und die einzige »Überinterpretation«, deren Cyprian sich allerdings
schuldig macht, ist der Nachdruck, den er auf die »numerische Einheit« Petri legt[46]. Aber auch so wird nicht der Eine Petrus zum *sacramentum* (nehme man nun dies Wort im Sinne der »Kirche« selbst oder
im Sinne eines die Kirche geheimnisvoll versinnbildenden »Zeichens«[47]),
noch reduziert sich umgekehrt das *sacramentum* der Einen Kirche auf
die Singularität des Kirchen-Mannes. Koch betont überhaupt viel zu

---

[41] Cyprian denkt an die nur in der Einen Kirche gültig gespendete Eucharistie, wobei
    ihm Mt 7 6 vorzuschweben scheint (diese Stelle in den Testimonia III 50).

[42] P. 217, 2ff.

[43] P. 217, 14ff.

[44] Immerhin räumt Koch der Matthäusstelle eine »graduelle Verschiedenheit« von
    Cant 6 8 und Eph 4 4f. (un. 4) ein.

[45] Vgl. oben Anm. 39.

[46] P. 212, 14: *super unum*; 213, 1: *ab uno*; 213, 4: *ab unitate.*

[47] pp. 216, 13; 217, 8 (vgl. oben bei Anm. 45).

stark die »numerische Einheit«. Er erliegt der Täuschung, als sei die isolierte »Eins« des Erstapostels durch sich selbst ein Hinweis auf die kirchliche Einheit. In Wirklichkeit ist Petri Singularität für Cyprian lediglich der Beziehungspunkt, auf den hin der Herr das *sacramentum unitatis* »zeigt«[48]. Mit dem ungenähten Rock verhält es sich anders, denn dieser »ist« in gewissem Sinne die Kirche selbst: was daher »an« ihm gezeigt wird (*ostenditur* p. 215, 12), ist mit dem identisch, was nach un. 4 »auf« Petrus gezeigt wird (p. 213, 1. 4. 11), ist aber nicht identisch mit Petrus selbst. Die ekklesiologische Differenz zwischen dem Geheimnis der Einheit und der geheimnislosen Singularität des Erstapostels muß klar gesehen werden[49].

An dieser Stelle empfiehlt es sich, nochmals auf den Satz »*exordium ab unitate proficiscitur*« (p. 213, 4) zurückzukommen. Die vorsichtige Formulierung[50], er beziehe sich, »wenn man will«, auf Petri numerische Einheit, hat die Problematik schon angedeutet. Denn »*ab unitate*« schillert durchaus (im Unterschied zu dem eindeutigen »*super unum*« p. 212 Z. 14 und »*ab uno*« p. 213, 1): das *exordium*, d. h. die im Geheimnis begriffene Kirche kommt zwar kraft göttlicher Setzung von dem Einen her (zu den Vielen); aber von seiner Einheit, sofern man diese als Singularität versteht, doch nur in dem Sinne, daß diese die Einheit der *origo* p. 213, 1, die nicht Singularität sondern Fülle ist (un. 5), wie im Gegenhalt sehen läßt. *Exordium ab unitate proficiscitur* besagt: die im Geheimnis Eine Kirche wird in ihrer Einheit gezeigt, indem sie in Beziehung auf die Einheit des Einen, dem sie zuvor vertraut war, sich in ihr Bleibend-Ursprüngliches sammelt, als welches sie von Anbeginn gegenwärtig ist[51].

Noch weniger lassen sich die alttestamentlichen Typen der Kirche — Rahab und das Passalamm bzw. deren Häuser — mit Petrus in eine überzeugende Parallele stellen. Für Cyprian handelt es sich um weissagende Präfigurationen dessen, was durch Christus realisiert worden ist. Aber Petrus, auf den der Herr die Kirche erbaut hat — wie kann er »Typus« der Kirche sein[52]? Auf ihm ist doch gerade wirklich geworden, was die alttestamentlichen Typen geheimnisvoll nur haben

---

[48] Vgl. oben Anm. 1 fin.

[49] Für diese Differenzierung spricht zum Beispiel auch, daß von der Stiftung des Bischofsamtes in un. 4 doch nur gleichsam unter der Hand die Rede ist: der Autor bezweckt den Aufweis der Einheit, und es heißt dem Passus eine falsche Note geben, wenn man aus verfassungsgeschichtlicher Beflissenheit nur die Stiftung des monarchischen Episkopats in ihm findet (vgl. oben Kap. 2, Anm. 58). Vom Episkopat ist bezeichnend genug erst in c. 5 ausdrücklich die Rede, und auch dort nur en passant: denn das eigentliche Thema ist die *origo*.

[50] Oben S. 53.

[51] Anders sieht es Bévenot, wenn er in Ephem. Theol. Lovan. 42 (1966) 1 (vgl. oben Anm. 29) auf S. 182 von der Kirche schreibt: ». . . la même Église unique qui tire son origine de Pierre.«

[52] Auf seine Weise hatte Poschmann ganz recht, wenn er (Die Sichtbarkeit der Kirche S. 16) schrieb: »Das bloße Symbol einer Einrichtung als deren Fundament zu bezeichnen, geht nicht an.« Vgl. oben Anm. 34.

ahnen lassen: die Kirche ist Eine, ist als Eine erwiesen, weil sich zeigt, daß sie auf Einem zu ruhen vermag[53]. Daß Koch hier überall die Grenzen verwischt, kann nicht lediglich einem Mangel an exegetischer Differenzierung zur Last gelegt werden: es entspringt abermals[54] seiner Furcht, dem Apostel mehr zu geben, als ihm in Cyprians Augen zukommt. Aber gerade so gibt er der Kirche zu wenig und dem Apostel noch immer zuviel. Seine Interpretation zeigt, was nach seiner Meinung Petrus sein soll, nicht was die Kirche ist. Daß aber Cyprian gerade nur an die Kirche denkt, bekräftigt der auch von Koch berührte[55] 73. Brief, in dessen siebentem Kapitel es heißt: *nam Petro primum Dominus, super quem aedificavit ecclesiam et unde unitatis originem instituit et ostendit, potestatem istam dedit etc*[56]. Nach seiner Art, parallele Sätze zu bilden, erläutert Cyprian mit einer stark an un. 4 erinnernden Diktion das *aedificare ecclesiam super Petrum* durch die Wendung: *unitatis originem instituere et ostendere*. Die Verwirklichung der Kirche »auf« Petrus und das »Zeigen« dieser Verwirklichung sind zwei Seiten derselben Handlung: des *aedificare*[57]. Der Gedanke des den Geist in die »Länge und Breite, Höhe und Tiefe« füllenden »Ursprungs« der Einheit ist so beherrschend, daß für eine typologische Bedeutung Petri kein Raum bleibt[58]. Und nirgends hat Cyprian den Erstapostel durch den von ihm sonst öfter gebrauchten Ausdruck »typus ecclesiae« gekennzeichnet[59].

[53] Koch (Primat S. 22) stellt außer den behandelten Stellen auch Cant 6 8 und Eph 4 4f. (p. 213, 5ff.) mit Mt 16 18f. in Parallele: nicht minder abwegig. Die Hoheliedstelle wird, allegorisch verstanden, für Cyprian zu einer geheimnisvollen Vordeutung auf die Kirche und gehört in den Zusammenhang von Weissagung und Erfüllung. Damit tritt sie neben Ps 68, 7 (*designat* p. 213, 6 entspricht dem *designat et denuntiat* p. 217, 14; auch diese Psalmstelle fehlt nicht auf Kochs bunter Palette). Die Epheserbriefstelle ist im Sinne Cyprians Bekenntnis und Verkündigung der Einen Kirche und setzt für ihn den Vorgang von Mt 16 voraus.

[54] Vgl. oben Kap. 2 S. 45.

[55] Primat S. 12, Anm.; S. 43. — Der Sprung zur Korrespondenz des Ketzertaufstreits rechtfertigt sich durch die im Grunde gleiche Thematik und die vielfache Benutzung der Einheitsschrift in jener Auseinandersetzung durch Cyprian, vgl. oben Kap. 1, Anm. 39.

[56] p. 783, 14ff. Zu Unrecht bezeichnet Koch auch hier die Wendung *»originem unitatis«* Z. 15 als »pleonastisch und tautologisch«, Primat S. 43.

[57] Ich will mich nicht absolut auf die Gleichung *aedificare = instituere + ostendere* versteifen, sondern lediglich unterstreichen, daß das »Zeigen« mehr eine sich von selbst einstellende Wirkung des »Gründens« als etwa dessen Voraussetzung (im Sinne eines moralischen Appells) ist.

[58] Poschmann, Ecclesia principalis S. 27 führt dieselbe Stelle gegen Koch ins Feld, aber er identifiziert das *institutum* mit Petrus — und konzediert trotzdem noch die »typische« Bedeutung!

[59] Das ist auch Koch, bei seiner gründlichen Kenntnis der Texte, nicht entgangen, Cathedra Petri S. 44, Anm. — Vgl. Lea und Rahel als Typen der Synagoge resp.

Stellt sich also bei näherem Zusehen heraus, daß der Petrus Cyprians — ein anderer Christophorus — unter dem Gewicht der Einen Kirche gleichsam verschwindet und unsichtbar wird, so ist es merkwürdig zu beobachten, wie vieler vergeblicher Anstrengungen es für Koch bedarf, den Apostel in Schranken zu halten. Er kommt (wenn es erlaubt ist, ein drastisches Bild zu gebrauchen) wie ein unter Wasser gedrückter Ball an unvorhergesehenen Stellen immer wieder zum Vorschein. »Zunächst gab es nur einen bevollmächtigten Apostel, mit ihm fing die Kirche an, Petrus war der erste und unterste Stein, auf dem nachher weitergebaut wurde«[60]. Koch hat diese Auffassung später revoziert, worüber zu handeln sein wird[61]. Zunächst gilt es jedoch zu erkennen, daß auch diese Aufstellung aus dem immer gleichen Irrtum geflossen ist, der Kochs Deutung auch in »Cathedra Petri« im Grunde beherrscht. Die Verkennung der ekklesiologischen Differenz führt nämlich dazu, die Rede von Petrus als dem Fundament der Kirche immer noch eines halben Ernstes zu würdigen[62]. Und damit er hier nicht zu weit gehe, beeilt sich Koch zu versichern: Petrus sei zwar ein Stein, aber nur der erste und unterste[63]. Doch hat Cyprian, obwohl er das Herrenwort von Caesarea-Philippi vollständig zitiert, nirgends den Gesichtspunkt der von unten stützenden »petra«, wenn er an

---

Kirche in den Testimonia I 20. In der Auslegung des Herrengebets c. 5 (p. 269, 11) erscheint Hanna als *typus ecclesiae*. Ferner ep. 69, 2 = p. 751, 14 f.: *probans et contestans unam arcam Noe typum fuisse unius ecclesiae* (sc. Petrus in I Petr 3 20f.). Auf dieselbe Stelle bezüglich ep. 74, 11 = p. 809, 9: *unitatis sacramentum manifestavit*. Ebd. p. 809, 13: *ecclesia . . . quae ad arcae unius sacramentum* (hier liegt dies Wort auf der Linie von un. 7 = p. 216, 13 *sacramento . . . signo*, doch mit typologischem Einschlag) *dominica unitate fundata est* (zum »modal-resultativen« Ablativ ,*dominica unitate*' vgl. Schrijnen-Mohrmann I 123 f.). Vgl. noch De bono patientiae c. 10 = p. 403, 23 f.; p. 404, 5 f.

[60] Primat S. 11, vgl. S. 14: im Sinne der »zeitlichen Priorität«, der »numerischen Einheit« und der »Vorbildlichkeit« sei Petrus »für alle Zeiten ,Fundament' der Kirche« usw.

[61] Vgl. unten Kap. 6.

[62] Statt vieler sei D. J. Chapman zitiert, RevBén 27 (1910) 448: »A priori we may argue that it is a very far-fetched explanation of ,the rock on which the church is built' to say that it signifes a man who for a short time, while our Lord was still on earth, possessed nominally (but without exercising it) the supreme government of the Church.« Koch hat sich diesen Einwand durch seine Inkonsequenz zugezogen — er hätte viel stärker darauf insistieren müssen, daß die Vorstellung eines die Kirche tragenden »Felsens« Cyprian ganz fernliegt.

[63] Nach Koch Primat S. 13 heißt »*super unum aedificat ecclesiam*«: »Mit Einem beginnt der Kirchenbau.« Vgl. S. 14: »Dadurch, daß der Herr dem Petrus die Binde- und Lösegewalt zuerst und zunächst allein überträgt, macht er ihn zum Grundstein, d. h. zum ersten Baustein der Kirche.«

Petrus denkt, vielmehr den der »von oben«[64] kommenden, auf Petrus ruhenden Kirche. Weder im ganzen (so die römisch-katholische Deutung) noch auch nur partiell (in diesem Sinne Koch) ist Petrus selbst die Kirche, und deren Erbauung ist für den Bischof von Karthago kein durch die Zeiten während er Prozeß, der mit Petrus seinen Anfang nähme[65]. Einmal hat der Herr sie, die himmlische, die Eine und ganze auf Petrus hingestellt. Aber eines stützenden »Fundamentes« bedarf sie so wenig wie Noahs Taube: sie kann zur Not ihre Flügel gebrauchen.

---

[64] Vgl. un. 7 = p. 215, 19: *unitatem ille portabat de superiore parte venientem id est de caelo et a patre venientem.*

[65] In un. 5 wird nicht ein schrittweise voranschreitendes Bauen, sondern die »organische« Weiterung eines einmal Gegebenen beschrieben.

Viertes Kapitel
Die Apostel und Petrus

Das vierte Kapitel der Einheitsschrift,
in kritischer Auseinandersetzung mit Kochs grundlegender Deutung,
dritter Teil

Wenn die Kirche Cyprians »einmal ganz« auf Petrus erbaut ist —
bedarf es dann noch des Streites über die Vokabel »Fundament«? Denn
wie immer es sich mit der ekklesiologischen Differenz verhalte — steht
die Kirche erst »einmal« auf Petrus, so wird sie wohl »ein für allemal«
auf ihm stehenbleiben müssen. — Es ist zuzugeben, daß sich die Forschung hier in einer Aporie befindet — die desto tiefer scheint, als
Cyprian seine Wahrheit mehr lebt als denkt, so daß es der für den Interpreten stets gefährlichen Kunst bedarf, zwischen den Zeilen zu lesen.
Wie kann die Kirche hernach bei allen Aposteln sein, wenn sie zuvor
als Eine und ganze bei Petrus ist? Dies scheint doch nur so möglich
zu sein, daß auch in der Folge, wenn die Kirche »weithin durch ihr
fruchtbares Wachstum zur großen Zahl sich dehnt«[1], der Eine Petrus
immer im Mittel bleibt. Wie anders sollte die Kontinuität gewahrt
bleiben — wie anders sollte die Kirche »jetzt« mit der Kirche des Ursprungs identisch sein?

Der Einwand läßt stutzen, solange das Wesen der ekklesiologischen
Differenz nicht begriffen ist; solange nicht deutlich ist, daß Cyprian
die Unverfügbarkeit der Kirche zu denken vermag. Zwar ist immer
die Kirche im Bischof, wie der Bischof in der Kirche ist[2]. Aber doch
so, daß zwischen beiden Instanzen eine merkliche Spannung waltet,
daß zu spüren ist: die Bindung der Kirche an den Bischof (Mt 16) ist
ein vom Herrn Gesetztes, der Bischof bleibt dem Herrn der Kirche
verantwortlich. Nicht allein im Sinne einer Rechenschaft für »sub-
jektiv« gefällte Entscheidungen[3], sondern gerade auch in der Verpflich-
tung zu brüderlicher *pax* und *concordia*: denn erst in der wechselseitigen

---

[1] Un. 5 = p. 214, 2f.

[2] Vgl. oben die Einleitung, S. 11 mit Anm. 25.

[3] Ep. 69, 17 = p. 765, 23: *nemini praescribentes quo minus statuat quod putat unus-*
quisque praepositus actus sui rationem Domino redditurus, secundum quod beatus
apostolus Paulus in epistula sua ad Romanos (14 12f.) scribit et dicit: unusquisque
nostrum pro se rationem dabit. non ergo nos invicem iudicemus. — Vgl. auch die bei
von Campenhausen, Kirchliches Amt S. 305, Anm. 4 nachgewiesenen Stellen.

Bescheidung zur *caritas*[4] wird das *sacramentum unitatis* zu einer macht-
voll empfundenen, ja menschlichen Realität.

Die Kirche, als *sacramentum* gedacht, ist nicht an Petrus gebun-
den. Dies scheint eine Abstraktion, aber es ist die Wahrheit Cyprians
von einer Seite betrachtet. Koch ist dieser Wahrheit nahe auf der
Spur gewesen. Die Lösung des Problems hielt er in Händen, als er[5]
gegen Poschmann schrieb: »Petrus ist nicht der Ausgangspunkt aller
Gewalt, sondern der Ausgangspunkt der kirchlichen Einheit dadurch,
daß er zuerst vom Herrn die kirchliche Gewalt erhielt. Die Gewalt
selbst aber geht bei den Aposteln wie bei Petrus unmittelbar von
Christus aus«[6]. Hier ist der springende Punkt, und hätte Koch
sich das Wesen der ekklesiologischen Differenz verdeutlichen können,
so wäre es ihm ein leichtes gewesen, das Problem der Kontinuität der
Kirche, mit dem er eigentlich ringt, in dem der Konzeption Cyprians
angemessenen paradoxen Sinne zu lösen. Die Kontinuität der Kirche,
insofern diese nach der Seite des *sacramentum* erscheint, ist für Cyprians Bewußtsein nicht durch Petrus, sondern durch die Kirche selbst
(bzw. durch den Herrn, doch tritt dieser Gedanke zurück) gewährleistet. Es ist daher ganz überflüssig, den Erstapostel als »Typus« und
»Bild« die moralische Einheit besorgen zu lassen: denn nicht er zeigt
die moralische Einheit, sondern in Beziehung auf ihn zeigt der Herr
die »sakramentale« Einheit der Kirche. Kraft seiner Singularität ist
Petrus (erwähltes, doch zufälliges) Mittel der Erkenntnis (nicht »Erkenntnisgrund«)[7].

Die paradoxe Kontinuität der Kirche in sich selbst wird nun an
der eigenartigen Doppelung kenntlich, in welcher im vierten Ka-

---

[4] Un. 9 = p. 217, 24: *haec est in ecclesia noscenda simplicitas, haec caritas obtinenda,
ut columbas dilectio fraternitatis imitetur etc.* Un. 14 = p. 223, 2: *qui caritatem non
habet Deum non habet.* Un. 15 = p. 224, 8: *unitatem simul et dilectionem magisterio
suo docuit (sc. Dominus).* Auch der Begriff der *unanimitas* gehört hierher.

[5] Primat S. 14, Anm. 1.

[6] Sperrung von mir. Der Zweck (Aufweis der Einheit) und das Mittel (Verleihung
der *potestas*) sind hier ausgezeichnet differenziert, obwohl es wieder nicht ganz zutreffend ist, nur die Einheit (und nicht auch die »Gewalt«) von Petrus ausgehen
zu lassen: die Eine Kirche ist ganz sie selbst, sie umschließt auch das Amt (vgl.
un. 5), und Kochs Ausweichmanöver verrät den unzulänglichen Kirchenbegriff.
Andererseits versteht Koch doch zutreffend die Erbauung der Kirche auf Einen
und die Ausstattung dieses Einen mit der Binde- und Lösegewalt als »einen Akt,
Ein Moment« (S. 14 gegen Poschmann, der im Interesse eines petrinischen Vorrangs
beides trennte; ähnlich S. 18 fin.). — Vgl. Primat S. 41: »Die Apostel kamen dadurch,
daß sie von Christus dieselbe Vollmacht erhielten, die vorher dem einen Petrus
zugekommen war, in kein Abhängigkeitsverhältnis zu Petrus.« S. 22: »Realprinzip,
wirkende Ursache ist für die Kirche und ihre Einheit beim Anfang wie beim Fort-
gang allein der Herr selbst, nicht Petrus.«

[7] Vgl. oben Kap. 3, S. 54.

pitel der Einheitsschrift die Eine Kirche erscheint. Der Text hebt hervor: Auf Einen hat der Herr die Kirche gebaut. Zwar hat er nach seiner Auferstehung allen Aposteln gleiche Gewalt verliehen. Aber in der Absicht, die Einheit zu manifestieren, hat er die Kirche von der »Einheit« her ihren Anfang nehmen lassen[8]. — Für das genaue Verständnis scheint es nicht ohne Bedeutung, daß der Text zwar p. 213, 2, wo es sich um die Kontrastierung der später Bevollmächtigten mit Petrus handelt (sie stehen auf derselben Stufe wie er), des ersten Bischofs nachmalige *collegae* als *ceteri apostoli* einführt; daß indessen p. 212, 14, wo nicht Differenzierung, sondern Verbindung denselben Gedanken zum Ausdruck bringt (für das ganze Kollegium gab es die gleiche Gewalt), die Bevollmächtigung *omnibus apostolis* zuteil wird. Mt 16 wird Petrus allein mit den Schlüsseln betraut: ist er nun gar Jo 20 wieder unter den »*omnes*«, die der Herr *post resurrectionem* mit dem Heiligen Geiste begabt?

Die Frage mag zugespitzt klingen, denn zu einer bewußten Unterscheidung zwischen den »übrigen« Aposteln (ohne Petrus) und »allen« Aposteln (mit Petrus) ist es bei Cyprian schwerlich gekommen. Aber gerade deswegen kann als sicher gelten: die Sorglosigkeit, mit welcher Cyprian die Amtsbestallung »aller« Apostel der Bevollmächtigung Petri folgen läßt, nachdem deren Zweck, die Manifestation der Einen Kirche, erreicht ist — sie läßt den Ersterwählten sozusagen lautlos und unbeachtet im Kollegium der »übrigen« Apostel verschwinden[9]. Das zeigt sich auch daran, daß in den folgenden Kapiteln zwar von Kirche und Bischofsamt, aber nicht mehr von Petrus die Rede ist[10]. Die Beobachtung ist nicht allein für die Primatsfrage wichtig, die für den Textus Receptus ohnehin als entschieden gelten darf[11]. Sie be-

---

[8] Vgl. die ausführliche Paraphrase oben Kap. 2, S. 45ff.

[9] Vgl. ep. 73, 7 = p. 783, 14: *nam Petro primum Dominus . . . postatem istam dedit . . . et post resurrectionem quoque ad apostolos loquitur dicens*: Joh 20 21ff. Hier dieselbe Doppeldeutigkeit (*quoque* betont *resurrectionem*, nicht *apostolos*, schafft also zwischen Petrus und den »Übrigen« keine deutliche Zäsur). Man darf auch hier nicht zu scharf interpretieren (Koch, Cathedra Petri S. 48 spricht von der Bevollmächtigung der »anderen« Apostel).

[10] Das hat schon Koch mit Nachdruck hervorgehoben, zur Bekräftigung seiner richtigen These, daß es in un. 4 auf den »Einen«, nicht auf Petrus ankommt, vgl. Primat S. 11ff., bes. S. 25: »Was Cyprian über die Bedeutung Petri zu sagen hat, ist mit c. 4 abgeschlossen.«

[11] In dieser Beziehung sind Kochs Untersuchungen als abschließend zu betrachten. Die Pointiertheit, mit welcher der P. T. den Primatus Petri unterstreicht, ist (von der Rom-Frage ganz abgesehen) einer der stärksten Einwände, die gegen seine Echtheit zu erheben sind. Selbst wenn dieser Primatsgedanke die Idee zeitlicher Priorität nicht überschreitet, fixiert er doch einen Zustand, der für das Bewußtsein Cyprians durch das fortschreitende Handeln Christi (nach un. 4) wieder revoziert worden ist, vgl. oben die Darstellung.

leuchtet darüber hinaus das Problem, wie wir uns die Kontinuität der Kirche zwischen Petrus und den »übrigen« Aposteln zu denken haben. Das unbewußte Nacheinander von 12 minus 11 *(super unum aedificat ecclesiam)* und 11 plus 1 *(quamvis apostolis omnibus ... parem potestatem tribuat)* Aposteln bei der Berufung (der Ersterwählte wird *»unus pro omnibus«,* vgl. ep. 59, 7 = p. 674, 17, nur gleichsam herausgegriffen) kann im Zusammenhang der Einheitsschrift nur dieses heißen: auf Petrus erbaut erscheint die Kirche e i n m a l als die Eine; im Kollegium aller Apostel insgesamt erscheint die Kirche n o c h e i n m a l, als die Eine erwiesen. K i r c h e e i n m a l und n o c h e i n m a l: nicht dagegen erscheint sie auf Petrus »ein für allemal«.

Durch die Formulierung: die Kirche erscheine »noch einmal als die Eine erwiesen«, ist angedeutet, daß es sich nicht um eine doppelte, sondern um nur e i n e dispositio des Herrn handelt (p. 213, 1), um diejenige nämlich, durch welche er die Kirche super Petrum als Eine erwies. Es ist also nicht die Meinung, die Kirche verschwinde nach einem ersten pädagogischen Akt des »Zeigens« wieder aus der Geschichte, um ein zweites Mal und nun erst eigentlich zu erscheinen. Das zweite Eingreifen des Herrn e r w e i t e r t ein schon Gegebenes, aber in dem Sinne, daß als einende Instanz nicht Petrus, sondern die so erweiterte Kirche selber erscheint, zu welcher Petrus mit den übrigen Aposteln versammelt wird[12]. Ja, die Kirche (und nicht Petrus) ist gleichsam schon zuvor die Instanz, die da sammelt, aber dies zeigt sich erst, nachdem sie von Einem zu Allen gekommen ist. (Sonst wäre ja Petrus hingegangen, um den »übrigen« Aposteln die Kirche zu bringen, und wirklich tut die römisch-katholische Auslegung weithin so, als habe Cyprian dies sagen wollen.)

Die Eine Kirche hat also nicht in dem Sinne ihren »Ursprung« bei Petrus, daß sie für alle Zeit auf Petrus gleichsam zurückkommen müßte[12a]. Diese Feststellung darf allerdings nicht mißverstanden wer-

---

[12] Auf seine Weise zutreffend Poschmann, Ecclesia principalis S. 29: »Die später erfolgte gleiche Bevollmächtigung der übrigen Apostel wie Petrus kann also im Sinne Cyprians nur besagen, daß nach der Anordnung Christi nunmehr auch die übrigen Apostel an dem schon bestehenden, in Petrus errichteten *unus episcopatus* teilerhielten.« Der Fehler steckt bei der Wendung »in Petrus«.

[12a] Es ist daher eine Fehlinterpretation, wenn es bei Adrien Demoustier, Épiscopat et union à Rome selon saint Cyprien, in: RechScRel 52 (1964) 357 heißt: »Ainsi, de même que les Apôtres recevant *in solidum* l'épiscopat sont entrés en communion avec Pierre qui, déjà, l'avait reçu, de même les évêques des églises plus récentes entrent en communion avec celle dont la fondation est plus ancienne. De ce rôle de Pierre l'évêque de Rome est l'unique héritier.« Es wird der Eindruck erweckt, als sei (in Cyprians Sinne) Petrus, das heißt, die römische *cathedra*, das heißt der römische Bischof das Zentrum der Einheit, auf welches jeder Bischof und jede Kirche *zurückkommen* müßte. In Wirklichkeit steht es so, daß nicht die übrigen Apostel mit Petrus kommunizieren, sondern daß umgekehrt Petrus mit den Aposteln kommuniziert, doch so, daß er *sub specie* des mit ihm nicht identischen *sacramentum unitatis*

den. Daß die Kirche »von Petrus an« durch die Zeiten geht, sagt schon ep. 33, 1 im Sinne der apostolischen Sukzession, ep. 74, 10f. meint es (ohne Petrus zu nennen) im Sinne der *divina traditio*, und un. 4 sagt es *sub specie* des *sacramentum unitatis*. Worauf es hier jedoch ankommt, ist die Erkenntnis, daß der zeitliche »Beginn« *super Petrum* das Wesen der Kirche als solcher unberührt läßt: sie hat ihren Ursprung in sich selbst bzw. beim Herrn, nicht in Petrus. Koch war hier mit seinen Einwendungen gegen Poschmann völlig im Recht[13]. Er selbst irrte darin, daß er Petri eigenständige Bedeutung nur schmälerte, nicht radikal aufhob. Auch bei ihm bleibt Petrus immer »selbst« noch etwas, infolgedessen kommt auch bei ihm die Kirche von Petrus nicht los, vermag nicht aus sich selbst, als »*origo*« einmal auf Petrus zu ruhen. Es geht im vierten Kapitel der Einheitsschrift in keinem, auch nicht in dem von Koch verteidigten Sinne um ein »Petrusamt«, sondern um die Kirche des Ursprungs in ihrem im vorhinein zu sich abgesonderten Wesen. Diese Kirche wird, auf Einem erbaut, in Zeit und Raum Ereignis. Aber dann schreitet sie, die Eine, von Petrus zu »allen« Aposteln hinüber — in dem Augenblick, da Christus ein zweites Mal handelt und, *post resurrectionem*, die Kirche erweiternd an »alle« Apostel gibt. Wirklich, es kommt alles darauf an, diesen Überschritt von Einem zu Allen zu sehen — dies unvermittelte (weil vom Herrn verursachte) Aufflammen des ganzen Lichtermeeres[14], nachdem zuerst nur Eine Flamme am Brennen war. Dieser »Fortschritt« der Kirche von Einem zu Allen konnte ihre Kontinuität und Einheit nicht zerreißen, weil sie nicht vergaß, den ursprünglich Einen (der nicht als *primus inter pares*, sondern *unus pro omnibus* berufen war) zu Allen mitzunehmen.

Dem Phänomen des »Überschrittes« der Kirche könnte durch den Hinweis auf die *origo ab uno incipiens* p. 213, 1, das *exordium ab unitate proficiscens* p. 213, 4 widersprochen werden. Denn diese Wendungen scheinen eine ungebrochene Kontinuität in der Zeit zu meinen[15]. Aber wie sich *origo* und *exordium* nicht auf einen isolierten Zeitpunkt, sondern auf das Erscheinen eines Ewigen in der Zeit »mit Einem Male« beziehen, so meint auch das *incipere* resp. *proficisci* nicht das Ausgehen eines in der Zeit sich Summierenden, sondern das Hervorgehen eines durch die Zeiten wandelnden Wesenhaften[16].

---

immer noch *unus pro omnibus* zu reden vermag. Über diese Zusammenhänge wird hier unten das siebente Kapitel ausführlicher.

[13] Primat S. 27: »Der ‚Grundstein‘ steht für ihn (sc. Cyprian) eben in keinem ursächlichen Zusammenhang mit dem übrigen Bau.«

[14] Das Bild ist cyprianisch, vgl. un. 5 = p. 214, 9: *sic et ecclesia Domini luce perfusa per orbem totum radios suos porrigit.* Vgl. Koch Primat S. 26: »Nicht von Petri Licht ist die Kirche überströmt, sondern vom Lichte des Herrn.« Domini ist wahrscheinlich auf *ecclesia* und auf *luce* zu beziehen, Koch S. 26, Anm. 1.

[15] Vgl. Karl Adam, ThQ 94 (1912) 112.

[16] Man darf selbstverständlich die apostolische Sukzession sowie die Lehrtradition,

Im übrigen schlägt das zwiefache Handeln des Herrn nach un. 4 jeden Einwand ohnehin aus dem Felde. Was im vorigen Kapitel durch die Wendung »zunächst — einmal« nur angedeutet wurde[17], ist nun durch das in der ekklesiologischen Differenz begründete Phänomen des »Überschrittes« geklärt[18].

Es verdient hervorgehoben zu werden, daß diese Aufstellungen, so sehr sie aus dem Widerspruch gegen Koch erwachsen sind, doch im Grunde nur dessen eigentliche Intention zu erfassen suchen: wie denn überhaupt ohne Kochs gründliche und, wie sich noch zeigen wird, immer sich korrigierende Kennerschaft ein fruchtbarer Widerspruch gegen ihn gar nicht möglich wäre. Es ist vor allem eine Folge der veränderten Situation der Theologie im ganzen, wenn es heute möglich

---

d. h. die institutionelle und »zeit«gebundene Seite der Kirche Cyprians nicht zu kurz kommen lassen. Daß die vorliegende Untersuchung, die keine umfassende Darstellung bieten will, den Ton auf die »origo« legt, ergibt sich aus ihrer Frontstellung gegen die übliche Überbetonung der »aufweisbaren« Kirche. Diese ist aber für Cyprians Bewußtsein in den Schoß der »Mutter« zurückgenommen (vgl. un. 23 = p. 230, 14ff.), d. h. die Kirche nach der Seite ihrer »Unverfügbarkeit« hat den Vorrang für ihn, nicht beiläufig, sondern systematisch-grundsätzlich. Wenn es anders scheint, so liegt dies an der vorwiegend praktischen Ausrichtung der Verlautbarungen Cyprians.

[17] Kap. 3, S. 51.

[18] Man hat eingewandt, die Wendungen »zunächst einmal« sowie »einmal und noch einmal« stünden nicht im Text und seien willkürlich eingetragen. Ich erwidere mit Sanftmut, daß ich das Fehlen der Vokabeln *semel* und *iterum* in un. 4 gleichfalls bemerkt habe. Die genannten Formulierungen sind, wie mir scheint, trotzdem nicht willkürlich. Ihr wohlverstandener (S. 66) und interpretatorischer Gebrauch will darauf aufmerksam machen, daß das *aedificare ecclesiam super Petrum* in Cyprians Sinne einer ersten *dispositio* (p. 213, 2) des Herrn zu verdanken ist, welcher ein zweites, in Ansehung der *potestas* gleichwertiges (p. 212, 15) Handeln Christi *post resurrectionem* folgt. Diese zweite Handlung begründet das durch die erste Bewirkte nicht abermals, sondern weitet es aus, doch so, daß Petrus nunmehr ohne Sonderrechte ins Kollegium »aller« gehört, und ohne eine andere Bedeutung zu behalten als die, daß er einmal *unus pro omnibus* zur Manifestation der Einen Kirche gedient hat. Aus den bisherigen Darlegungen dürfte deutlich geworden sein, in welchem Sinne sich diese Interpretation gegen Koch einerseits, gegen die herkömmlichen katholischen Auslegungen verschiedener Prägung andererseits abzugrenzen sucht. Wer die genannten Formulierungen willkürlich findet, ist gehalten, die hier vorgetragene Deutung Cyprians im ganzen als irrig zu erweisen. Es geht darum, daß die Kirche schließlich auf allen Aposteln insgesamt ruht, und zwar als die Eine, als die sie einmal erwiesen ist. Um es noch schärfer zu sagen: Nicht das *aedificat*, sondern das *super unum* p. 212, 14 ist betont. Allerdings bedient sich Cyprian überall dort, wo er Petrus zu charakterisieren wünscht, der Formel »*super quem aedificavit Dominus ecclesiam suam*«. In dieser Formel (vgl. dazu unten auf S. 89) ist zweifellos das *aedificare* akzentuiert. Wie dies für Petrus und seine *successores* zu verstehen ist, wird der Sache nach unten auf S. 130ff. gezeigt.

ist, auf dem von Koch mit soviel Hingabe bestellten Felde ein Neues zu pflügen. Koch hat Richtiges gesehen, aber er vermochte es nicht mit der geforderten, »protestantischen«Radikalität zu denken. Weil die ekklesiologische Differenz verborgen blieb, ließ die Interpretation in irriger Verkehrung des Wesens der Kirche (»anthropozentrische Inversion«) deren »sakramentale« Einheit in der numerischen Einheit des Ersterwählten verschwinden. Dieser hatte, als isoliertes Selbst, die moralische Einheit zu besorgen. Weil die ekklesiologische Differenz verborgen blieb, blieb auch der »Überschritt« der Kirche verborgen. Unerkannt blieb infolgedessen die paradoxe Kontinuität der Kirche in sich selbst, und es entstand die Notwendigkeit, das »Zuvor« des zuerst Erwählten mit dem »Hernach« der übrigen Apostel in der Zeit zu vermitteln. Hieraus floß die widerspruchsvolle Behauptung, Cyprians Petrus unterscheide sich nur durch zeitliche Priorität, sei aber gleichwohl ein vorweg bleibendes Mahnmal der Einheit: das mit dem *sacramentum unitatis* verlorene »ewige« Moment wurde durch die im Grunde auch von Koch festgehaltene Ubiquität des Petrus notdürftig ersetzt. Und es hat Koch nichts genützt, das lediglich »Chronologische« des petrinischen Anfangs der Kirche unermüdlich zu unterstreichen: indem Petrus der Kirche gleichwohl als ihr »Typus« vorwegbleibt, hat er ja gerade nicht an dem in Cyprians Konzeption sich ereignenden »Überschritt« der Kirche teil. Das *post resurrectionem* allen Aposteln mitgeteilte *sacramentum unitatis* läßt ihn unter solchen Voraussetzungen zurück und außerhalb, denn nach dem zweiten Handeln des Herrn kann auch er an der Kirche nur so partizipieren, daß er sich ans Kollegium der *coepiscopi* hält und mit diesen vereint im Horizont des Ursprungs verharrt.

Wenn der Petrus Cyprians eine eigene Bedeutung hat, dann die, daß die Kirche wirklich einmal auf ihm allein sozusagen aufgeruht hat; daß die Kirche sprechen kann: da war Einer, an dem zeigte sich die Einheit — und diese Einheit bin ich! Was nämlich für Cyprians Bewußtsein die Einheit vor Augen stellt, ist eine charakteristische Selbstlosigkeit des zuerst berufenen Apostels, der wie in einem (in der Erinnerung) permanenten Akt der Selbstentäußerung nicht sich, sondern die Kirche zur Geltung bringt. Man fühlt sich versucht, diesem »Petrus« ein modifiziertes Pauluswort in den Mund zu legen: ,,Ich lebe, doch nun nicht ich, sondern die Kirche lebt in mir«. In dem Augenblick, da man die Hand ausstreckt, um auf diesen »Petrus« wie auf eine isoliertdauernde Instanz mit dem Finger zu weisen, hat er sich schon den Blicken entzogen. Was bleibt, ist das Band der Einheit, das unsichtbar, »sakramentalisch«, die Apostel umschlingt. Und dies nicht an einem Punkt der Vergangenheit fixiert, sondern lebendig-gegenwärtig im Raum der Bischofskirche, die Cyprian umgibt und beschäftigt. Denn »Petrus«, so sehr er im Gedächtnis haftet, hat das Seine nach

vorn abgegeben. Jeder Bischof ist *post resurrectionem*, insofern er die
brüderliche Eintracht wahrt, ein »anderer Petrus«[19]: denn die einstmals auf Petrus allein manifeste Kirche ist jetzt unter allen rechtmäßig
ordinierten Bischöfen lebendig-kräftig zugegen[20].

[19] Koch Primat S. 31: »Jeder Bischof kann also seine Gewalt ebenso von Mt 16 18f.
wie von Joh 20 21 ff. herleiten. Er ist ebenso Nachfolger Petri, wie Nachfolger
der anderen Apostel.« Cathedra Petri S. 54: »Petri Amt lebt und wirkt in den
Bischöfen weiter, sie sind es, auf denen die Kirche immerfort ‚beruht', von denen
sie regiert wird.« Ebd. S. 67, Anm. 1: Für Cyprian »ist jeder Bischof einfach Bischof
der *ecclesia*, wie Petrus, er hat den *episcopatus* inne, wie Petrus ihn Mt 16 18 erhielt.« Primat S. 41: »Es gibt in der Kirche nur eine *cathedra*, die ‚*cathedra Petri*',
die zugleich *cathedra* der Apostel, *cathedra* der Bischöfe ist. Jede bischöfliche Kirche
ist eine Wiederholung jener Kirche, die Christus einst auf Petrus gegründet hat.
In den Bischöfen hat sich Petrus vervielfältigt.«

[20] Was bei Cyprian der »Überschritt« (oder die »Weiterung«) der Kirche von Petrus
zu den Aposteln, das ist bei Theodor von Mopsuestia die Bewegung, die der Kosmos
der Griechen in der Begegnung mit dem Kerygma in einen neuen, aufs Eschaton
hin orientierten Modus seiner selbst erfährt. Vgl. meine »Studien zu den Pauluskommentaren Theodors von Mopsuestia«, BZNW 27 (1962) 176: »In der Begegnung
mit Christus erfährt die alte Welt, daß sie eine Zukunft hat — erfährt, daß sie
eine Zukunft hat. In dem Maße, als nach dem Zeugnis der Texte Gottes Zeit ver-
weltlicht ist, ist der Kosmos, mit einem Ruck nach vorn, vergeschichtlicht«usw.
Bei Cyprian handelt es sich um die Kirche »einmal« und »noch einmal«, bei Theodor,
wenn man seinen geistigen Kosmos nach der Christianisierung mit dem vorausgehenden Zustand vergleicht, um die Welt »einmal« und »noch einmal«. In beiden Fällen
geht es um den springenden Punkt des Christlichen, wo von den Vätern die Freiheit
Gottes vom Menschen (und für den Menschen) sei es in der Welt, sei es in der Kirche
erfahren und formuliert worden ist. Welt und Kirche machen sich unter dem Blick
des Interpreten vom Menschen los, um diesen, verwandelt und gleichsam rückkehrend,
in ihr vom Evangelium neu bestimmtes Eines zu integrieren.

Fünftes Kapitel

Episkopat und Kirche

Das fünfte Kapitel der Einheitsschrift

Kochs frühere Erörterung des fünften Kapitels der Einheitsschrift[1] bietet eine Reihe guter Beobachtungen, die abermals zeigen, wie nahe er der Lösung des Problems in mancher Hinsicht gewesen ist. Dahin gehört die Feststellung, c. 5 handle »von der praktischen Betätigung und Bewährung und von den Konsequenzen der kirchlichen Einheit«[2]: offenbar wird hier — innerhalb der Kochschen Argumentation freilich inkonsequent — die Eine Kirche nicht als »Soll«, sondern richtig als ein Gegebenes aufgefaßt. In derselben Richtung scheint es zu liegen, wenn die apostolische Gewalt als »metaphysisch eine« bezeichnet wird[3] —hier bereiten sich Erkenntnisse vor, die Koch in seiner zweiten Monographie deutlicher formulieren konnte. Doch dringt er auch hier zum eigentlichen Gedanken nicht vor. Die in un. 5 vorausgesetzte Einheit der Kirche vermag er mit der »Einheit Deutschlands, der Einheit einer Gesellschaft, eines Vereins«(!) in Parallele zu setzen[4]; und die Reflexion auf den metaphysischen Charakter des Apostolats führt nur wieder zu der Behauptung, die Apostel schlössen sich »zu einer moralischen Einheit zusammen nach dem Vorbild der numerischen Einheit Petri« usw.[5] Die Einsicht in das grundsätzliche »Vorweg« des *sacramentum unitatis* leuchtet auf, kommt aber nicht zum Tragen; die aufdringliche »Eins« läßt die umgreifend-verbindende Macht der Einheit nicht aus sich selber wirken und verscheucht sie mit dem erhobenen Finger »Du sollst«.

Wichtiger ist, daß Koch das Moment der Ablösung der Kirche von Petrus in diesem Zusammenhang deutlich erfaßt. »Nicht Petrus ist die Wurzel und die Kirche der Stamm, sondern die Kirche ist Wurzel und Stamm«[6]. Daß Cyprian in c. 5 zwischen der Kirche und »ihren einzelnen Teilen und Gliedern« einen »ursächlichen Zusammenhang« sieht, daß ein solcher jedoch zwischen Petrus und der Kirche nach

---

[1] Cyprian und der römische Primat, S. 23—31.
[2] Primat S. 25.
[3] Ebd. S. 30.
[4] Ebd. S. 25.
[5] Ebd. S. 30.
[6] Ebd. S. 26 (Sperrung von mir).

un. 4 gerade nicht besteht, hat Koch vorzüglich herausgestellt[7] — mit der Einschränkung, daß das »aus innen« geschehende, »organische« Wachstum der Kirche deutlicher hervortreten müßte. Hierher gehört auch die Bemerkung, daß von einer auf Petrus allein zurückgehenden »Episkopatskette« nicht die Rede ist[8]. — Der Energie, mit welcher Koch den Erstapostel (insofern ihm die Funktion eines »Einheitspunktes« zugemutet wird) von der Kirche löst, entspricht der richtige Impuls, die Kirche ihrerseits von Petrus weg auf sich selbst und in ihr Eines zu sammeln: »Einen besonderen Einheits- und Mittelpunkt in der Gesamtkirche kennt oder berücksichtigt Cyprian nicht. Die katholische Kirche mit ihrem einen und ungeteilten Episkopat ist als solche der feste Einheitspunkt in der Vielheit der Erscheinungen«[9].

Die ekklesiologische Differenz scheint zum Greifen nahe — und doch schlägt die Distanzierung Petri von der Kirche nicht, wie es sein müßte, zur Einbeziehung des Ersterwählten in die »sakramentalisch« geeinte Gemeinschaft der Bischöfe um, sondern bleibt bei der monotonen Behauptung stehen, Petrus sei »durch die zeitliche Priorität und zeitweilige Singularität seiner Bevollmächtigung für immer der lehrreiche Typus der kirchlichen Einheit«[10]. Und der Versuch, die Kirche zu sich selbst zu versammeln, läßt diese nicht in ihrem Geheimnis ruhen, sondern verfängt sich zuvor in den Verstrebungen ihrer soziologisch-hierarchischen Außenseite. Für Koch liegt »das Moment der ... Einheit in der geschlossenen Gesamtkirche«, und er versteht hierunter die zur Summe addierte »Vielheit ... der verschiedenen Gemeinden und Personen«[11].

Bei seiner Auslegung von un. 4 hat Koch das *sacramentum unitatis* auf die numerische Einheit des zuerst Erwählten reduziert. Im fünften Kapitel ergab sich die Möglichkeit, das Ableiten von der unverfügbaren zur vorfindlich-demonstrierbaren Kirche in einem parallelen, dem Zusammenhang entsprechend anders gelagerten Vorgang zu wiederholen: es ist nur konsequent, daß Koch diese Gelegenheit beim Schopfe ergriff. Das Kapitel handelt nicht mehr von Petrus und Kirche, sondern von Episkopat und Kirche. Wirklich liest man bei Koch: »Der

---

[7] S. 26f.

[8] S. 28.

[9] S. 26.

[10] S. 27.

[11] S. 25. Vgl. S. 28: »Das Moment der Einheit liegt nicht im Ursprung (Koch wird durch seine Gleichung *origo = Petrus* zu dieser Negation gedrängt), sondern im Episkopat als solchem, in der bischöflichen Gewalt als solcher und in der Gesamtheit der Bischöfe.« S. 38: für Cyprian sei »der Gesamtepiskopat Einheits- und Mittelpunkt der Kirche«. S. 44: »Wie Petrus ... numerisch einer war, so soll die Kirche auch bei der Vielheit der Träger der Kirchengewalt moralisch und solidarisch eine bleiben.«

,episcopatus unus'[12] ist gleich der *,ecclesia una'*«[13], »beides« sei der »Gegenstand«, der durch die von Cyprian im folgenden gebrauchten Bilder »beleuchtet« werde[14]. Wird damit das *sacramentum* der Kirche auf die (moralische) Einheit des »Episkopats« reduziert, so ergibt sich: »Nicht der römische Bischof ist der Einheitspunkt, sondern der geschlossene Episkopat, die Gesamtheit aller Bischöfe«[15]. Der »Einheitspunkt« wird derart verschoben, daß ein Vorfindliches an die Stelle des anderen tritt: ist's nicht der ausgezeichnete Eine, so sind es die gleichgestellten Vielen. Damit stimmt zusammen, daß Koch, dessen gründliche Textkenntnis uns darüber belehrt, daß »*episcopatus*« bei Cyprian immer die Bedeutung des Amtes (niemals die der Amtsträger) hat[16], gleichwohl diesen Begriff ständig zum Anlaß nimmt, von der »Gesamtheit der Bischöfe« zu sprechen[17]. Hier haben wir die bis zum heutigen Tage geltende *communis opinio* (soweit es die nichtrömische Auslegung betrifft): nicht zwar Petrus, aber die Gesamtheit der unter sich gleichgestellten Bischöfe macht die Kirche Cyprians aus; in dem Maße, als die »moralische Einheit« der Bischöfe gesichert ist, ist die Einheit der Kirche gewährleistet. Dies ist zwar ein richtiger Aspekt, aber es ist nicht der wichtigste — Cyprian empfindet es anders und tiefer[18].

Quam unitatem tenere firmiter et vindicare debemus, maxime episcopi qui in ecclesia praesidemus[19]: der relativische Anschluß bezieht sich auf das im vierten Kapitel erwiesene *sacramentum* der Einheit, das der Apostel lehrt, der Geist bezeugt, das der Herr in seiner Wirklichkeit auf Petrus vor Augen gestellt und danach allen Aposteln gleichermaßen anvertraut hat. Der zuerst Erwählte ist in die bei allen Aposteln und Bischöfen gegenwärtige Einheits-Macht zurückgenommen, und so ist, wenn man, was Cyprian einfältig ausspricht, zur Klarheit des Gedankens erhebt, die Eine Kirche erst eigentlich zu sich selbst gekommen. So stark Cyprian auf der apostolischen Sukzession

---

[12] P. 214, 1.

[13] P. 214, 2.

[14] Primat S. 26 (Sperrung von mir), vgl. S. 28 in.

[15] Ebd. S. 29.

[16] Ebd. S. 28, Anm. 1, vgl. Cathedra Petri S. 65.

[17] S. 28, Anm. 1: »In der praktischen Anwendung kommt also bei Cyprian die eine Bedeutung auf die andere hinaus, und wir können, ohne von seinen Gedanken abzubiegen, vom ,Episkopate' reden mit dem Doppelsinn des Bischofsamtes und der geschlossenen Gesamtheit der Bischöfe.«

[18] So weit ich zu sehen vermag, sind vor allem Alexander Beck und Hans Freiherr von Campenhausen der Doppelseitigkeit des cyprianischen Kirchenbegriffes nahegekommen. Auch bei Karl Adam finden sich treffliche Bemerkungen.

[19] Un. 5 = p. 213, 14f. Auch dieser Satz gehört noch, wie alles folgende bis p. 214, 1 (*corrumpat*) zum T.R., vgl. oben die Einleitung, Anm. 11, und den Anhang am Schluß dieses Buches.

insistiert[20] — wo die Kirche als *sacramentum* erscheint, ist sie »auf einmal« da, wie sie »einmal« auf Einem gewesen ist. Es gibt von dieser Seite betrachtet im Grunde kein normatives Früher im Gegensatz zu einem bloß abgeleiteten Später: die Kirche ist ein lebendiges einiges »Jetzt«, dem die Späteren wie die Früheren gleichermaßen gehören[21].

Bedingung ist, daß sie die Einheit bewahren. Zwar liegt der Gedanke fern, die Eine Kirche könne durch Uneinigkeit zerrissen werden[22]: sie kommt ja vom Himmel, vom Vater — wer sie empfängt, kann sie nur ganz oder gar nicht besitzen[23]. Aber die Gläubigen und insbesondere die Bischöfe haben sie wohl in acht zu nehmen, wenn sie dieser Einheit zu ihrem Heile gehören wollen. »An dieser Einheit müssen wir mit Festigkeit halten, sie haben wir in Schutz zu nehmen — zuvörderst wir Bischöfe, die wir in der Kirche den Vorsitz führen, damit wir so auch das Bischofsamt als Eines und unteilbar beweisen. Keiner betrüge die Brüder mit Lügen, keiner verderbe den wahren Glauben durch ketzerische Übertretung«[24]! Die Mahnung, den Brüdern ohne Falsch zu begegnen und am wahren Glauben festzuhalten, gibt sich als Erläuterung des *unitatem tenere firmiter et vindicare* p. 213, 14. Im Zusammenhang kann sie sich nur auf die Abwehr häretischer oder schismatischer Bischöfe beziehen, die durch Errichtung einer Pseudokirche die Gläubigen *(fraternitas)* der *veritatis origo*[25] abspenstig machen[26]. Halten aber die Bischöfe an dieser, das heißt am *sacramentum unitatis*[27] fest, so ist damit zugleich der Zweck erfüllt, auch das Bischofsamt als eines zu erweisen *(ut episcopatum quoque ipsum unum adque indivisum probemus,* p. 213, 15).

Bévenot möchte diesen Passus folgendermaßen erklären[28]: »We Bishops, i. e. all of us, have a special duty to maintain this unity (whatever it is supposed to be), in order that our common action with regard

---

[20] Vgl. oben Kap. 4, Anm. 16.

[21] Vgl. ep. 71, 3 = p. 773, 11ff. Petrus, obwohl (im zeitlichen Sinne) »*primus*«, nahm diesen *Primatus* nicht in Anspruch und verlangte nicht, daß Paulus als ein *novellus* und *posterus* ihm gehorchte.

[22] Un. 6 = p. 215, 6ff.

[23] Un. 7 = p. 215, 19ff. Hier wird mit den Worten *unitatem ille portabat de superiore parte venientem etc.* Christus eingeführt, der die praeexistente Kirche wie sein Gewand vom Himmel zur Erde bringt (allegorische Deutung von Joh 19, 23f.). Der ganze Komplex (insbesondere auch das Motiv des Gewandes in dieser Verwendung) bedarf einer eigenen Untersuchung. Vgl. unten Kap. 7 Anm. 40.

[24] P. 213, 14ff.

[25] Un. 3 = p. 212, 3.

[26] Eine Veranschaulichung findet man ep. 65, 4, vgl. oben Kap. 1, Anm. 41.

[27] Zum Verhältnis von *origo veritatis* zu *sacramentum unitatis* vgl. oben Kap. 2, S. 35ff.

[28] Analecta Gregoriana XI, 1938, S. 71f (der Titel oben Einl. Anm. 2).

to it may prove to the world our union among ourselves«. Das gemeinschaftliche Festhalten an der Einheit (deren Bedeutung der Verfasser offenläßt) demonstriert vor der Welt, daß die Bischöfe sich vertragen: man sieht, daß auch Bévenot es mit der moralischen Einheit hat. Daß die Kirche es nötig hätte, der »Welt« ihre Einigkeit zu beweisen, ist freilich ein von der modernen Christenheit geschätzter Gedanke[29]. Dem Bischof von Karthago liegt er fern — seine Kirche versammelt sich in ihr eigenes Wesen und bedarf nicht des besorgten Spähens nach der Profanität[30]. Wenn man unsere Stelle angemessen erklären will, so darf man vor allem die zweifellos beabsichtigte Parallelität zwischen dem *probare episcopatum unum adque indivisum* (p. 213, 15f.) und der *probatio ad fidem facilis* (p. 212, 7) nicht übersehen. Auf der Basis von Mt. 16 läßt sich die Kirche als Eine erweisen — nun sollen die Bischöfe, indem sie gemeinschaftlich an dieser Einen Kirche festhalten, auch das Bischofsamt als Eines erweisen. Bévenot übersieht hier, daß »*episcopatus*« nicht die Gesamtheit der Bischöfe, sondern das Amt bezeichnet[31], und daß schon der Zusammenhang den *episcopatus unus adque indivisus* auch qualitativ dem *sacramentum unitatis* an die Seite rückt.

Die doppelte *probatio* zeigt, wie abwegig es ist, die *ecclesia* mit dem *episcopatus* einfach zu identifizieren[32]. Aber auch Odo Casels Formulierung, der *episcopatus* sei die »Folgerung« der *ecclesia una*[33], ist, abgesehen von ihrer begrifflichen Unklarheit[34], nicht sehr glücklich, wenn man sich erinnert, daß nach un. 4 der Herr die Kirche in der Weise auf Petrus erbaut, daß er diesen mit dem Amt der Schlüssel betraut[35]. Eher müßte man daher umgekehrt sagen, die Kirche sei die »Folgerung« des Bischofsamtes, aber auch dies wäre natürlich Unsinn, da für Cyprian die Kirche und das Amt von vornherein so unvermischt wie ungeschieden zusammengehören[36]. Der chiastische Aufbau von

---

[29] Sie darf sich dabei auf Joh 17 21. 23 berufen. Aber sie sollte sich die Einfalt des ὡς μή bewahren, ohne welche die Manifestation zur Propaganda wird.

[30] Die ruhige Sorgfalt, mit welcher Cyprian in ep. 5 die Weisung erteilt, den christlichen Gebräuchen (Besuch der Gemeinde bei den Konfessoren im Kerker usw.) zu folgen, aber so, daß den Behörden kein Anstoß gegeben wird, ist für Cyprians Haltung zur »Welt« überhaupt bezeichnend. Man arrangiert sich mit ihr nach Möglichkeit, man hilft wo es geht (so während der Pest), aber man weiß, was man der Würde der Kirche schuldig ist und ist am Drinnen, nicht am Draußen orientiert. Daß Cyprian gleichwohl, durch die Verkirchlichung staatsrechtlicher Begriffe (vgl. Becks Untersuchung), die Welt in die Kirche zieht, steht auf einem anderen Blatt.

[31] Vgl. oben S. 73 bei Anm. 16.

[32] Vgl. oben S. 73 bei Anm. 13.

[33] Odo Casel, Eine mißverstandene Stelle Cyprians, RevBén 30 (1913) 415.

[34] Ist die »Folgerung« ontologisch oder logisch oder moralisch gemeint?

[35] Vgl. oben Kap. 3, Anm. 49.

[36] Vgl. oben die Einleitung, Anm. 25.

c. 5 in. zeigt deutlich, daß zwei unterschiedene, aber auf einmal gegebene Instanzen ins Auge gefaßt sind:

A. *Quam u n i t a t e m tenere firmiter et vindicare debemus* (Kirche) —
B. *maxime e p i s c o p i qui in ecclesia praesidemus* (Bischofsamt) ....
B. *episcopatus unus est, cuius a singulis in solidum pars tenetur* (Bischofsamt) —
A. *e c c l e s i a una est, quae in multitudinem latius incremento fecunditatis extenditur* (Kirche) .....

Es ist sinnlos, das wechselseitige Verhältnis beider Instanzen über den Text hinaus zu ergrübeln. Wir hören: die Bischöfe nehmen die vorgegebene Einheit in Schutz und liefern damit den Beweis, daß auch das Bischofsamt eines ist. Daß die Kirche Eine sei, wurde durch Mt 16 »bündig «erklärt. Für das Amt stehen Cyprian offenbar keine brauchbaren Schriftstellen zur Verfügung, er bedarf ihrer auch nicht, weil das Amt Mt 16 18f. (Verleihung der Schlüsselgewalt) bereits mitgemeint ist. Die Einheit wird nun in praxi erwiesen, und dieser Erweis ist in der Tat eine »Folge« des Zusammenstehens der Amtsträger[37].

Das Amt als solches ist dagegen im vorhinein Eines, wie die Kirche im vorhinein Eine ist. Daß aber das Bekenntnis zur Einen Kirche den Erweis der Einheit auch des Amtes ohne weiteres nach sich zieht, hat offenbar darin seinen Grund, daß Kirche und Amt (als »Zweiheit in Einheit«) ursprünglich zusammengehören. Mit der Kirche wird zugleich auch das Bischofsamt behauptet, wie mit dem Amt zugleich die Kirche verteidigt wird[38]. Will man ein übriges tun, so mag man den *episcopatus* als stabiles, das *sacramentum* (die *origo*) als vitales Moment der Einen Kirche betrachten. Doch ist durch die Unmöglichkeit, eines ohne das andere zu haben, erwiesen, daß das *sacramentum* a n d e r W u r z e l d e s *episcopatus* ist: man kann von diesem nicht ohne Rücksicht auf jenes sachgemäß sprechen.

Eine bis heute nicht völlig beseitigte *crux interpretum* ist der Satz p. 214, 1: *Episcopatus unus est, cuius a singulis in solidum pars tenetur*[39].

In seiner ersten Monographie übersetzt Koch: »Das Bischofsamt ist eines, und die einzelnen besitzen davon einen Teil nur im Zusammenhang

---

[37] Hier steckt das Quentchen Richtigkeit in Bévenots oben (S. 74 f.) zitierter Bemerkung, aber auch in seiner Erwiderung an Casel, a. a. O. S. 72, Anm. 10: »That the *episcopatus is unus adque indivisus* is a ‚Folgerung‘ not of the Church’s being one, but of the action of the bishop(s) maintaining that the church is one.« Nur liegt die »Folgerung« nicht in der Einheit, sondern in deren Erweis!

[38] Für den zweiten Gesichtspunkt ist wieder ep. 33, 1 die Kernstelle, nur daß hier das *sacramentum unitatis* noch nicht zur Sprache kommt (le Moyne a. a. O. S. 81 f.).

[39] Einige nützliche Hinweise zur Literatur und zu deren Hauptthesen bei Klein, a. a. O. S. 56, Anm. 30. Ich beschränke mich hier auf die Skizzierung der wichtigsten Gesichtspunkte.

mit dem Ganzen[40].« Jeder Bischof hat den vollen Episkopat, d. h. »die Fülle der apostolischen Gewalt«. Die Teilung (*pars tenetur*) ist nicht sachlich, sondern geographisch zu verstehen[41]. »Jeder Bischof hat teil an der bischöflichen Gewalt ,*in solidum*‘, d. h. zum Ganzen hin, sofern er mit dem Gesamtepiskopat in Verbindung steht[42]«. »*Solidum*« ist also hier für Koch die Gesamtheit als Summe aller Bischöfe[43].

Odo Casel betrachtet »*in solidum*« als eine »besonders von den Juristen, und zwar gewöhnlich in Verbindung mit *singuli* (oder *quisque, unusquisque*), gern gebrauchte Formel, durch die sie kurz bezeichnen, daß ein Recht oder eine Pflicht mehreren Personen in gleicher Weise so zukommt, daß jeder das ganze Recht oder die ganze Pflicht besitzt«[44]. Auch an unserer Stelle geht es um das *ius* des *episcopatus*, um *singuli* und *in solidum*. Man hat zu übersetzen: »Der Episkopat ist einer, und die einzelnen haben in gleicher Weise so Anteil daran, daß jeder den ganzen besitzt[45]«. Bévenot tadelte an dieser Erklärung die Verdrängung des Wortes »Teil« durch »Anteil« (*partem tenere = participem esse*)[46].

Nach Alexander Beck »greift Cyprian in origineller Weise zum Solidarbegriffe des römischen Privatrechtes«[47]. Beck übersetzt: »Der Episkopat ist eine Einheit, ein Ganzes, und jeder einzelne der Bischöfe hat an ihm ,*in solidum*‘ teil[48]«. Leider bleibt die entscheidende Formel gerade unübersetzt, doch bietet Beck eine ausführliche Erläuterung. Zwei Gesichtspunkte sind für den Begriff der Solidarität maßgebend: »Bei zusammenhängendem Schuldgrund« steht »entweder auf der Gläubiger- oder Schuldnerseite eine Mehrheit von Personen«. Dem entspricht, daß Cyprian »jedem Bischof den ganzen Episkopat« verleiht, daß er aber zugleich auch »Gewicht auf einen ,genossenschaftlichen‘ Zusammenhang der einzelnen Amtsträger untereinander« legt[49]. Wie von jedem der solidarisch haftenden Schuldner die ganze Leistung gefordert werden kann, zugleich aber alle Schuldner in einem solidarischen Schuldnexus untereinander stehen, so hat jeder einzelne Bischof das ganze und unteilbare Bischofsamt für sich, steht aber zugleich mit den übrigen Trägern des Amtes in persönlicher Bindung. Von hier aus lehnt Beck die sachenrechtliche Deutung der Formel ab, weil diese gerade die persönliche Bindung untereinander ausschalte[50] — Bévenot tadelte,

[40] Primat S. 23.

[41] Ebd.

[42] Ebd. S. 28.

[43] Über die Kochs Abhandlung vorausgehenden Meinungsäußerungen referiert ausführlich Casel a. a. O. S. 416 ff. Vgl. auch Timotheus Zapelena, Petrus origo unitatis apud S. Cyprianum, Gregorianum 16 (1935) 205 ff. Daß Casel (ohne es zu wissen) Vorgänger hatte, notiert le Moyne a. a. O. S. 105.

[44] A. a. O. S. 418.

[45] Ebd.

[46] Casel S. 418, Anm. 2. Bévenot, In solidum and St. Cyprian, a correction, in: Journal of Theological Studies 6 (1955) 246, Anm. 2.

[47] In der oben, Einl. Anm. 4 zitierten Abhandlung S. 153.

[48] Ebd.

[49] Ebd. S. 154.

[50] S. 155, Anm. 4.

daß Beck die Frage, was »*pars*« bedeute, überhaupt ignoriere[51]. Übrigens macht Beck geltend, man dürfe den Theologen Cyprian nicht für alle aus der von ihm aufgegriffenen Rechtsformel sich ergebenden Konsequenzen verantwortlich machen[52].

Koch wollte in seiner zweiten Monographie[53] die juristische Bedeutung der Formel »*in solidum*« nicht geradezu bestreiten[54], ihr aber auch kein allzu großes Gewicht beilegen. Sein Widerstand ist wohl vor allem Widerspruch gegen Caspars, von Beck[55] abgelehnte Behauptung, durch Casels Nachweis falle »eine der Hauptstützen der Kochschen ,Episkopaltheorie Cyprians'«[56] (so auch schon Casel selbst[57]). Der Sache nach ist Koch mit seinen neuen Formulierungen nicht weit von Casel entfernt: »Es gibt nur ein Bischofs- amt, aber viele Träger dieses Amtes[58].« Doch ist der umstrittene Satz gewiß mißverstanden, wenn es heißt: »Das Einzelbischofsamt verhält sich zum *unus Episcopatus* wie die Einzelkirche zur *una Ecclesia*[59].« Denn die Sonde- rung eines partiellen Bischofsamtes von dem in seiner Einheit behaupteten universalen Amt wäre genau so uncyprianisch wie die Trennung der jeweili- gen Lokalkirche von der Universalkirche, da doch die Eine und einzige Kirche, die es gibt, in jeder Lokalkirche präsent, d. h. mit ihr identisch ist.

Auf die von Timotheus Zapelena (und Jean le Moyne) gegen Casel vor- gebrachten Einwände kann hier nur hingewiesen werden, weil eine Erörte- rung der juristischen Texte außerhalb des Rahmens dieser Abhandlung liegt[60]. Doch muß noch der genannten Untersuchung von Bévenot gedacht

---

[51] A. a. O. (vgl. Anm. 46).

[52] Beck S. 155, Anm. 1.

[53] Cathedra Petri S. 60ff. Becks Abhandlung lag Koch noch nicht vor.

[54] In seinen Nachträgen auf S. 182 holt er dies dann nach.

[55] Beck S. 155, Anm. 3.

[56] Caspar, Primatus Petri 283, Anm. 1.

[57] Casel 420: »Noch weniger hält die Rom ausschließende Episkopaltheorie Kochs stand, die in diesem Satze ihre Hauptstütze verliert.« Was Casel und Caspar meinen, ist einigermaßen unverständlich: denn ob man »*in solidum*« auf den »Gesamt- episkopat« in Kochs Sinne oder auf den »einzelnen Episkopat, das Bischofsamt, allerdings *in abstracto*« (Casel 419) bezieht, das berührt nirgends den gelungenen Nach- weis Kochs, daß Cyprian einen römischen Primat nicht kennt (und hierin besteht seine ganze sogen. »Theorie«).

[58] Cathedra Petri S. 63.

[59] Ebd. S. 64f.

[60] Zapelena a. a. O. S. 209 sagt mit Recht, die in dem strittigen Satz gemeinte Einheit des Episkopats sei nicht »*unitas quaedam abstracta*« (in diesem Sinne Casel, s. o. Anm. 57) *vel mere moralis* (in diesem Sinne Koch), *sed originis*«, wobei er nur, wie schon der Titel verrät, die *origo* mit Petrus identifiziert. In der Tat denkt Cyprian viel weniger an eine »*notio*« als an eine reale Wesenheit. Kirche und Amt sind ihm eine Realität *sui generis*, die er teils nach ihrer »ursprünglichen«, teils nach ihrer juristischen Seite beschreibt. — Zapelenas Deutung des »*in solidum*« (»*Ergo solidum significat compactam unitatem totius cuiusdam constituti ex pluribus partibus ideo coalescentibus in unum, quia una est omnium origo*«, S. 209) haftet noch an dem von Koch (und anderen) verteidigten Begriff und setzt ein falsches Verständnis von *origo* voraus (s. o.). Casels Interpretation hält der Verf. für »ingeniös«, mag sich aber

werden, in welcher dieser unermüdliche Gelehrte, eine frühere Äußerung korrigierend[61], nach einer genauen Prüfung der Texte zu dem Ergebnis kommt, daß »there seems to be no necessity to assign to his (sc. St. Cyprian's) use of ‚*in solidum*' any other meaning than that current among the lawyers of his time«[62]. Für den Verfasser ist die Beobachtung entscheidend, daß im Römischen Recht eine Verantwortlichkeit »*in solidum*« sich nicht unter allen Umständen auf mehrere Personen bezieht, daß ferner die Eigentümerschaft »*in solidum*« sich notwendig auf nur eine Person bezieht (ein Miteigentum an einer und derselben Sache ist ausgeschlossen). »*Solidum*« bezieht sich mithin auf eine Ganzheit, ohne daß notwendig an eine Mehrzahl von Personen zu denken wäre: »It refers to the object, not to the person (or persons) involved«[63].

Der von Beck[64] so stark unterstrichene Gedanke der »Solidarität« kann also beiseitebleiben. Dagegen bestätigt sich bis zu einem gewissen Grade Casels Ergebnis, dessen Irrtum Bévenot jedoch zu vermeiden weiß[65]. Der Verfasser weist an den von ihm vorgelegten Texten überzeugend nach, daß es sich bei Cyprian um eine besitzrechtliche Formel handelt: jeder Bischof besitzt (unter Ausschluß des Miteigentums) seine pars episcopatus »*in solidum*«, d. h. uneingeschränkt.

Hierbei entsteht freilich eine Schwierigkeit, deren Lösung durch Bévenot nun doch nicht einleuchten will. Der umstrittene Satz zerfällt nämlich nun in zwei »antithetical statements« und ergibt einen »paradoxen« Sinn[66]. Einerseits wird (*episcopatus unus est*) die Einheit des universalen Bischofsamtes behauptet, denn *episcopatus* bedeutet (wie Bénevot hier richtig erläutert[67]) »the episcopal power as exercised throughout the whole

---

nicht bei ihr beruhigen (210f.). Er bezweifelt überhaupt das Vorliegen einer juristischen Formel und bringt, hierin dann von le Moyne 105ff. unterstützt, eine Reihe von Einwänden, die sich mittlerweile erübrigen, da eine Untersuchung Bévenots die Lösung des Problems ermöglicht hat, vgl. unten S. 82f. und überhaupt die hier im Text folgende Erörterung. — Der Versuch Prosper Schepens', Saint Cyprien, Episcopatus unus est cuius a singulis pars in solidum tenetur (De Unitate Ecclesiae V), in RechScRel 35 (1948) 288f., das »*in solidum*« für »*in solido*« zu nehmen und zu übersetzen: »L'épiscopat ou l'ensemble des évêques est un parce que chacun détient une partie de tout«, scheitert allein schon an der irrigen Gleichung *episcopatus* = Gesamtepiskopat.

[61] Bévenot hatte in Anal. Greg. XI, 1938, 71 die Bedenken Kochs und Zapelenas gegen Casel geteilt und noch 1954 in seinem Aufsatz: ‚Primatus Petro datur', St. Cyprian and the papacy, Journal of Theological Studies N.S. 5, 1954, S. 28f. seine Meinung dahingehend präzisiert, es handle sich bei ‚*in solidum*' zwar um eine juristische Formel (»legal phrase«), die aber Cyprian schwerlich in juristischem Sinne verwende.

[62] Bévenot in seinem oben Anm. 46 genannten Aufsatz S. 248.

[63] Ebd. S. 244.

[64] Vgl. oben S. 77.

[65] Oben S. 77 bei Anm. 46.

[66] Bévenot a. a. O. S. 247.

[67] Vgl. dagegen oben S. 75 bei Anm. 31.

church«[68]. Andererseits handelt es sich um »Teile« des Bischofsamtes, die alle einzelnen Bischöfe jeweils »*in solidum*« besitzen, d. h. jeder Bischof ist in seiner Diözese der alleinberechtigte Inhaber der ganzen bischöflichen Gewalt. So hat man zu übersetzen: »The episcopal authority is a unity, and yet part of it (divided locally[69] in dioceses) is held by each individual bishop in totality[70].« Das »*in solidum*« ist also streng nur innerhalb der Grenzen des Relativsatzes (*cuius a singulis in solidum pars tenetur*) zu halten und nur auf *pars*, nicht auch auf *episcopatus* zu beziehen[71].

Der Verfasser meint, die im Zusammenhang der Einheitsschrift wichtige Unangefochtenheit des Einen rechtmäßigen Bischofs innerhalb seines Amtsbereichs werde auf diese Weise von Cyprian mit Nachdruck hervorgekehrt[72]. Aber die Einwände melden sich rasch. Gewiß ist — die vorliegende Untersuchung ist darum bemüht es zu zeigen — Cyprian einer echten Paradoxie fähig. Aber die von Bévenot in Einem Satz zusammengebundenen »two antithetical statements« ergeben gar keinen echt »paradoxen« Sinn. Einerseits soll Cyprian die (doch wohl im »metaphysischen« Sinne!) unteilbare[73] Einheit des Bischofsamtes behaupten, andererseits das Eine Amt in (geographisch getrennte) Teile zersplittern und jedem Bischof einen »ganzen« Teil in die Hand drücken. Was ist hieran paradox? Dieser Konnexus zweier inkommensurabler Größen ist vielmehr ungereimt. Man fragt sich, welche Überzeugungskraft dem Satz noch innewohnt, wenn die metaphysische Einheit des episcopatus zwar behauptet, die für den Zusammenhang nach Bévenot so wichtige Einherrschaft des Bischofs in seinem Amtsbereich aber beziehungslos danebengestellt wird, weil der besitzrechtliche Terminus fordert, daß nicht mehrere zugleich, sondern immer nur Einer seine *pars* »*in solidum*« besitzt, infolgedessen der *unus episcopatus* als Gegenstand des Besitzes gar nicht in Betracht kommen kann. Davon ganz abgesehen, daß es eine prononcierte Unterscheidung des Ganzen von seinen Teilen (die in sich auch wieder »ganz« sein sollen) im Zusammenhang der Einheitsschrift sonst nirgends gibt: die durch das Gewand Christi versinn-

---

[68] A. a. O. S. 247.

[69] So interpretierte auch Koch, vgl. oben S. 77 bei Anm. 41.

[70] A. a. O. S. 247.

[71] Ebd.: »The fact that, from the general context, ›*episcopatus unus est*‹ cannot refer to the local episcopate (vgl. oben Anm. 69), confirms our conclusion that the two halves of our sentence refer respectively to the whole church and to the local church. The difficulties that have arisen over it have been due to ascribing both halves to one or the other, or at least to treating the second as an explanation of the first.«

[72] Daß Bévenot den P.T. als authentisch voraussetzt, hat für seine Interpretation offenbar doch sehr entscheidende Konsequenzen. Er identifiziert zwar die im P.T. beschworene *cathedra Petri* in dem Sinne mit dem »*episcopatus unus*«, daß es sich um das Bischofsamt schlechthin handle (247). Aber die Bindung dieser universalkirchlichen (nicht papalen) *cathedra* an Petrus hat eben doch zur Folge, daß die Einheit des Bischofsamts nach ihrer »metaphysischen« (d. h. von Petrus abgelösten) Seite nicht deutlich erfaßt und folglich die Summe der übrigen »Ämter« in ihre *partes* definitiv zergliedert wird.

[73] P. 213, 16: *unum adque indivisum*. Diese Worte fallen für Bévenot unter den Tisch, weil sie zum T.R. gehören.

bildete *tota et solida firmitas* des siebenten Kapitels[74] bezieht sich ja gerade auf die Eine Einheit, neben der es keine »Einheiten« geben kann.

So scheint also, wenn man dem Kontext gerecht zu werden sucht, nur die Auskunft zu bleiben, das als solches von Bévenot zweifellos richtig interpretierte *»in solidum«* in hergebrachter Weise auf die jeweilige *pars* des *episcopatus*, und das heißt: auf diesen selbst zu beziehen. Hierfür spricht auch schon die Parallelität der Sätze:

episcopatus unus est cuius a singulis in solidum pars tenetur,
ecclesia una est quae in multitudinem latius incremento fecunditatis extenditur.

Die Kirche ist Eine, gerade auch dort, wo sie sich »zur Menge dehnt«: sie entäußert ihr Eines in das aus ihrer Fruchtbarkeit wachsende Viele, ohne die ihr stets gegenwärtige origo (die sie ja selber ist!) zu verlieren. Und das Bischofsamt ist Eines, gerade auch dort, wo es von je Einzelnen zu ihrem Teile besessen wird.

Wenn man freilich beide Aussagen so nebeneinanderstellt, so fehlt der zweiten etwas Wesentliches. Die Kirche scheint sich, fruchtbar, in das Viele[75] der *multitudo* zu verlieren; aber ihr »organisches« Wachstum hat schon dafür gesorgt, daß das Viele zum Einen stets schon zurückgenommen ist. Dem episcopatus wohnt dagegen nichts »Organisches« inne, er wird tradiert und akzeptiert, der einzelne hält ihn für sich fest. Da ist es die Formel ,*in solidum*', die das ins Einzelne fast schon zersplitterte Eine zu sich selbst, zum Ganzen und Festen[76] zurückkehren läßt. Scheint also der strittige Satz ein eindrückliches Beispiel für die Art, wie Cyprian »mystisch« Erfahrenes in juristische Formeln kleidet, so bleibt doch immer noch die Frage, was der Satz (die besitzrechtliche Bedeutung von *in solidum* vorausgesetzt) gedanklich meint. Hier hat man sich der Bemerkung Becks zu erinnern, daß Cyprian die juristische Formel nach seinen theologischen Bedürfnissen modifiziert haben kann[77]. Was will er sagen? Daß das Amt, welches ein Bischof zu seinem Teile besitzt, das Eine, »ursprünglich« auf Petrus und die Apostel gegründete Bischofsamt ist, das »einmal« und »noch einmal« und »noch einmal« ist[78] und das doch immer das Eine bleibt. Alle einzelnen Bischöfe, so scheint es, besitzen ihren Teil — aber bei näherem Zusehen zeigt sich's, daß jeder einzelne dasselbe, das Eine und ganze besitzt. Ein Paradox in der Tat, aber ein wirkliches, das nicht, wie Bévenot will, den Satz auseinanderreißt, sondern seine Teile zu gegenstrebiger Einheit verbindet.

Man hat mich an dieser Stelle gefragt, weshalb ich überhaupt gegen Bévenot polemisiere, da ich zum Schluß doch offenbar zu demselben Ergebnis komme wie er. Der ganze Unterschied besteht darin (vgl. oben S. 80), daß Bévenot zwischen Bischofs-

---

[74] P. 215, 22.

[75] P. 214, 3: *multi.* 4: *multi.* 5: *plurimi . . . numerositas.* 6: *copiae largitate.* 12: *copia ubertatis.* 13: *largiter.*

[76] P. 215, 22 (vgl. o. Anm. 74).

[77] Oben S. 78 bei Anm. 52.

[78] Ep. 33, 1 = p. 566, 9 *inde per temporum et successionum vices episcoporum ordinatio et ecclesiae ratio decurrit.*

amt (*episcopatus*) und geographisch verstandenem Amtsbezirk (*pars*) differenziert und zwischen diesen beiden unvereinbaren Größen (das heißt: zwischen Qualität und Quantität) eine »Paradoxie« annimmt, die aber gar nicht zustandekommt, weil lediglich zwei verschiedenartige Aussagen nebeneinandergestellt werden, nämlich I) Das universalkirchliche Bischofsamt ist eines, II) Innerhalb seines (geographisch verstandenen) Amtsbezirks ist jeder Bischof alleiniger Inhaber der Amtsgewalt. Das sind zwei einleuchtende Feststellungen, die jedoch (wenn man den Satz in Bévenots Sinne, vgl. oben S. 79 f., sorglich getrennt hält) nicht nur nichts miteinander zu tun haben, sondern vor allem kein Paradox ergeben. Denn zum Wesen des Paradox gehört es, daß seine Aussage scheinbar gleichzeitig wahr und falsch ist[79]. Die echte Paradoxie des cyprianischen Satzes kommt heraus, wenn auch die *pars* nicht quantitativ, sondern qualitativ verstanden wird; wenn sich herausstellt, daß jeder Bischof in seinem Amt (*pars*) das eine universalkirchliche Bischofsamt (*episcopatus*) *in solidum* besitzt, obwohl[79a] es für diesen besitzrechtlichen Terminus konstitutiv ist, daß ein Mitbesitzrecht ausgeschlossen ist. In diesem echt paradoxen Sinne meint Cyprian seinen Satz, und die Paradoxie kommt dadurch zustande, daß man die beiden »antithetical statements« nicht in Bévenots Sinne getrennt hält.

Man hat sich damit abzufinden, daß Cyprian — ohne bei seiner Verwendung einer besitzrechtlichen Formel den Grundsatz von der Unmöglichkeit des Miteigentums zu verletzen![80] — seine Wahrheit in eine Form klei-

---

[79] In den Ephemerides Theologicae Lovanienses 42 (1966) 1, 186 (‚In solidum' et Collégialité) schreibt Bévenot: »Selon moi, Cyprien affirme ici deux choses, non pas une seule dont la seconde phrase serait l'explication. Il affirme d'abord l'unité du pouvoir épiscopal dans l'église universelle; ensuite il affirme l'unicité du pouvoir épiscopal dans l'église locale. Et c'est tout.« Dem Verfasser ist insoweit recht zu geben, als es sich in dem strittigen Satz tatsächlich nicht entweder um die allgemeine oder um die lokale Kirche handelt. Tatsächlich meint der Satz in seiner ersten Hälfte das Bischofsamt überhaupt, in der zweiten das Bischofsamt unter dem Gesichtswinkel der partikularen Kirche. Aber er meint das letztere so, daß in ihm paradoxerweise das Bischofsamt überhaupt »besessen« wird, und das ist etwas anderes, als wenn Bévenot l. c. p. 187 schreibt: »Selon moi le mot (sc. *episcopatus*) signifie ici: le pouvoir épiscopal total tel qu'il s'exerce sur l'église totale. De cette totalité chaque évêque exerce une part, c'est-à-dire, dans sa propre église.« Bévenot könnte, auf den puren Wortlaut des strittigen Satzes geblickt, recht haben, wenn nicht *a priori* feststünde, daß der *episcopatus* keine Quantität ist, die sich in *partes* aufspalten läßt. Auch der Kontext des 5. Kapitels der Einheitsschrift zeigt, daß der Gedanke an eine solche *itio in partes* ganz ferne liegt: Die Bischöfe sollen an der *unitas ecclesiae* festhalten und dadurch auch den *episcopatus* als *unum adque indivisum* erweisen. Denn tatsächlich ist ja der *episcopatus* Einer, *cuius a singulis in solidum pars tenetur*. Dementsprechend ist auch die Kirche eine usw. Der Tenor des Passus erfordert, daß auch die zweite Hälfte des strittigen Satzes mit der *probatio* der Einheit des Bischofsamtes zu tun hat. Wenn also die Formel ‚in solidum' nichts mit der von uns so genannten »Solidarität« zu tun hat, vielmehr eine besitzrechtliche Formel ist, die das Miteigentum ausschließt, so muß sie dem Gedanken der Einheit auf diejenige paradoxe Weise Ausdruck verleihen, die oben im Text verteidigt wird.

[79a] Oder: gerade weil!

[80] Auf Grund von Ulpian D 13, 6, 5, 15 *duorum quidem in solidum dominium vel*

det, deren scheinbarer Widerspruch den Wissenden verstehen läßt. Bévenots pünktliche Trennung der beiden Satzhälften hilft hier wirklich zunächst einen Schritt weiter, obwohl es ein Mißverständnis wäre, bei ihr stehenzubleiben. Die einzelnen Bischöfe besitzen je einen Teil, und gewiß *»in solidum«*, d. h. uneingeschränkt. Aber eben weil *a priori* (was nicht der Jurist, aber der Theologe erkennt) der Teil gleich dem Ganzen ist, besitzt jeder einzelne zu seinem Teil den *unus episcopatus »in solidum«*, d. h. jeder Bischof besitzt sein Amt im Sinne einer »pars pro toto«[81]. Die Verbindung der Formel mit dem *episcopatus unus* geschieht also nicht willkürlich oder nach bloßem Geschmack, sondern auf Grund der Einsicht, daß die *pars*, auf welche sich die Formel zunächst bezieht, sich nach rückwärts, in Richtung auf die *origo*, zum Ganzen weitet. Wie es scheint, hat sich die alte Streitfrage damit erledigt. Bévenot hat das große Verdienst, den juristischen Sinn der umstrittenen Formel abschließend geklärt zu haben. Die vorliegende Erörterung sucht darüber hinaus das theologische Paradox, das Cyprian durch die juristische Formel zum Ausdruck bringt, zu erfassen.

Gewiß begründet (und fordert) der jeweils vereinzelte Besitz des Einen Amtes nun auch den Zusammenhang der Amtsträger untereinander, und so ist c. 5 in. offenbar gemeint: die Bischöfe sollen an der Einen Kirche nicht nur in dem Sinne festhalten, daß jeder einzelne sich von der Einen Flamme bescheinen läßt; sie sollen sich auch sozusagen rings um die Flamme die Hände reichen und dadurch den Beweis führen, daß (mit der Einen Kirche) Ein Amt sie eint. Wer sich von dieser metaphysisch-moralischen (in Wirklichkeit: »sakramentalen«[82]) Einheit löst, von dem gilt: *alienus*

---

possessionem esse non posse (während der *usus in solidum* auch für mehrere möglich ist) ergab sich für Beck 155 Anm. 4, Cyprian hätte, »wenn man sachenrechtlich auslegen würde«, die Rechtsregel in ihr Gegenteil verkehrt, denn er meine dann: »Allen steht das ganze Eigentum zu.« Bévenot, von Prof. de Zulueta beraten (a. a. O. S. 247, Anm.), kam zu dem Ergebnis, es müsse heißen: Jedem steht seine *pars* als ganzes Eigentum zu. Eine einläßliche Besprechung einschlägiger juristischer Texte bietet Bévenot in dem o. Anm. 79 zitierten Aufsatz.

[81] Zapelena a. a. O. S. 211 findet es mit Recht schwierig, wie aus der unteilbaren Einheit des nach Casel »abstrakten« Begriffs des Episkopats gefolgert werden müsse, daß an einem und denselben Ort nicht auch mehrere Bischöfe sein können. Ähnlich le Moyne 106. Das Problem löst sich, wenn man sich vergegenwärtigt, daß es sich natürlich nicht um einen »Begriff« im blassen Verstande des Wortes (s. o. Anm. 60) handelt. Unter der für Cyprian selbstverständlichen Voraussetzung, daß 1. in der Lokalkirche die Eine Kirche präsent ist, mit dieser Einen Kirche aber 2. das Eine Bischofsamt »ursprünglich« verbunden ist, ergibt sich für Cyprian 3., daß in einem geschlossenen Amtsbereich (als pars pro toto) nur ein rechtmäßiger Bischof amtieren kann. Die »sakramentale« Einheit kann sich offenbar ihrem Wesen nach nur auf Einem niederlassen, und wo sie es mit Vielen zu tun bekommt, ist sie — sie selbst immer »noch einmal«. — Bei Bévenot handelt es sich dagegen um die von der Feststellung der Einheit des Bischofsamtes überhaupt losgelöste Behauptung, jeder Bischof besitze das Amt in seinem Bereich »ganz«. Das wäre die Fixierung eines Rechtsanspruchs, aber keine in Cyprians Sinne ekklesiologische Begründung.

[82] Alle Begriffe, die hier verwendet werden, sind unzureichend.

est, profanus est, hostis est (un. 6 = p. 214, 22). Er ist derjenige der *pacem Christi et concordiam rumpit* (p. 215, 2), der den Versuch unternimmt, die »mit himmlischen Geheimnissen zusammenhängende Einheit« durch das »Zerwürfnis miteinander im Streite liegender Willensrichtungen« zu zerreißen (p. 215, 6). — Und doch liegt in dem »lapidaren« Doppelsatz über Amt und Kirche der Ton nicht auf der »Solidarität« — Bévenot hat recht, wenn er die Objektbezogenheit des »*in solidum*« unterstreicht[83].

Die thematische wechselseitige Zuordnung von *episcopatus* und *ecclesia* begegnet in umgekehrter Reihenfolge, aber im gleichen Sinne wieder in der im Spätjahr 251[84] an Antonianus gerichteten ep. 55[85]:

a Christo una ecclesia per totum mundum in multa membra divisa, item episcopatus unus episcoporum multorum concordi numerositate diffusus.

Wie in un. 5 handelt es sich prononciert um die Kirche Christi, wie dort um die — wohlverstandene — »Teilung« der Einheit in die Vielheit. Der Aspekt des »*totus mundus*« besagt nichts über eine wie immer zu denkende »Weltzugewandtheit« der Kirche[86]. Im zweiten Satz bestätigt sich die oben gebotene Interpretation des »*in solidum*« als einer im Vielen das Eine meinenden Formel: ging aber dort die Bewegung von der aufgesplitterten Vielzahl zur im Einen bewahrenden Ganzheit zurück[87], so läuft hier der Richtungssinn des Satzes umgekehrt von dem Einen *episcopatus* zu seiner — wiederum wohlverstandenen — »Streuung« ins Viele. Das Moment des »Solidarischen« ist stärker als in un. 5 betont — eine Modifikation, die nicht ins Grundsätzliche reicht, aber doch möglicherweise die Erfahrungen des zurückliegenden Jahres 251 spiegelt. Die wechselseitige Zugehörigkeit (die »ursprüngliche« Verknüpfung) deutet das »*item*« an. So wenig eine pure Identität gemeint sein kann, so wenig auch an eine Vereinerleihung dem Range nach zu denken. Es handelt sich sozusagen um zwei Hypostasen in einer Substanz — vom Himmel (= *a Christo*) stammen sie beide, die Kirche und ihr Amt, aber die Reihenfolge der Sätze scheint zugleich anzudeuten, wie die Gewichte verteilt sind. Unter der Bedingung des Amtes ist das *sacramentum unitatis* bei den Menschen, aber in diesem ist der »Ursprung« gegeben, der alles aus sich entläßt, um es ins Eine und Ganze versammelt wiederzunehmen.

Nur scheinbar ist die umgekehrte Reihenfolge *episcopatus — ecclesia* in un. 5 ein Einwand: sie ergibt sich dort aus stilistischen Rücksichten und aus dem Gedankengang, die »Wertung« ist dieselbe. Das

---

[83] Vgl. oben S. 79 bei Anm. 63.
[84] Harnack Chronologie II 353 f.
[85] C. 24 = p. 642, 12 ff.
[86] Vgl. oben S. 74 f.
[87] Oben S. 81.

vierte Kapitel handelt nur einschlußweise vom Bischofsamt, sein Thema ist die *origo*, das *sacramentum unitatis*[88]. Der Anfang des fünften Kapitels bringt in einem Mittelteil die Applikation auf die Bischöfe, die ursprüngliche Verknüpfung von Kirche und Amt, Amt und Kirche wird in chiastischer Verschränkung ans Licht gehoben[89]. Aber nur, um in kunstvoller Anknüpfung an die zuletzt genannte *ecclesia*[90] in einem dritten Teil dieses aus beiden Kapiteln zusammengewobenen Komplexes zum Thema zurückzulenken und, nach Erledigung beider »*probationes*«[91], die Kirche des Ursprungs in ihrer unversieglichen, die häretischen und schismatischen Abtrennungen zum Verblassen bringenden Leuchtkraft zu preisen.

Die Kirche ist wie viele Strahlen aber Ein Licht: im Ursprung ist das Licht, das sich in die Strahlen verstrahlt. Die Kirche ist wie viele Äste aber Ein Stamm: im Ursprung ist der Stamm, von verläßlicher Wurzel getragen. Die Kirche ist wie viele Bäche aber Ein Quell: im Ursprung ist der Quell, der sich reichlich verströmt — »seine Einheit wird im Ursprung behalten«[92]. Der Strahl ohne Licht verblaßt — denn das Licht kann sich in sich selbst nicht zerteilen. So verdorrt auch der Ast ohne Stamm; der Bach ohne Quelle versiegt. Was die im Ursprung behaltene Einheit verläßt, wird zunichte, verlischt, vergeht. Von himmlischem Glanze verklärt breitet die Kirche ihre Strahlen über den Erdkreis aus: und doch ist es Ein Licht, das sich allüberallhin verschüttet, die Einheit des Leibes wird nicht getrennt. Ihre Zweige spannt sie über die ganze Erde in Menge hin, reichlich strömende Bäche spendet sie weit und breit. Gleichwohl ist es »Ein Haupt und Ein Ursprung und Eine fruchtbare Mutter, an Kindern reich: durch ihr Gebären entstehen wir, durch ihre Milch ernährt sie uns, durch ihren Geist empfangen wir das Leben«[93].

Ist es Kunst oder Natur, wie das Bild hier unvermerkt zur Sache hinübergleitet? Heißt es zuerst (p. 214, 3ff.), die Kirche sei Eine, *quomodo solis multi radii ... et rami arboris multi ... et ... de fonte uno rivi plurimi*; so wird gleich darauf (Z. 9ff.) die Kirche selbst zum Licht[94], zum Baum, zum Quell. Sie ist in ihrer den ganzen Erdkreis überflutenden Lebendigkeit so mächtig empfunden, daß der bloße

---

[88] Vgl. oben Kap. 3, Anm. 49.

[89] Oben S. 75 f.

[90] P. 214, 2: *ecclesia una est quae in multitudinem latius incremento fecunditatis extenditur, quomodo etc.*

[91] Oben S. 75.

[92] P. 214, 6: *unitas tamen servatur in origine.* — Zur tertullianischen Herkunft der drei Gleichnisse siehe Koch, Cathedra Petri S. 64 Anm. 1.

[93] P. 214, 13 ff.: *unum tamen caput est et origo una et una mater fecunditatis successibus copiosa: illius fetu nascimur, illius lacte nutrimur, spiritu eius animamur.*

[94] Dem *corpus solis* p. 214, 7 entspricht die *unitas corporis* Z. 11 f.

Vergleich nicht genügt. Ja es scheint: die Kirche ist als das wirkliche Licht, der wahrhaftige Baum, der eigentliche Quell erfahren. Hier wird nicht eines durch ein anderes gesetzt, sondern eines verstrahlt, verwächst, verströmt sich in ein anderes, das es noch selber ist. Doch hindert dies nicht das Bewußtsein einer anfänglichen Setzung kraft göttlicher *auctoritas* (p. 213, 2), ein daraus entspringendes intensives Fühlen des von einem bestimmten geschichtlichen Augenblick (Mt 16) an und doch, *post resurrectionem*[95], von allen Aposteln und Bischöfen her aus sich selber quellenden »Ursprungs«, in welchem sich Vergangenes und Gegenwärtiges merkwürdig verquickt. In lebendiger Vermannigfaltigung bleibt die Kirche vom Ursprung her sie selbst, sie fängt sich gleichsam in ihr Wesen zurück, wo sie sich ins Zahllose zu vergeuden scheint. Hier zwischen einer Innen- und einer Außenseite, zwischen Seele und Leib, zwischen *sacramentum* und Hierarchie noch trennen zu wollen, scheint, im Augenblick dieses selbstvergessenen Preisens, ein schulmeisterliches Beginnen: denn wenn der Mensch ans Wahre rührt, dann haben sich ihm die Gegensätze schöpferisch in Eines gesammelt.

Wie die Sonne (p. 214, 3) vom Himmel strahlt und in die fraglose Helle eines nicht endenden Tages stellt: so ist diese Kirche leuchtend vom Ur-Sprung her — den Häresien und Schismen vorweg, aber zugleich auch diese überholend und überwindend durch die übermächtige Strahlkraft ihrer Wahrheit und Einheit. Das Amt und seine Repräsentanten sollen diese Kirche »halten«, wie das Gebein den empfindlichen Körper hält. Was aber lebt, ist der Körper selbst — der Eine und ganze. Die Kirche Cyprians läßt sich nicht zum Kollegium der Bischöfe nivellieren: aber sie »ruht« auf ihm — sie hat ihr Wesen in ihm.

---

[95] Vgl. oben Kap. 4.

Sechstes Kapitel
Kochs zweite Deutung der Einheitsschrift

Die vorliegende Abhandlung unternimmt den Versuch, Cyprians Lehre von der Kirche unter den für den Kirchenvater selbst ausschlaggebenden Aspekt des als »*sacramentum*« begriffenen Ursprungs zu rücken. Die Interpretation gab sich vor allem als Kritik der von Hugo Koch in seinem ersten Cyprian-Buch gebotenen Deutung. Denn mit ihren Vorzügen und in ihren Grenzen — in ihrer eigentümlichen Stellung zwischen einer an der ekklesiologischen Relevanz Petri im direkten Sinne festhaltenden Auffassung einerseits, und einem die ekklesiologische Differenz zwischen Kirche und Kirchen-Mann mit »protestantischer« Schärfe behauptenden Verständnis andererseits — läßt sie das auf diesem Felde mögliche »Richtig« und »Falsch« besonders charakteristisch hervortreten. Dies war auch der Grund dafür, daß Kochs eigene spätere Modifikationen zunächst keine Berücksichtigung fanden. Genauigkeit und Gerechtigkeit erfordern jedoch, daß auch Kochs zweite Abhandlung, soweit dies in dem vorliegenden Rahmen geboten scheint, eine kritische Würdigung findet[1].

An Kochs erster Deutung hatte Chapman vor allem auszusetzen, daß sie dem »*super Petrum*« eine falsche Note verlieh[2]. Koch antwortete zunächst im Sinne seiner vorigen Ausführungen. So sehr er dabei gegen Chapman im Recht war, so wenig war er es mit seiner Bagatellisierung des »*super*«[3]. Die von ihm aus Cyprians Schriften beigebrachten Stellen haben nirgends die von ihm gewünschte Beweiskraft.

A. De hab. virg. 2 = p. 188, 6[4]: *quodsi in scripturis sanctis frequenter et ubique disciplina praecipitur et fundamentum omne religionis ac fidei de observatione ac timore proficiscitur etc.*

Koch stellt den Passus neben un. 4 (p. 213, 4): *exordium ab unitate proficiscitur.* Dies verrät an und für sich schon ein Mißverständnis: denn *exordium* meint dort die »sakramentalische« Kirche[5] — nicht Petrus. Der von Koch beabsichtigte Nachweis, *fundamentum* habe die Bedeutung von »*initium*«, hätte aber nur dann einen Sinn, wenn — wie Koch glaubt — durch die Parallelität der beiden Stellen

---

[1] Cathedra Petri S. 32 ff.
[2] Vgl. oben Kap. 3, Anm. 7.
[3] Vgl. oben Kap. 3, S. 49 ff.
[4] Cathedra Petri S. 40.
[5] Vgl. oben Kap. 2.

die Rede von **Petrus** als dem »*exordium*« bzw. »*fundamentum*« der
Kirche abgeschwächt werden könnte.

Im übrigen ist der ganze Nachweis verfehlt. Mit Recht verweist
Koch auf Testimonia III, 20, aber zu Unrecht interpretiert er das dort
im Titel *(fundamentum et firmamentum spei et fidei esse timorem)* vor-
kommende »*fundamentum*« nach den beiden folgenden Schriftzitaten:

> *Ps 111* 10 *initium sapientiae timor Domini;*
> *Prov 28* 14 *initium sapientiae metuere Deum.*

Die Regeln der Interpretation gebieten, den Ausdruck *(fundamentum)*
von dem mit ihm zum Hendiadyoin verbundenen »*firmamentum*« her
zu verstehen. *Firmamentum* ist ein Festes, in seiner Festigkeit Bleibendes. Dann kann auch *fundamentum* nichts Flüchtiges sein, und »*fundamentum et firmamentum*« bedeutet den »festen (Anfangs-) Grund«.
Ferner ist es im vorliegenden Falle geraten, die folgenden Bibelstellen
nach der die Absicht des Kompilators verratenden Überschrift zu
erklären, nicht umgekehrt die Überschrift nach den Bibelstellen,
nachdem man für diese einen Sinn postuliert hat. »*Initium*« bedeutet
also (im Sinne des Kompilators) in beiden Fällen den »festen (An-
fangs-) Grund«. Von hier aus ergibt sich das Präjudiz, daß auch in
hab. virg. 2 die Bedeutung von *fundamentum* nicht (worauf Koch
hinaus will) auf den bloß zeitlichen »Beginn« zu reduzieren ist: auch
dort ist der Anfangs-Grund der Frömmigkeit gemeint, wie auch der
Nachdruck anzudeuten scheint, der auf das Wort durch das nach-
folgende »*omne*« gelegt wird. »Wenn du fromm sein willst, so fürchte
zuvor Gott: so hast du einen **festen Grund**, auf dem du bauen
kannst.«

Der Sinn wird noch klarer, wenn man sich verdeutlicht, daß es sich bei
der Wendung »*fundamentum religionis ac fidei*« um einen Genitivus definitivus handelt. Was da aus »Ehrerbietung[6] und Furcht« hervorgeht, ist
nicht eine »Basis«, aus der dann, wie eine dritte Hypostase, der Glaube er-
wüchse. Aus *observatio* und *timor* entsteht ein guter »Glaubens-Fundus«,
mit dem man weiterkommen kann[7].

---

[6] *observatio* kann im Zusammenhang auch einfach »Regeltreue« heißen.

[7] Schon Zapelena in seinem oben, Kap. 5, Anm. 43 genannten Fortsetzungsartikel
(Gregorianum 15, 1934, 509ff.) hat Kochs Aufstellungen einer Kritik unterzogen.
Das in hab. virg. 2 gemeinte *fundamentum* sei nicht »*mera et chronologica . . . inchoatio*«,
es handle sich um ein »*saxeum sustentaculum*«, das *firmitas* verleihe. Auch der weitere
Kontext spreche gegen Koch, während der Rekurs auf die entfernte Testimonien-
stelle ihm nichts nütze: das von dort geholte doppelte *initium* sei nicht »*mere temporale*«, sondern »*initium ac fundamentum quoddam vere reale*«. Zapelena argumentiert
mehr vom Inhalt her, während hier vor allem das methodische Vorgehen beleuchtet
wurde.

Für un. 4 ist zu lernen, daß Cyprian sich in solchen, stilistisch verwandten Zusammenhängen gern des Wortes »*proficisci*« bedient. Eine sachliche Entsprechung liegt darin, daß auch das »*exordium*« von un. 4 nicht nur den zeitlichen »Beginn« bezeichnet: gemeint ist die Setzung eines vom Zeit-Punkt seines »Hervorgehens« an Dauernden[8].

Es wäre unfair, es Koch gegenüber bei dem Nachweis eines Verstoßes gegen freilich elementare hermeneutische Regeln bewenden zu lassen. Man hat hier zugleich wieder ein heilsam warnendes Beispiel dafür, wie ein vorgegebenes Interesse den Blick für die einfachsten Zusammenhänge verdunkelt. Petrus sei »Fundament«, sagen die Gegner. Petri Auszeichnung beruhe nur in seiner »zeitlichen Priorität«, sagt mit größerem Recht Koch. Beide Parteien verkennen die ekklesiologische Differenz, beide identifizieren daher auf ihre Weise die *origo* und das *exordium* von un. 4 mit Petrus. Also dürfen diese Ausdrücke für Koch nur die Bedeutung von »*initium*« haben, und dies wird durch vermeintliche Parallelen »bewiesen«.

B. De bono pat. 10 = p. 404, 2[9]: *Abraham Deo credens et radicem ac fundamentum fidei primus instituens etc.*

Nach Koch soll dies »einfach« heißen: »Abraham war der erste Gläubige«. Aber so ohne Pointe kann der Satz nicht sein. Zwar hat im Zusammenhang Abraham exemplarische Bedeutung (er gilt ja, mit Patriarchen und Propheten und allen Gerechten, als *figura Christi*, p. 403, 24) nur für die *patientia*, nicht für die *fides* (p. 404, 4f.)[10]. Aber bei dem von Koch zitierten Satze handelt es sich um eine den Gedankengang nicht berührende Charakteristik, derjenigen vergleichbar, mit welcher Cyprian so oft[11] Petrus als den bezeichnet, *super quem aedificavit Dominus ecclesiam suam*. Man wird daran erinnert, wie im Epos die Helden durch festgeprägte Epitheta nach der ihr Wesen auszeichnenden Seite (nach ihrer ἀρετή) gekennzeichnet werden. Petrus ist der, auf dem die Kirche »zunächst einmal« gestanden hat[12]. So wird Abraham derjenige sein, bei dem der Glaube »zunächst einmal« gewesen ist — nicht in dem gleichgültigen Sinne, daß er zufällig der erste Glaubende war, sondern so, daß von ihm her der Glaube »datiert«. Außerdem zeigt aber auch das Hendiadyoin »*radicem ac fundamentum*« (*instituere*), daß Cyprian über Abraham hinausdenkt. Denn man hat das strittige *fundamentum* von dem eindeutigen *radix* her zu erklären,

---

[8] Vgl. oben Kap. 2, S. 47.

[9] Cathedra Petri S. 41.

[10] Vgl. aber ep. 58, 5 = p. 660, 7: *imitemur Abraham Dei amicum qui non est cunctatus ut filium victimam suis manibus offerret, dum Deo fide devotionis obsequitur.* Dasselbe *exemplum* wird in der kirchlichen Unterweisung unter verschiedene Gesichtspunkte gerückt.

[11] Man zählt zehn Stellen, Koch Primat S. 45; Cathedra Petri S. 39 mit Anm. 3.

[12] Vgl. oben Kap. 3.

nicht umgekehrt für *fundamentum* die Bedeutung »*initium*« zu postulieren und diese dann auch für *radix* in Anspruch zu nehmen. Die Wurzel ist das Anfängliche, das hervorbringt und trägt, vgl. un. 5 = p. 214, 4: *robur unum tenaci radice fundatum*. Also ist *fundamentum* das anfänglich Tragende, der Anfangs-Grund.

Auch hier liegt ein explikativer Genitiv vor. Schon deswegen bedeuten *radix* und *fundamentum* nicht nur das zeitlich Erste, sondern das Grund-Legende, woran sich der Glaube der Späteren rückblickend orientiert[13]. Zu Unrecht wiest Koch den Gedanken an ep. 63, 4 zurück, wo Abraham als Vater und Repräsentant der Gläubigen erscheint[14]. Bei Abraham findet sich der Glaube zuerst, der seitdem bei den Gläubigen ist[15].

Als Parallele zu un. 4 kann auch diese Stelle nur in dem Sinne gelten, daß *radix* und *fundamentum* auf ein zuerst in der Zeit sich zeigendes Dauerndes gemünzt sind, an dem sich spätere Geschlechter rückblickend orientieren. Doch gibt es einen Unterschied, der die ekklesiologische Differenz noch stärker hervortreten läßt. Nach pat. 10 erscheint nämlich Abraham selbst als *instituens* des Glaubens, während in un. 4 die *dispositio* durch den Herrn getroffen wird (p. 213, 2). Das *sacramentum unitatis* tritt indirekt darin hervor, daß Petrus passiv bleibt. Der »Glaube« ist dagegen für einen Mann wie Cyprian der »Tugend« benachbart und viel mehr in die Entscheidung des Menschen gestellt.

C. De bono pat. 10 = p. 403, 26[16]: *Sic Abel originem martyrii et passionem iusti initians primus et dedicans etc.*

»Mit vier Ausdrücken ein Gedanke: Abel war der erste Märtyrer.« Aber in welchem Sinne? Abels Geduld stellt das erste exemplarische Leiden des Gerechten vor Augen, das sich später im Leiden Christi

---

[13] Dies ist überhaupt, wenn von Abraham die Rede ist, in der Alten Kirche so selbstverständlich, daß man kein Wort darüber verlieren sollte. Vgl. meine „Studien zu den Pauluskommentaren Theodors von Mopsuestia", BZNW 27, 1962, 163ff.

[14] P. 703, 16: *nam si Abraham Deo credidit et deputatum est ei ad iustitiam, utique quisque Deo credit et fide vivit iustus invenitur et iam pridem in Abraham fideli benedictus et iustificatus ostenditur, sicut beatus apostolus Paulus probat dicens:* Gal 3 6f. *cognoscitis ergo quia qui ex fide sunt hi sunt filii Abrahae etc.*

[15] Daß es sich um einen Genetivus explicativus handle, bemerkt auch Koch a. a. O., versteht ihn aber im Sinne des *initium*. Hierauf Zapelena a. a. O. 512 mit Recht: »*Si fidei est genitivus explicativus seu appositivus, ergo ratio fundamenti praedicatur de ipsa fide, quae non est quaedam inchoatio mere chronologica salutis, sed, ut ait Cyprianus, vera radix, hinc reale salutis fundamentum.*« Zutreffend fährt der Verf. fort: »*Habes hic ideam prioritatis temporalis coniunctam cum idea prioritatis causalis. Unde optime intelligitur quod Abraham sit verus Pater credentium, id quod ipse Cyprianus alibi egregie explicat*« (es folgt ep. 63, 4). Allerdings gilt eine »kausale« Priorität von Petrus gerade nicht, siehe gleich im Text.

[16] Cathedra Petri S. 42.

wiederholt und vollendet[17]. Auch von Abel gilt ja, wie von Abraham, daß er *figuram Christi (portabat)*, p. 403, 24. Merkwürdig, daß Koch hier nicht von einem »Typus« oder Vorbild sprach, obwohl er in diesem Falle das Recht dazu gehabt hätte[18]!

Wieder liegt ein Gen. def. vor, wieder geht es um den Augenblick, wo ein Dauerndes zum ersten Male sich zeigt (und dann da ist): Abel erschloß in seiner Geduld zuerst gleichsam die Möglichkeit des Leidens, die jeder wieder ergreift, der leidet wie er[19].

Auch Abel wird als *initians et dedicans* aktiv; dagegen wird das positiv nicht aufzuweisende *sacramentum unitatis* in un. 4 negativ daran kenntlich, daß mit Petrus ohne sein Zutun etwas geschieht.

D. Der Vergleich von ep. 58, 6 mit un. 4[20] ist dermaßen abwegig, daß es nicht einmal möglich ist, ihn zu widerlegen. Beide Stellen haben, von einer gewissen, in Cyprians Stil begründeten formalen Verwandtschaft abgesehen, keinerlei Berührungspunkte[21].

Koch zieht aus diesen Vergleichen den schon in seiner ersten Monographie verteidigten, an und für sich unanfechtbaren Schluß: der Satz »*super unum aedificat ecclesiam*« werde durch die beiden anderen Sätze: »*unitatis eiusdem originem ab uno incipientem sua auctoritate disposuit*« und »*exordium ab unitate proficiscitur*« interpretiert[22]. Gewiß sind »*incipere ab*« und »*proficisci ab*« auch im Sinne eines Beginnes in der Zeit zu verstehen, aber sie schließen das auf eine Dauer zielende »*super*« des dritten Satzes nicht aus, sondern ein. Hierin hat Chapman, hierin hat Zapelena recht, freilich mit der entscheidenden Einschränkung, daß das »*super*« nicht »ein für allemal«, sondern »ein-

---

[17] Ep. 6, 2 = p. 481, 23: *scientes ab initio mundi sic institutum ut laboret istic in saeculari conflictatione iustitia, quando in origine statim prima Abel iustus occiditur et exinde iusti quique et prophetae et apostoli missi. quibus omnibus Dominus quoque in se ipso constituit exemplum etc.* Deutlich steht Christus nicht in der von Abel herkommenden Reihe, sondern mit gleichsam umgewandtem Antlitz begegnet er ihr. Das »*exinde*« entspricht dem »*inde*« (*per temporum et successionum vices episcoporum ordinatio et ecclesia ratio decurrit*) von ep. 33, 1 (p. 566, 9). Das Martyrium kommt von Abel her wie die Kirche von Petrus (zur Einschränkung dieses Satzes siehe oben den Text).

[18] Vgl. auch die von Koch a. a. O. in seinem Sinne gewertete Stelle aus ep. 58, 5 (p. 660, 6): *Imitemur, fratres dilectissimi, Abel iustum qui initiavit martyria dum propter iustitiam primus occiditur.*

[19] Zapelena a. a. O. 512: Abels Geduld ist »*origo non mere chronologica, sed vere realis passionis et martyrii.*«

[20] Cathedra Petri S. 42f.

[21] Zapelena 512f.: »*Concedi utcumque potest in loco allato ostendi quandam similitudinem mere externam structurae grammaticalis cum loco de unitate ecclesiae ... Ergo ad cyprianicam notionem fundamenti stabiliendam totum hoc argumentum est prorsus ineptum.*«

[22] Cathedra Petri S. 43.

mal und noch einmal« gilt[23]. (Eigentlich ist nichts daran gelegen, ob man »auf« oder »mit« Petrus die Kirche beginnen läßt. Nur muß man diese Präpositionen mit dem ganzen Gehalt des von Cyprian empfundenen Paradoxon füllen.)

Im folgenden[24] versucht Koch den Nachweis, daß von Cyprians stilistischen Gewohnheiten aus die sachliche Identität der beiden Sätze p. 213, 1 und p. 213, 4 mit p. 212, 14 gegeben ist. An seinen Belegen ist weniger bemerkenswert, daß sie wieder so gut wie keine Beweiskraft besitzen, weil keiner von ihnen einen bloßen Pleonasmus bietet. Wichtiger ist, daß sich an ihrer Auswahl verrät, wie Koch immer noch die Kirche mit dem Amt bzw. mit Petrus identifiziert. Folgerichtig ist Petrus immer noch »Typus« und »Bild«[25], zu der bekannten Blütenlese vermeintlicher Analogien zu Petrus[26] gesellt sich noch die Arche Noah als Vorbild der Kirche[27]. Folgerichtig hält Koch an der Auffassung fest, das *caput divinae traditionis* aus un. 3 usw. bedeute die Heilige Schrift[28].

Indessen ist »Cathedra Petri« nicht ohne jeden Fortschritt in der Erkenntnis. Vor allem wird die schon in Kochs früherem Buch geäußerte Ansicht, Mt 16 18f. sei für Cyprian nicht ein »Wechsel auf die Zukunft«, vielmehr »wirkliche Machtübertragung und Anfang des Kirchenbaus«[29], genauer begründet, vertieft und modifiziert[30]. Koch kommt zu dem wichtigen Ergebnis, daß der Bau der Kirche auf Petrus »mit Mt 16 18f., noch vor der Bevollmächtigung der anderen Apostel, abgeschlossen und vollendet« gewesen sei. Seine früher geäußerte Vorstellung von Petrus als »erstem Baustein«[31] werde, so sagt Koch jetzt, »dem Gedanken Cyprians nicht gerecht«. »Die Kirche (ist) auf Petrus gebaut«, mit Mt 16 ist der Bau der Kirche auf Petrus »fertig«[32]. »So zeigt gerade diese Stelle[33] wieder, daß die ‚auf Petrus gegründete‘ Kirche schon Mt 16 18 eine fertige, vollkommene Größe ist«: wieder rührt Koch so hart an die Wahrheit, daß man versucht ist, »Feuer«

---

[23] Vgl. oben Kap. 4, S. 66.

[24] Cathedra Petri S. 44 ff.

[25] Ebd. S. 43, Anm. 1; S. 58, Anm. 4.

[26] S. 44, Anm.: Cant 6, Eph 4, Joh 19; dieselben Stellen um Rahab und das Eine Haus aus Ex 12 vermehrt S. 58, Anm. 4.

[27] S. 44, Anm.; S. 58, Anm. 4. Koch denkt an ep. 74, 11 = p. 809, 9: *quo brevi et spiritali conpendio* (= I Petr 3 20f.) *unitatis sacramentum manifestavit*. Noch wichtiger wäre der Hinweis auf ep. 69, 2, wo (p. 751, 15) die Arche expressis verbis als *»typus ecclesiae«* erscheint.

[28] Cathedra Petri S. 46, Anm. 1.

[29] Primat S. 15, Anm. 1.

[30] Cathedra Petri S. 47f. Koch meint freilich, diese Beobachtung sei »bisher nicht gemacht worden«. Er hat sich dabei selbst aus den Augen verloren.

[31] Vgl. oben Kap. 3, S. 61.

[32] Cathedra Petri S. 48f.

[33] Gemeint ist ad Fort. 11.

zu rufen. Der Einsicht in das »Fertige« des Kirchenbaus korrespondiert jetzt überdies die Erkenntnis, daß die Kirche nicht für immer »auf« Petrus bleibt[34]: in ep. 33, 1 habe Cyprian nur von der Bischofsreihe im Praesens, von Petrus dagegen im Perfekt gesprochen; Petri »Fundamentsein« gehöre der Vergangenheit an, es sei ein »Fundamentgewesen-sein« daraus geworden; die Erbauung der Kirche auf Petrus habe keine in die Gegenwart fortwirkende Bedeutung[35].

Verdächtig ist freilich, daß dem Ersterwählten ein »Fundamentsein« doch wenigstens für die Vergangenheit noch konzediert wird. Und wirklich — es ist ein Jammer, den fast vollendeten Flug zur Schau der Ideen sich wenden zu sehen —: Petrus ist »schon die ganze Kirche, sofern sie Inhaberin der Schlüsselgewalt, Amtskirche, Bischofskirche ist«[36]. Und abwärts geht's: »Mt 16 18 wurde die Kirche als e i n e geschaffen und in(!) dem e i n e n Petrus als erstem Bischof war die Kirche schon fertig«[37]. »Der eine, mit dem Apostelamt, d. h. dem Bischofsamt ausgestattete Petrus ist das *initium ecclesiae*«[38]. Da sind wir denn wieder bei der Gleichung *origo = Petrus* angelangt, und munter traben die Pferde des Seelenwagens zur alten Krippe zurück: »Wenn mit seiner Bestallung schon ‚die Kirche erbaut‘, wenn der eine Petrus schon die ganze Kirche ist, so kann er doch offenbar nur ihr Typ …«[39] — man muß abbrechen, um nicht immer dasselbe

---

[34] Vgl. Cathedra Petri 49, wo Koch zu ep. 43, 5 = p. 594, 5 (*una ecclesia et cathedra una super Petrum Domini voce fundata*) bemerkt: »Die Kirche ist ebenso ‚auf‘ Petrus gegründet, wie die *cathedra* ‚auf‘ ihn gegründet ist. So wenig diese *cathedra* im eigentlichen Sinne auf Petrus steht, ebenso wenig ruht die ganze Kirche für ewige Zeiten auf Petrus.« Abwegig ist freilich, daß Koch das »Bleiben« der Kirche auf Petrus, anstatt aus der Konsequenz des Gedankens, durch den Hinweis auf die Metapher des »Stuhles« abzutun sucht, der nicht »eigentlich« auf Petrus stehe.

[35] Irrig ist nur auch hier wieder die Trennung von Bischofamt und Kirche, die Koch — entgegen seiner sonstigen Neigung — in diesem Falle vornimmt, um die »Einheit« für Petrus zu reservieren, während er der bischöflichen Gewalt eine Art fortzeugender Kraft konzediert, vgl. auch S. 57: »Fortzeugende Wirklichkeit ist das zuerst dem Petrus übertragene Bischofsamt, die in Petrus ins Leben getretene *Ecclesia*«, wobei nun wieder beide Seiten der Kirche ineinanderfließen. Bei diesem Hin und Her sind zwei Gesichtspunkte zu beachten: 1. r e d u z i e r t Koch das *sacramentum unitatis* auf den *episcopatus*; 2. t r e n n t er den *episcopatus* von der *ecclesia* (d. h. von ihrer *unitas*), wenn er auf diese Weise seinen Petrus besser glaubt in Schach halten zu können. Koch fällt damit (nur aus dem entgegengesetzten Interesse) in den Irrtum derer, die er bekämpft, vgl. Chapman in RevBén 19 (1902) 368: »Le pouvoir épiscopal, selon Cyprien, dérive de Pierre et de tous les apôtres; l'unité, ou plutôt l'unicité de l'épiscopat de Pierre seul« (von Koch Primat S. 41 abgelehnt).

[36] Cathedra Petri S. 48.

[37] Ebd. S. 53. Ebd.: »Die Kirche, die ‚auf Petrus gebaut‘, d. h. mit Petrus ins Dasein getreten ist (!), ist die Bischofskirche.«

[38] S. 49.

[39] S. 51, vgl. S. 50: Petrus ist »die Kirche selbst«, indem er sie darstellt.

zu sagen. Der Fortschritt in der Erkenntnis hat zugleich den Irrtum
in einer Art Rückläufigkeit hoffnungslos verfestigt. Das Ganze der
auf einmal fertigen Kirche ist zu Gesicht gekommen — da fällt die
Blindheit für die ekklesiologische Differenz endgültig zu einer — im
Jahre 1910 noch vermiedenen — direkten Identifizierung Petri mit
der Kirche zurück. Die Kirche ist auf das Amt reduziert, das Amt in
Petrus inkorporiert, das *sacramentum* verloren — Koch ist bei derjenigen Position im Grunde angelangt, die zu bekämpfen er ausge-
zogen war.

Das zeigt dann die Auslegung von ad Fort. 11[40], p. 338, 15 ff.:
*Cum septem liberis plane copulatur et mater origo et radix, quae
ecclesias septem postmodum peperit, ipsa prima et una super Petrum
Domini voce fundata.* Man hat diese allegorische Deutung von II Macc 7
(wie Koch vorschlägt und der Zusammenhang nahelegt) von der (zeitlich früheren) Einheitsschrift aus zu verstehen. Die ecclesia prima et
una super Petrum[41] ... fundata ist die »sakramentalisch« Eine Kirche
von un. 5, die zuerst auf Einen, dann auf Alle gestellt sich als der
»Ursprung« in ihr Vielfaches verströmt[42]. Man darf also das *»postmodum«* des Textes nicht in dem trivialen Sinne mißverstehen, als
wäre die auf Petrus gebaute Kirche als isolierte Größe zwischen Mt 16
und Joh 20 historisch fixiert, so daß aus ihr »alle Einzelkirchen, auch
die römische«, wie die der nächsten Generation angehörenden Kinder
aus ihrer in der Vergangenheit zurückbleibenden Mutter hervorge-
gangen wären[43]. Zwar scheint der Text dies Verständnis nahezulegen:
er setzt die *ecclesia prima et una* mit der Mutter der sieben Märtyrer-
söhne gleich, während diese die Einzelkirchen verkörpern und mit der
Siebenzahl (wofür weitere Beispiele gegeben werden) »geheimnisvoll«
(*sacramento* p. 337, 27) deren vollkommenen Umkreis darstellen. Deshalb sagt Koch scheinbar zutreffend[44]: »Diese *ecclesia prima et una*
ist als wesenhafte, in Petrus verkörperte Größe gedacht, als ein ideales
Ganzes, das früher ist als seine Teile. Im Verhältnis zu ihr sind
alle geschichtlich gewordenen Einzelkirchen ... Töchter, die in ge-
schwisterlicher Eintracht miteinander leben und wirken sollen.« Was
aber in diese Erklärung den Fehler hineinträgt, ist abgesehen von
einer unzulänglichen Begrifflichkeit (ideales Ganzes«), 1. die Verkör-
perung der (»Ur«- und »Mutter«-[45])Kirche in Petrus, 2. die chronologische Differenzierung des Ganzen und seiner Teile im Sinne eines

---

[40] Cathedra Petri S. 49 ff.

[41] Diese LA bevorzugt Koch anstelle des von Hartel in den Text gesetzten *petram*.
Sachlich besteht kein Unterschied (vgl. unten Kap. 7 Anm. 46).

[42] Vgl. p. 214, 13 (un. 5).

[43] S. 50.

[44] S. 50 f. (Sperrung von mir).

[45] S. 57.

Kausalnexus. Es ist verkannt, daß die *ecclesia prima et una* zuerst Einem, dann Allen gleichermaßen anvertraut ist — daß sie nicht als »Ursache« ihren »Wirkungen« vorwegbleibt, sondern gegenwärtig-mächtig in ihren Konkretionen, den Einzelkirchen, ihr Wesen hat. Dem widerspricht nicht der von Koch auf S. 52 ff. behandelte 33. Brief[46], und wieder ist es, genau genommen, verkehrt zu erklären: »Petrus ist das *initium episcopatus et ecclesiae*, von ihm an läuft die Bischofskette und das Bischofsrecht«[47]. Gewiß ist zur Zeit der Abfassung dieses Briefes De unitate noch nicht geschrieben, gewiß ist, wie der Text des Briefes beweist, das *sacramentum unitatis* noch nicht konzipiert. Wer aber zwischen ep. 33 und der Einheitsschrift (was übrigens Kochs Meinung nicht ist) einen Wandel im Grundsätzlichen vermerken wollte, rechnet vielleicht nach alter Gewohnheit mit dem Praktiker und Taktiker Cyprian, und zu wenig mit dem originellen Geist, der sich daran verrät, daß er nicht viele, sondern e i n e n Gedanken hat. Implicite ist in ep. 33 alles Spätere schon gegeben, aber der Anlaß (die Abwehr der gegen das Amt unbotmäßigen *Lapsi*) trug nicht dazu bei, es ans Licht zu heben. Jedenfalls ist auch hier Petrus weder der meta-physisch-notwendige noch der historisch-zufällige »Quellort« von Kirche und Episkopat, sondern »auf« ihm hat diese ursprüngliche »Zweiheit in Einheit« eine Stätte gefunden, und diese ist es s e l b s t , die *per temporum et successionum vices ... decurrit*, um in der Gegenwart *super episcopos* zu ruhen und nach ihrer irdischen Seite (aber auch nach ihren himmlischen Gütern) von diesen *praepositi* »verwaltet« zu werden.

Die Cypriandeutung Kochs ist aus Widersprüchen zusammengesetzt. Am erstaunlichsten ist der Widerspruch, daß er in seiner zweiten Auslegung von un. 5[48] nun doch die trefflichsten Gedanken zum Verhältnis von *ecclesia* und *episcopatus* äußert, die (möglicherweise durch Odo Casel inspiriert?) auf seine Gesamtauffassung doch keine Wirkung mehr üben. Zwischen der einen Kirche und ihren vielen Gemeinden einerseits, dem Bischofamt und seinen Trägern andererseits wird klar unterschieden[49]. Die Entdeckung der tertullianischen Herkunft der in un. 5 verwendeten Bilder vertieft das Verständnis für Cyprians Kirchenbegriff[50], obwohl Koch auch hier über das »Kirchenrechtliche und Sittliche« nicht hinauskommt[51]. Der *episcopatus*

---

[46] P. 566, 1 ff., vgl. oben Anm. 17.

[47] Poschmann, Ecclesia principalis S. 30 Anm. 44 folgert flugs aus Kochs Formulierung, man habe in Petrus »nicht mehr bloß den zeitlichen Anfang, sondern auch den kausalen Ursprung der Bischofsgewalt« zu erblicken.

[48] Cathedra Petri S. 60 ff.

[49] Ebd. S. 63.

[50] S. 63 f.

[51] S. 64, Anm. 1.

ist kein abstrakter Begriff, sondern etwas Wesenhaftes[52]: daß auch
hier die Kategorien fehlen (aber wem fehlten sie nicht?), zeigt der
Rekurs auf die platonische Idee[53]. Klarer wird nun auch zwischen dem
unus episcopatus und der Gemeinschaft der Bischöfe unterschieden[54],
obschon Koch noch immer mit der vermeintlichen Doppeldeutigkeit
von *episcopatus* spielt[55]. Vor allem erkennt Koch die »Kreuzung« der
Vorstellung von der himmlischen Kirche, »deren Abbild jede Einzelkirche ist«, und der Auffassung der Kirche als »Vereinigung und Zusammenfassung aller Einzelkirchen«[56]. Die auf Petrus errichtete und
damit »fertige« Kirche kann keine empirische Föderation sein[57]. Man
gewinnt den Eindruck, Koch habe diesen Abschnitt zusätzlich, ohne
Zusammenhang mit dem Vorigen, konzipiert.

Richtige Aspekte gewährleisten nicht die Entdeckung der »inneren Form«. Aber gerade die zuletzt zitierten Seiten von »Cathedra
Petri« lassen erkennen, daß Kochs Fehldeutungen zum guten Teil ein
Generationenproblem sind. Sie mußten einmal aufgedeckt werden,
denn obschon im einzelnen vergessen, üben sie in Forschung und Lehre
eine nicht zu unterschätzende, verschwiegene Wirkung. Trotzdem ist
es bewunderungswürdig, bis zu welchem Grade Koch, der zuvor ans
Dogma Gebundene, mit dem genuin protestantischen Kirchenbewußtsein wohl niemals vertraut Gewordene sich zur Freiheit des Erkennens
durchgerungen hat. Er ist uns Heutigen, die wir noch von seinen Irrtümern lernen, den Weg zu besserer Einsicht vorangegangen.

Exkurs

Die Verkennung der ekklesiologischen Differenz
in der katholischen Cyprian-Forschung

Die Verkennung der ekklesiologischen Differenz ist das Erbübel
der Cypriandeutung. Zur Illustration folgen hier drei charakteristische
Stimmen der katholischen Forschung.

1. Karl Adam entwickelt klar den Anlaß der Einheitsschrift und
ihre Tendenz, die Einheit der Kirche gegen die zersprengte Vielheit
quasi-christlicher Gemeinschaften in Schutz zu nehmen[1]. Aber er ver-

---

[52] S. 65 mit Anm. 1.
[53] Ebd. und S. 66.
[54] S. 65.
[55] S. 66, Anm. 2.
[56] S. 66 f.
[57] S. 68, Anm.

[1] Cyprians Kommentar zu Mt 16 18 in dogmengeschichtlicher Beleuchtung, ThQ 94
(1912) S. 100 ff.

steht die Einheit als eine solche der »Schlüssel« und zeigt damit, daß er *ecclesia* und *episcopatus* identifiziert:

»Die Schrift *de unitate* ist deshalb in ganz singulärem Sinne eine Schrift *de unitate clavium*.« (104f.)

Diese Amtskirche wird, und zwar zunächst in Kochs Sinne, mit der numerischen Einheit Petri gleichgesetzt:

»Der Einheitscharakter der kirchlichen Schlüsselgewalt ergibt sich also für den Kirchenvater aus der dem Vorgang bei Cäsarea entnommenen Tatsache, daß es ursprünglich ein einziger war, dem der Herr die Kirchenschlüssel anvertraute.« (106) »Trotz der Vielheit ihrer Träger ist die Schlüsselgewalt doch eine einzige, unteilbare . . ., weil sie nach dem bestimmten Willen Jesu . . . nicht als Vielheit, sondern als numerische Einheit gestiftet ward.« (106f.)

Ist die Kirche mit Petrus, so ist Petrus faktisch mit der *origo* identisch, wobei er als »Wahrzeichen« und »Repräsentant« der Kirche vorweg bleibt:

»Die Kirche nahm mit einer einheitlichen, ungeteilten Gewalt ihren Anfang« (als Paraphrase des Satzes: *exordium ab unitate proficiscitur*, un. 4). (106) »Die Bedeutung Petri liegt somit nach dem Kirchenvater darin, der Anordnung Christi gemäß der erstmalige einzige Inhaber der kirchlichen Schlüsselgewalt gewesen zu sein und damit als einheitlicher Ausgangspunkt dieser Gewalt für alle Zeiten das Wahrzeichen der kirchlichen Einheit darzustellen.« (108) Für Cyprian ist »Petrus dem Sinne nach Typus der Kirche, insofern in seiner singulären Bestallung das stete Vorbild der Kircheneinheit gestiftet wurde.« (113, 1) »Insofern jene Ungeteiltheit der Schlüsselgewalt in Petrus gestiftet wurde, ist Petrus selbst nach dem Willen Jesu der geborene Repräsentant und damit auch der fortwirkende Ausgangspunkt der *unitas clavium*.« (119)

Liegt dies alles noch in der Linie Kochs, so meldet sich nun der römische Petrozentrismus:

»Alle übrigen Apostel genießen ja freilich dieselbe Gewalt, allein, weil erstmals in Petrus gestiftet und in Petrus der Kirche übergeben, trägt alle Apostelgewalt das Zeichen ihres Ausgangs von Petrus her, sozusagen das Personale Petri.« (108)[2]

Das doppelte Eingreifen des Herrn nach un. 4 (und damit der »Überschritt« bzw. die »Weiterung« der Kirche[3]) ist übersehen. Zugleich hindert das »Vorweg«bleiben Petri im Sinne eines Typus der Einheit nicht[4], daß in ungebrochener Kontinuität die Kirche, mit den Zügen Petri ausgestattet, *per temporum et successionum vices* dahingeht.

---

[2] Adam sperrt den halben Passus (von »trägt« an).

[3] Vgl. oben Kap. 4.

[4] Auf S. 113 betont Adam, man dürfe die typische Bedeutung Petri nicht gegen die reale ausspielen.

»Die beharrliche und geradezu solenne Art, in der Cyprian eben diese
Einheit immer wieder mit Petrus ausschließlich verknüpft, nötigt zu der
Annahme, daß in den Augen des Kirchenvaters Petrus und seine singuläre
Bestellung in einem inneren, unlöslichen, heilsökonomischen Zusammenhang
mit der kirchlichen Einheit steht.« (113) »Die in Petrus gestiftete Ungeteilt-
heit der Schlüsselgewalt sollte für die künftige Entfaltung der *ecclesia
super episcopos constituta* der einheitliche Ausgangspunkt und damit das
Einheit bildende Prinzip, der eigentliche fortzeugende Grund ihrer Einheit
werden *(ratio ecclesiae, ratio unitatis)*.« (119)[5] »Hätte Cyprian *disponere* im
Sinne eines einmaligen, vorübergehenden Aktes, nicht einer dauernden
Anordnung verstanden, so hätte er doch füglich besser geschrieben: *disposuit, ut unitatis eiusdem origo ab uno inciperet*. Durch den Partiz. Modus
wird der Ausgang der Kirchengemeinschaft von einem einzigen her als eine
bleibende, charakteristische Eigenart, als eine fortdauernde Besonderheit,
als stete Mitgift des kirchlichen Wesens bezeichnet.« (112)

Weil verkannt ist, daß die »stete Mitgift« der Kirche in dieser
selbst gelegen ist, kann aus der Kirche hier gleichsam ein anderer
Petrus werden, was besonders daran hervortritt, daß Adam un. 5
petrologisch deutet:

»Die Beziehung auf den einen Petrus als ihren einheitlichen Ausgangspunkt läßt sich nicht mehr von ihr nehmen, so wenig als dem bunten
Sonnenlicht und dem reichen Baumgeäste und dem üppigen Wassernetz
die Beziehung auf ihren Ursprung genommen werden darf. Mag auch deren
Kraft und Pracht in überschäumender Fülle sich offenbaren, *unitas tamen
servatur in origine*.« (108f.)

---

[5] Nach Koch ist *ratio* in diesen Zusammenhängen »Erkenntnisgrund« (Cathedra Petri
S. 46, Anm. 1 und schon Primat S. 43f., vgl. dazu oben Kap. 3, S. 54 bei Anm. 27).
Adam behandelt den Begriff (*ratio*) auf S. 114ff. ausführlich. Er bedeute 1. Vernunft,
im Gegensatz zur Gewohnheit oder Leidenschaft; 2. Betätigung der Vernunft, Ver-
nunfturteil, Vernunftbegründung; 3. endgültiger Entscheid; 4. Rechenschaft; 5. den
Dingen oder Handlungen innewohnendes, sie beherrschendes und erklärendes ge-
dankliches Prinzip. — Die für 3 beigebrachten Belege zeigen, daß diese Bedeutung
ausscheidet, denn *ratio* ist hier »Rechenschaft«. Die fünfte Bedeutung, in dem von
Adam vorausgesetzten prononcierten Sinne, überfordert Cyprian — es geht zu weit,
z. B. *ratio ecclesiae* in ep. 33, 1 und *ratio unitatis* in ep. 70, 3 pointiert als »Wesens-
begriff« der Kirche zu deuten. Auch »Seinsgrund« für *ratio unitatis* ep. 73, 2 ist (im
schulmäßigen Sinne) übertrieben philosophisch, sofern es eine Übersetzung sein
soll. Zwar geben Caspar, Primatus Petri S. 282, Anm. 1 und Poschmann, Ecclesia
principalis S. 28, Anm. 40 Adam ihre Zustimmung. Aber *»ratio«* bleibt bei Cyprian
in solchen Fällen viel mehr in der Schwebe, man kommt meist mit der Bedeutung
»Weise«, »Struktur« usw. aus, und selbst wo (wie in ep. 33, 1) an die kirchliche
»Verfassung« zu denken ist, darf man dem Wort nicht die betonte Bedeutung »Kon-
stitution« ohne weiteres unterschieben (dies hieße in diesem Falle, die Kirche aufs
Amt reduzieren). Cyprian ist, obwohl ihm Tertullian bereits vorangegangen ist,
absolut kein Scholastiker — die katholische Forschung gerät zu leicht in Versuchung,
das leicht gemalte Bild in einen überscharfen Holzschnitt zu verwandeln.

Adams Petrologie ist andererseits nicht eindeutig, und fast ist man versucht, von einer Art nestorianischer »Trennungspetrologie« zu sprechen, bei welcher der Mensch Petrus und die in ihm sich manifestierende *origo* zu differenzieren sind:

(Der Kirche) »geschichtlicher Ausgang von einem her sichert ihrer fortschreitenden Entfaltung das Prinzip der Einheit. Nicht Petrus selbst ist dieses Prinzip, wohl aber ist durch ihn oder vielmehr durch seine singuläre Bestellung jenes Prinzip nach dem Willen Christi zum erstenmal handgreiflich gemacht und der Kirche übergeben worden.« (109) »Nicht Petrus oder seine Gewalt an sich, sondern der Umstand, daß die Schlüsselgewalt der Kirche anfänglich in Petrus allein gestiftet, und daß sie somit gerade in Petrus als einheitliche ungeteilte Gewalt ins Leben trat, macht den Vorzug Petri aus.« (108)

Diese Differenzierung führt hart an die Grenze des wirklichen Sachverhalts:

»Die Verwirklichung dieses in Petrus erstmals und mit bewußter Absicht aufgerichteten Prinzips steht deshalb auch nicht bei Petrus, sondern bei der Gesamtheit der Bischöfe.« (109)

Man brauchte schließlich Adams Formulierungen nur um die ekklesiologische Differenz zu vertiefen, so hätte man eine zutreffende Beschreibung dessen, was Cyprian meint:

»Auch Cyprian eignet Petrus eine reale Bedeutung für die Kircheneinheit zu, doch diese besteht nicht in einer aktiven Einflußnahme des Apostels, sondern in seiner passiven Eigenschaft als erster, einheitlicher Träger der Kirchengewalt, als ursprünglicher Repräsentant der *unitas clavium.*« (109)

Die »Passivität« Petri[6] ist vorzüglich herausgestellt — sie ist gleichsam die negative Voraussetzung für die Einsicht in das Wesen des *sacramentum unitatis*. Wenn aber dieses sich zeigt, so geht die Erkenntnis auf, daß jegliche (noch so lockere) Identifizierung der *origo* mit Petrus auf einer eingeschränkten Perspektive beruht. Wie weit ein Gestirn von der Erde entfernt ist, begreift man, wenn es ganz hinter dem Berge hervorgeht, dessen Spitzen »zuerst« von seinem Lichte erglänzten. »Reale« Bedeutung besitzt nicht Petrus, sondern die Kirche des Ursprungs, die von Petrus her durch die Zeiten ihr Wesen hat.

2. In seinem 1933 erschienenen Buch »Ecclesia principalis« knüpft Bernhard Poschmann an Kochs »Cathedra Petri« an und kommt mit Koch zu dem Ergebnis[7]:

---

[6] Vgl. oben Kap. 6, S. 90.

[7] Berthold Altaner sprach in Theol. Revue 32 (1933) 426 die Erwartung aus, daß durch Poschmanns Buch »ein gewisser Abschluß der Diskussion erreicht werden dürfte«.

»Der Bau der Kirche auf Petrus besagt also für Cyprian, daß die Kirche mit Petrus angefangen hat, indem der Herr ihm zuerst die kirchlichen Gewalten übertragen hat.« (14)

Die Formulierung zeigt, daß Petrus mit der Kirche identifiziert wird, obschon nur im Sinne des »Anfangs«. Diesem lediglich einen chronologischen Sinn beizulegen findet Poschmann aber zu wenig:

»Nehmen wir den Satz: die Kirche hat mit Petrus angefangen, nicht im rein zeitlichen, sondern in dem an sich ebenso zulässigen Sinne, daß die Kirche in Petrus ihren Ausgangspunkt, ihre Quelle hat, dann haben wir darin eine ganz natürliche, ungesuchte Erklärung für die von Cyprian immer wieder betonte Tatsache, daß die Kirche auf Petrus ‚gegründet‘ sei.« (15f.)

Die Kirche steht »ein für allemal« auf Petrus, die Identifizierung Petri mit der *origo* und dem *exordium* von un. 4 ist vollzogen, obschon sie nicht durchweg mit gleicher Emphase behauptet wird:

»Der von Christus gesetzte Ursprung der Kirche und des Bischofsamtes ist gemäß De un. 4 die eine auf Petrus gegründete Kirche oder das dem Petrus verliehene Bischofsamt« usw. (20)

Daß solche Äußerungen nicht im Sinne der ekklesiologischen Differenz zu verstehen sind, wird klar, wenn Petrus als »kausaler Ursprung der Bischofsgewalt« hingestellt wird. (30)

Bezeichnenderweise kann Poschmann sich darauf berufen, daß auch nach Kochs jüngster Einsicht Petrus nicht nur der erste Baustein der Kirche, sondern schon die ganze Kirche sei, freilich als *initium ecclesiae*. (16)

»Mit Petrus ist für Cyprian, wie Koch mehrfach betont, die Kirche fertig, aber nicht nur die unsichtbare, sondern die sichtbare Kirche. Sie erweitert sich später, entfaltet sich in die zahlreichen Einzelkirchen, aber sie ist von vornherein wesentlich da.« (26)

Es liegt mehr in der Linie Adams als Cyprians, wenn Poschmann die Lokalkirchen an den petrinischen Ursprung nach rückwärts bindet:

»Eine andere Kirche, d. h. eine andere als die in Petrus niedergelegte kirchliche Gewalt gibt es nicht. Die Kirche wächst, dehnt sich über die ganze Erde aus, bleibt aber ihrem Wesen nach immer die eine, auf Petrus gegründete. Alle Teilkirchen müssen ihre Gewalt von der dem Petrus verliehenen Vollmacht herleiten, wenn sie überhaupt den Anspruch erheben, die Kirche Christi zu sein.« (16)

In diesem Sinn, wenn auch nicht *expressis verbis*, verwende Cyprian den tertullianischen Gedanken der »Petrusverwandtschaft«. Auch un. 5 wird von Poschmann in diesen Gedanken hineingezogen:

Cyprian »deutet das Bild des ‚Bauens‘ nicht weiter aus, spricht nicht direkt davon, daß die übrigen Kirchen auf Petrus als ihrem Fundament aufgebaut sein müssen, aber die Betonung des Zusammensangs mit der Gewalt Petri durch das Bild des organischen Wachstums (De un. 5) besagt inhaltlich dasselbe und ist nur noch besser geeignet, den Sachverhalt zu veranschaulichen. Die Kirche ist auf Petrus aufgebaut, weil alle kirchliche Gewalt letzthin in ihm ihren Ursprung hat.« (16) »Wodurch der organische Zusammenhang bewirkt wird, ist in der Ausführung von un. 5 nicht ausdrücklich gesagt; es kann aber nach anderen klaren Zeugnissen Cyprians kein Zweifel sein, daß er auf der apostolischen Amtsfolge ruht, kraft deren die vom Herrn in Petrus niedergelegte kirchliche Gewalt auf den rechtmäßigen Bischof übergeht, so daß dieser ein genuiner Sproß des in Petrus verkörperten *unus episcopatus* wird.« (20)

Verrät schon die Gleichsetzung Petri mit der »von« ihm ausgehenden *origo unitatis*, daß das Wesen der Kirche des Ursprungs, d. h. daß der Kontext verkannt ist, so zeigt auch die unnatürliche Vorstellung einer organischen Entfaltung des Amtes, daß Gedanken der Dogmatik, nicht des Textes reproduziert werden. Man darf gewiß in un. 5, wo die Kirche »alles in allem« ist, das Amt vom »Wachstum« nicht ausschließen. Wenn man aber differenziert, so erweist sich p. 214, 1ff. die *ecclesia* als die alles aus sich entlassende *origo*, während es vom *episcopatus* sinngemäß nur heißt, daß er einer »Streuung« unterliegt[8]. Daß dies die apostolische Sukzession zur Bedingung hat, ist selbstverständlich, aber der Text verbietet es, das Amt und nicht vielmehr die (als *sacramentum* verstandene) Kirche mit dem Amt[9] als »Quelle« der »*successus*« (p. 214, 14) zu betrachten. Kirche und Amt werden von Poschmann zusammengeworfen:

Die »mit der Einheit der Kirche identische Einheit des Bischofsamts veranschaulicht Cyprian« in un. 5. (20) Der von Christus gesetzte Ursprung ist »die eine auf Petrus gegründete Kirche oder das dem Petrus verliehene Bischofsamt«. (20)

Daß Petrus mit der von ihm herkommenden Kirche im Sinne eines »Ursächlichkeitsverhältnisses« (14) verbunden ist, hindert nicht, daß er die Kirche in anderem Sinne gleichsam noch wieder einholt:

»Haftet aber so die ‚Urkirche‘ an Petrus, oder was dasselbe besagt, ist Petrus schlechthin die ‚Urkirche‘, dann folgt daraus auch weiter, daß er ebenso wie Ausgangspunkt auch das konkrete Zentrum der Kirche blieb.«

Andererseits muß er doch auch zusehen, daß er seine günstige Ausgangsposition nicht verliert, und hier ist Poschmann gegenüber Koch zu weiterzigen Zugeständnissen bereit. Er läßt die Arche Noah

---

[8] Vgl. oben Kap. 5, S. 84.
[9] Ebd. S. 69.

wie die Hure Rahab neben Petrus gelten (15) und konzediert mit Einschränkung die »typische« Bedeutung des Ersterwählten.

»Der Bau der Kirche auf Petrus läßt uns ihre Einheit klar erkennen;
er ist somit gewiß Erkenntnisgrund[10], meinetwegen auch Symbol, Typus
der Einheit, jedoch nicht bloß Erkenntnisgrund, Symbol oder Typus, sondern zugleich und in erster Linie Realgrund, indem die Einheit durch ihn
innerlich begründet ist. Der Realgrund ist aber der erste und naturgemäße
Erkenntnisgrund.« (17)

Es scheint, als stamme — gegen den offenkundigen Textbefund —
die Kirche Cyprians nicht vom Himmel, sondern sei mit Petrus zum
ersten Mal ins Dasein getreten:

»Es ist schlechthin unverständlich, wenn Koch schreibt, ›die ‚auf
Petrus' errichtete und damit fertige Kirche kann nur die unsichtbare
katholische Kirche sein, die in Petrus erstmals in Erscheinung trat‹[11]. Wenn
etwas in Erscheinung tritt, so sollte man meinen, ist es doch sichtbar.« (26)
»In Petrus ist die Kirche zum ersten Mal als fertige empirische Größe gegeben . . . Ist es nun . . . geboten oder auch nur berechtigt, die ursprüngliche *una ecclesia* von der Person Petri loszulösen und an Stelle der in
Petrus konkret verwirklichten Kirche bloß die ideale unsichtbare Kirche
als Quelle aller späteren kirchlichen Gewalt zu betrachten?« Eine solche
Scheidung wäre »eine konstruierte Abstraktion« (43[12]).

Mit dem Hinweis auf die »isolierte Abstraktheit« einer von Petrus
gelösten »idealen« Kirche verwirft die katholische Forschung Kochs
freilich unzureichende Einsicht in die sozusagen »Aseitas« des *sacramentum unitatis*, ohne selbst zum Verständnis der ekklesiologischen
Differenz durchzudringen. Die im Geheimnis waltende Kirche Cyprians ist freilich nicht »Abstraktion«, sondern »konkrete« Fülle: zu ihrer
Einheit wird Petrus mit allen Aposteln versammelt[13]. Bleibt dies verborgen, so begreift sich vermittelst der anthropozentrischen Inversion
die Konkretheit der Kirche erst als mit Petrus gegeben. Folgerichtig
wird die Kirche zu einer Art verlängerten Petrus:

»Aus der von Christus stammenden Wesensstruktur der Kirche, ihrer
organischen Verbundenheit mit Petrus, erkennen wir mit handgreiflicher
Klarheit die Notwendigkeit ihrer Einheit, viel besser noch als aus bloßem
lehrhaften Symbol oder Typ.« (18) »Die Gründung der Kirche auf Petrus
hat für diese die Bedeutung eines Wesensgesetzes.« (30)

---

[10] Vgl. oben Anm. 5.
[11] Cathedra Petri S. 67f. Anm. 1.
[12] Unter Berufung auf Adam, Theol. Revue 1931, 196: »Es geht nicht an, die *ecclesia
una* . . . von dem konkreten Petrus zu isolieren und in dieser isolierten Abstraktheit
zum Ausgangspunkt der *unitas sacerdotalis* zu machen.«
[13] Vgl. oben Kap. 4, S. 66.

Allerdings wird auch von Poschmann eine spezifische »Passivität« des cyprianischen Petrus zugestanden:

»Eine aktive Jurisdiktionsgewalt Petri über die anderen Apostel, wie sie heute dem Papst gegenüber den Bischöfen zuerkannt wird, lehnt Cyprian ab.« (32, vgl. 31)

Andererseits hat nach Poschmann Cyprian

»Gedanken ausgesprochen, die nicht bloß, wie Koch behauptet, auf Grund von Mißverständnissen oder absichtlicher Verdrehung, sondern in ihrer tatsächlichen inneren Konsequenz zum Primat hinführen.« (94)

Auch Cyprians Weg führt also nach Rom: hier ist vollends das Besondere an Cyprians Konzeption — eine Quasi-Gebrochenheit der zeitlich-vorfindlichen Kontinuität der Bischofsreihe, ja deren — wohlverstandener! — »Verlust« in das sein eigenes raum-zeitliches Continuum[14] füllende *sacramentum unitatis* — zugunsten einer nach zaghaften Anfängen »in der Zeit« sich doch noch durchsetzenden petrinischen Robustheit verkannt.

3. Timotheus Zapelenas Abhandlung »*Petrus origo unitatis apud S. Cyprianum*«[15] ist zum Teil amüsant zu lesen und übt an Koch besonnene, nicht ungerechtfertigte Kritik. Die zahlreichen methodischen Winke sind beherzigenswert, obgleich sich in ihnen schon der Standpunkt des Verfassers auswirkt, den der Titel andeutet und den Zapelena durch das Lob bekräftigt, das er Poschmann spendet[16]. Als besonders förderlich empfindet man es, daß die Probleme hier einmal in — zum Teil cyprianischem — Latein formuliert werden: was in den modernen Sprachen vage klingt, tritt hier in begrifflicher Schärfe hervor und bringt (obschon gerade Zapelenas Ausführungen zeigen, daß logische Präzision auch ihre Grenzen hat) zuweilen erst zum Bewußtsein, worum es sich handelt.

Was Zapelena ohne Umschweife als das Cyprianverständnis Kochs definiert, bestätigt von dieser Seite den in der vorliegenden Abhandlung unternommenen Interpretationsversuch:

Für Koch ist Cyprians Petrus insoweit *fundamentum*, »*quatenus est origo incipiens unitatis ecclesiasticae*«. »*Origo incipiens*« ist Petrus jedoch nur als »*merus in tempore inchoator*«, und die »*temporalis praeelectio*« hat nur den Sinn, die Einheit der Kirche hervorzuheben. »*Ergo primatus petrinus est demum chronologico-typicus.*« (1934, 507)

---

[14] Oben Kap. 5, S. 86.
[15] Gregorianum 15 (1934) 500—523; 16 (1935) 196—224).
[16] »*Primatum originis nemo felicius exposuit aut solidius fundavit.*« (1934, 501)

Den Irrtum Kochs erblickt der Verfasser konsequenterweise nicht in der Identifizierung Petri mit der *origo*, sondern in der Hast, mit welcher Koch, weil er einen Jurisdiktionsprimat des cyprianischen Petrus mit Recht nicht gelten läßt, zum entgegengesetzten Extrem eines bloß »typisch« verstandenen Primats hinüberspringt. Die Quelle der Fehldeutungen Kochs ist die Behauptung eines falschen Entweder-Oder:

> *»Sed habes praeterea hic indigitatam originem ac radicem totius confusionis in quam incidit noster philologus. Ex reiecto utcumque primatu Petri iuridico transit impavide ad primatum mere chronologicum.«* (1934, 514)

Man ist Koch zu Dank verpflichtet, daß er den Gesichtspunkt des *initium ecclesiae* deutlich herausgearbeitet hat.

> *»At singulare prorsus ipsius demeritum iure in eo reponitur, quod ex reiecto utcumque primatu iurisdictionis ad primatum quendam mere chronologicum et typicum citius devenerit.«* (1934, 515)

Besonders verdienstlich ist Kochs Erklärung von Mt 16 18f. im Sinne einer *»realizatio ecclesiae aedificatae«* (anstatt einer bloßen *»promissio«*)[17]. Aber Koch hätte mit diesem Fund die rechte Mitte einhalten müssen:

> *»Petrus ad mentem Cypriani potest et debet dici ecclesia tota, non quia ecclesiae totius mera imago, sed quia iam in primo fundationis momento tota reapse ecclesia est in eo incorporata et quasi incarnata. Ipse quippe tenet claves regni caelorum i. e. vitam et potestatem ecclesiasticam totam, e cuius plenitudine, stupenda nimis, orientur per temporum et successionum vices[18] singulae sive apostolorum sive episcoporum potestates, hinc singulae ecclesiae locales.«* (1934, 517)

Der Verfasser zeigt, wie er sich den Mittelweg (nämlich Petrus als das *verum et reale principium* der Einheit zu denken, 1934, 501) vorstellt: so drastisch klang noch nicht, was Poschmann über die »reale Bedeutung Petri« zu sagen hatte. Petrus ist (hier bezieht sich Zapelena auf Koch, Cathedra Petri S. 48) schon die »ganze« Kirche, und zwar als »Inkorporation« und »Inkarnation«. Der Gleichung Petrus = Kirche korrespondiert die andere: Kirche = Amt. Bei Cyprian »halten« die Bischöfe vom *episcopatus unus* ihre jeweilige *pars »in solidum«*[19]. Bei Zapelena »hält« Petrus nicht allein die bischöfliche *potestas*, sondern obendrein das »Leben« der Kirche. Selbst wenn in dem oben zitierten Satz Zapelenas *»cuius«* nicht auf Petrus, sondern auf *potestas* zu beziehen ist, so entspringen doch aus Petri Machtfülle im Sinne von ep. 33 die künftigen apostolischen und episkopalen *pote-*

---

[17] Vgl. oben Kap. 6, S. 92 bei Anm. 29.
[18] Anspielung auf ep. 33, 1.
[19] Oben Kap. 5, S. 76 ff.

states, und aus diesen die lokalen Einzelkirchen. Hat man allerdings erst einmal Petrus als den »*fons unitatis ecclesiasticae*« begriffen (513), so bietet sich auch ep. 33, 1 als willkommener Beleg. Da dieser Text, was Cyprian zu sagen hat, nur erst impliziert[20], läßt er sich beliebig deuten, solange man ihn nicht von seiner legitimen Fortbildung, von un. 4 T.R. aus versteht.

Cyprian will, so zeigt Zapelena aus dem Kontext der Einheitsschrift richtig, die durch Häresie und Schisma Bedrohten zur *veritatis origo* zurückzuführen. Dem dient die *probatio* in un. 4, die Zapelena so unzutreffend wie schulgerecht interpretiert:

> Gewiß hat der Herr nach Petrus alle Apostel mit der gleichen Gewalt ausgerüstet: »*nihilominus ipse sua auctoritate disposuit originem unitatis ecclesiasticae ab uno Petro incipientem.*« Daraus folgt: »*Vera Christi ecclesia est una unitate originis, unitate, inquam, originanda inde a Petro. Atqui factio haeretica et schismatica quaelibet non originatur a Petro sed a seipsa. Ergo non est vera Christi ecclesia nec genuina eius pars.*« (1934, 520)

Der Verfasser unterstreicht mit Recht, im Anschluß an Kneller, den autoritativen Charakter der vom Herrn getroffenen *dispositio* (p. 213, 2):

> »*Porro hoc auctoritatis exercitium explicatur multo clarius et concinnius in nostra hypothesi primatus cuiusdam realis, cui respondeat in aliis vera quaedam dependentia.*« (1934, 521)

Nur führt die Verkennung der ekklesiologischen Differenz zu einer Verkehrung der Ekklesiologie in Petrologie, wie sie — unter der Voraussetzung, daß man sich überhaupt noch an die Texte hält — konsequenter und irriger nicht gedacht werden kann. Wo der Irrtum steckt, wird an dem an und für sich nicht falschen Einwand gegen Koch sichtbar:

> In Kochs Sinne »*in Petro quippe incipiebat unitas quaedam physica seu numerica, quae dein non continuatur, sed paucos post menses evanescit, succedente unitate morali, quae proprie incepit in Apostolis et continuatur in episcopis et reliqua ecclesia.*« (1934, 522)

In Kochs Auffassung klafft eine Lücke — aber sie klafft auch bei Cyprian, wenn man sie nicht durch das *sacramentum unitatis* überbrückt sein läßt. Koch hat nämlich im Grundsätzlichen ganz richtig gesehen, was bei Cyprian zu sehen war, und seine Irrtümer flossen bloß daraus, daß er, was nicht zu sehen war, nicht zu sehen vermochte. Auch Zapelena hält sich lieber ans Sichtbare und füllt die zwischen Mt 16 und Joh 20 gähnende Schlucht mit dem *fons petrinus*:

---

[20] Vgl. oben S. 95 (Kap. 6).

»Ideo episcopatus unus, quia ecclesia una; ecclesia ideo una, quia origo una; ideo una origo, quia ecclesia tota super unum Petrum aedificata. Ergo episcopatus demum ideo unus atque indivisus, quia ab uno Petro inchoandus. Nullus vero episcopus qui non sit e fonte petrino exorsus. Unitas ergo servatur in origine.« (1935, 198)

Der Kardinalfehler liegt in dem falsch angewandten quia. Das Bischofsamt ist nicht[21] die Konsequenz, sondern die andere Seite der sakramentalisch Einen Kirche[22]. Die Eine Kirche ist nicht die Wirkung einer *origo*, sondern diese selbst[23]. Die *origo* resultiert nicht daraus, daß die Kirche auf Petrus erbaut wurde, sondern die Erbauung der Kirche auf Petrus ist die Weise, wie die *»origo«* manifest wird. Dann stimmt aber auch die Ableitung des Bischofsamtes von Petrus nicht: dieser ist nicht die Quelle des Amtes, sondern das Amt ruht in und mit der Kirche »auf« Petrus, um gleichursprünglich auf allen Aposteln und Bischöfen zu ruhen.

Schließlich wird auch das fünfte Kapitel der Einheitsschrift unter petrinischem Aspekt gedeutet:

»Quis non videt caput unum, originem unam esse Petrum super quem unum Christus totam aedificavit ecclesiam?« (1935, 200)

Einen Augenblick stutzt der Verfasser denn doch, da er auf Petrus gefaßt war und sich unversehens in den Armen der »Mutter Kirche« findet. Aber er entwindet sich und kommt zu dem Schluß:

»At ecclesia in Petro incorporata a Petro incorporante ecclesiam minime distinguitur; sicut humanitas, dum tota etiamnum est in uno Adamo, ab ipsa Adami persona non diversificatur. Origo ergo unitatis ecclesiasticae potest praedicari tam de Petro, quam de ecclesia Petrina.« (1935, 200)

Könnte etwas verräterischer sein als die Behauptung einer Analogie zwischen der als *sacramentum* begriffenen Kirche Cyprians und der mit dem Menschen als solchem *a priori* gesetzten *humanitas*? Zapelena hat recht: die Wahrheit liegt in der Mitte. Aber die Mitte liegt in jenem Zenit, in dem sich, außer Reichweite des Menschen, die extremen Positionen unseres Verstandes zu einer complexio oppositorum treffen und aufheben.

Habes ergo in superioribus originem ac radicem totius erroris, in quem incidit Zapelena. E neglecto omnimodis primatu originis vere realis i. e. sacramenti unitatis transit impavide ad incorporationem et incarnationem ecclesiae in persona Petri; quem primum Dominus elegit non ut ecclesiae potestatem ac vitam in eo incorporaret, sed ut ecclesiae

---

[21] Wie der Verfasser mit Casel meint (oben Kap. 5, S. 75 bei Anm. 33).
[22] Ebd. S. 76f. u. S. 84.
[23] Vgl. oben Kap. 2.

super eum aedifacatae unitatem monstraret. Ut inde a Petro simulque apostolis omnibus, pari consortio praeditis et honoris et potestatis, per temporum et successionum vices episcoporum ordinatio et ecclesiae ratio (i. e. unitatis sacramentum) decurreret et origo ab uno incipiens non per u n u m sed per s e s e in multitudinem latius incremento extenderetur fecunditatis. cuius multitudinis ac numerositatis diffusae unitas in origine tamen servatur, quae origo non est Petrus sed una illa Mater cuius nascimur fetu: nisi forte defendere audes apostolum esse matrem cuius lacte nutrimur!

Quam d i f f e r e n t i a m e c c l e s i o l o g i c a m tenere firmiter ac vindicare debemus, maxime theologi methodo historico-critica modeste ac moderate utentes, qui veritatis non per episcoporum sed per apostolorum manus semel traditae in ecclesia curam habemus; ut Lutheri nostri discipulis quoque cum catholicis omnibus vere christianis sacramentum unum atque indivisum esse probemus: qua de re manifesta apud omnes bonos atque aperta dubitare ausus est nuper in concilio Vaticano secundo homo laicus auditor imperitus nescio qui. Nemo pro matre filium fallaciter inducat, nemo veritatis originem, ab unitate unius Petri ad fidem probatam, apostoli humanitate inflata blaspheme corrumpat, nemo sive episcopum sive papam, id est hominem, verum et reale principium esse ecclesiae unitatis superbe contendat! Quo de errore fugiendo omnibus viribus atque vitando multa his temporibus et scribi et praedicari oportet. Sed hoc loco Textum Receptum finem habere et salubriter docuit Bévenot et utiliter demonstravit.

Siebentes Kapitel

Ecclesia principalis

Das vierzehnte Kapitel des 59., an Cornelius gerichteten Briefes[1], in welchem Cyprian der Entrüstung über seine afrikanischen Widersacher Ausdruck verleiht, war von jeher das Kampffeld einander befehdender Meinungen. Früher Hauptbeweisstelle für diejenigen, welche Cyprian als Zeugen für die altkirchliche Idee eines römischen Primats glaubten anrufen zu dürfen, ist dieser Text seit Koch wiederholt Gegenstand ernsthafter Überlegungen gewesen. Bei seiner — dem Autor unbewußten — Kompliziertheit bildet er so etwas wie einen Prüfstein der auf den ganzen Cyprian jeweils angewandten Auslegungsmethode: wer es nicht versteht, sich zwischen Skylla und Charybdis hindurchzuwinden, kann hier noch einmal Kopf und Kragen verlieren. Andererseits hat, wer diese Festung unbezwungen läßt, die vorigen Kräfte umsonst vergeudet.

Es übersteigt die Möglichkeiten der vorliegenden Untersuchung, mit dem bescheidenen Rinnsal eines eigenen Gedankens ganze Wälder der Forschung zu Tale zu flößen. Zahllose, zu ihrer Zeit und noch heute nützliche Erörterungen und Bemerkungen verdienten es, berücksichtigt zu werden. Doch kommt es hier darauf an, einige Hauptpositionen zu skizzieren, deren Hintergrund, in Lernbereitschaft und Widerspruch, für die aus der einmal gewonnenen Perspektive zu versuchende Interpretation unerläßlich scheint. Es folgt daher zunächst das mit kritischen Anmerkungen versehene Referat einiger Stimmen der Forschung[2]: dem schließt sich die Auslegung an[3].

I.

Zu dem umstrittenen Kapitel schrieb Poschmann im Jahre 1908[4]:
»Die Kirche von Rom ist die *ecclesia principalis* . . . Die Erklärung liegt in den folgenden Worten, daß die Einheit des Episkopats *(unitas sacerdotalis)* von ihr ausgegangen ist. Weil mit denselben Worten in De un. eccl. 4 die Fundamentalstellung Petri in der Kirche erklärt wurde, so soll das Attribut *principalis* hier offenbar eine ähnliche Bedeutung der römischen

---

[1] P. 683, 1ff.

[2] S. 108—118.

[3] S. 118—134.

[4] Die Sichtbarkeit der Kirche nach der Lehre des hl. Cyprian, S. 22ff.

Kirche ausdrücken. Sie ist die Hauptkirche, weil Ausgangspunkt und Zentrum der katholischen Kirchengemeinschaft.«

Poschmann war grundsätzlich im Recht, wenn er die Bedeutung des fraglichen »*ecclesia principalis*« von dem folgenden Relativsatz abhängig machte, d. h. in diesem eine Art Definition jener Wendung erblickte. Nur wurde er von seinen, die Person Petri betreffenden irrigen Voraussetzungen zu falschen Konsequenzen hinsichtlich Roms geführt. Gegen ihn und andere wandte sich in seiner ersten Monographie Koch:

In gewissem Sinne ist jeder Bischof Nachfolger Petri und damit Inhaber der »*cathedra Petri*« (Primat 38 ff.). Aber daneben gibt es einen besonderen Nachfolger Petri auf dem römischen Stuhl, wie denn Cornelius Bischof wurde, *cum Fabiani locus id est cum locus Petri et gradus cathedrae sacerdotalis vacaret*, ep. 55, 8 = p. 630, 1 (Primat 93). Wer sich nach Rom wendet, hat es also mit der *cathedra Petri* zu tun, die von Cyprian hier außerdem als *ecclesia principalis* bezeichnet wird. Er kann damit nicht meinen, daß der schon zu Rom weilende Petrus der Anfang der kirchlichen Einheit sei, denn »der Zeitpunkt . . ., wo ‚der Herr auf einen seine Kirche baut‘ . . ., ist der Augenblick, der Mt 16 18f geschildert ist«, d. h. er liegt zeitlich vor dem Eintreffen Petri in Rom (94, gegen Kneller). Auch davon ist nicht die Rede, daß die Einheit auf Rom beruhe. »Cyprian läßt weder von Petrus, noch von der ‚*cathedra Petri*‘ die Einheit ausgehen, sondern ausgegangen sein.« In diesem (erzählenden) Sinne ist die Wendung »*exorta est*« (p. 683, 11) zu nehmen. Allerdings »überträgt« Cyprian einen Vorgang, »der sich nach De unit. c. 4 und Ep. 73, 7 . . . mit der Person Petri abgespielt hat, auf die ‚*cathedra Petri*‘ und die ‚*ecclesia principalis*‘ zu Rom.« Aber deswegen kann Cyprians Aussage Rom betreffend auch nur in »uneigentlichem, übertragenem« Sinne gelten: unmöglich kann er ja den zeitlichen Beginn der Einheit einerseits von Mt 16, andererseits von der Gründung der römischen Gemeinde her datieren. (95)

Koch hält Batiffols Hinweis auf Irenaeus haer. III, 3, 2 *(»principalitas«)* für wichtig, ferner Turmels Nachweis, daß Tertullian de praescr. 31 der *principalitas veritatis* die *posteritas mendacii* gegenüberstellt[5]. Koch erinnert seinerseits daran, daß Irenaeus die römische Kirche als »*antiquissima*« bezeichnet und findet, daß neben dem damit hervorgehobenen chronologischen Aspekt die Gründung der römischen Gemeinde durch Petrus und Paulus für Irenaeus entscheidend ist. Er zieht aus allem den Schluß: »Die römische Kirche ist die ‚*ecclesia principalis*‘, weil der ‚*princeps*‘ Petrus ihr erster Bischof ist.« »*Princeps*« kann Petrus indessen nur im chronologischen Sinne sein — jeder Gedanke an einen Primat ist ausgeschlossen. »Wie Petrus chronologisch der älteste Apostel, so ist für Cyprian Rom ideell die älteste ‚*cathedra*‘ und ‚*ecclesia*‘, mit der die priesterliche Einheit angefangen hat.« (96) Die spezielle römische »*cathedra Petri*« (s. o.) wurde für Cyprian schon Mt 16 »ideell mitgesetzt«, insofern Petrus diejenige *cathedra*, die er bei Cäsarea-Philippi erhielt, später in Rom erst »aufgeschlagen« hat. In

---

[5] Vgl. unten S. 127 mit Anm. 35 u. 36.

diesem Sinne kann von der römischen *cathedra* gesagt werden, mit ihr habe die Einheit begonnen. (97) »Ob Petrus selber oder die römische ‚*cathedra*‘ — der Vorzug ist ja dahin, er ist nur noch eine Erinnerung, ein Bild, ein Typus, eine Lehre, eine Mahnung.« (98)

Zu dieser ersten Deutung Kochs ist zu bemerken: 1. läßt sich die *cathedra Petri* von ep. 59, 14 nicht durch den *locus Petri* von ep. 55, 8 verständlich machen, denn hier handelt es sich um eine die lokal-römischen Verhältnisse betreffende Erläuterung, welche die Sukzessionsreihe, in welcher Fabian steht (und in welche Cornelius rechtmäßig eingetreten ist) in Erinnerung ruft[6]; dort geht es, neben der zweifellos gegebenen lokalen Bedeutung, um den universalen Aspekt der *unitas sacerdotalis*: die *cathedra Petri* gewinnt damit eine wie es scheint gesamtkirchliche Bedeutung, an die der P.T. auf seine Weise anknüpfen konnte. 2. ist zwar die gegen Kneller gerichtete Überlegung zutreffend, daß in Cyprians Sinne die römische Kirchengründung später anzusetzen ist als die Verleihung der Schlüsselgewalt an Petrus. Doch zeigt die Diskussion über diesen Punkt, in welche Haarspaltereien die Forschung gerät, wenn sie verkennt, was für Cyprian das Ausschlaggebende ist. Der Fehler liegt wieder in dem Versuch, zwischen einem Früher und Später in der Zeit zu vermitteln[7], während Cyprian von der (als *sacramentum* begriffenen) Einen Kirche spricht, die seit Mt 16 gegeben und Gegenwart ist (un. 4f.). Hierher gehört auch 3. die abwegige Unterscheidung des »Ausgehens« der Einheit von ihrem »Ausgegangen-sein«. Denn da die Wendung *»exorta est«* mit der *origo* zu tun hat, so bedingt (falls man hier präzisieren wollte, was Cyprian unterläßt) das einmalige »Perfekt« ein stets gegenwärtiges »Präsens«. Das irrige Rechnen mit zwei Zeit-Punkten (die auch für Cyprian im Hintergrund stehen, aber keine unmittelbare Bedeutung haben) führt 4. zu der Vorstellung, es handle sich um eine »Übertragung« von einer früheren auf eine spätere Instanz, woran sich die Sophisterei schließt, es dürfe von der lokalrömischen *cathedra Petri* auch nur in »übertragenem« Sinne die Rede sein. 5. beweist die Unmöglichkeit eines Ausgehens der Einheit sowohl von Petrus (Mt 16) als auch von Rom bei Gründung der dortigen Gemeinde, daß Cyprian weder das eine noch das andere im Auge hat, sondern das die Gegensätze durch sich selbst verbindende *sacramentum unitatis*. Kochs Blick haftet auch hier nur an den aufweisbaren Instanzen. 6. sind die Hinweise Batiffols und Turmels zwar nützlich, aber der von Koch aus ihnen gezogene Schluß ist künstlich: nirgends bezeichnet Cyprian den Ersterwählten als *»princeps«*, und aus dem Adjektiv *»principalis«*

---

[6] In diesem Sinne äußert sich Koch dann selbst, Cathedra Petri 106f. Dagegen möchte Poschmann, Ecclesia principalis 46, Anm. 70, für ep. 55, 8 der »urbischöflichen« Deutung den Vorzug geben.

[7] Vgl. oben Kap. 4, S. 69.

das Substantiv nur zu erschließen, ist mißlich. Es zeigt sich nur wieder, daß Koch an einem »chronologischen« Vorrang Petri interessiert ist, an den Cyprian sozusagen schon gar nicht mehr denkt, weil er es mit der anfänglich und immer gegenwärtigen Kirche des Ursprungs zu tun hat. 7. ist an dem Gedanken, die römische *cathedra* sei für Cyprian schon Mt 16 »ideell mitgesetzt«, etwas Richtiges. Koch ahnt gleichsam den »Überschritt«, vermittels dessen die Kirche des Ursprungs paradox die Kontinuität mit sich selber wahrt[8]. Weil aber deren »zwischen« Gott und Mensch sich öffnende Dimension nicht ins Bewußtsein tritt, müht sich das Denken vergeblich um die Vermittlung der »Realität« mit der »Idealität« und vermag diese nur auf dem Wege einer unklaren »Übertragung« zu leisten. 8. führt die Unterscheidung zweier Instanzen (des der Kirche mit seiner *cathedra* als Mahnmal vorwegbleibenden Petrus und der erst später »aufgeschlagenen« lokalrömischen cathedra Petri) zur Statuierung zweier aufs Haar ähnlicher aber durch ein zeitliches Intervall voneinander getrennter »Typen«, die von ihren jeweiligen Positionen aus der zwischen ihnen nach der moralischen Einheit jagenden Kirche wie der Swinegel und sine Fru zu verstehen geben: Ik bün all da!

Nach Koch meldete sich Caspar zu Wort, dessen Ergebnisse (er nahm auch die Echtheit des P.T. in Schutz) der katholischen Forschung mehr einleuchteten als diejenigen Kochs[9].

Ep. 59, 14 gibt schwere Rätsel auf. Kein Zweifel, daß Cyprian von der römischen Kirche spricht. Aber gegen Sohms Auffassung (Rom sei hier »Wurzel und Mutter der Christenheit«, auf seiner Gemeinde ruhe die Einheit der Kirche) macht Caspar geltend: »Nirgends sonst führt Cyprian die *unitas* auf Rom, noch überhaupt auf eine konkrete Einzelkirche zurück« (Primatus Petri 293). »Cyprians sämtliche Erörterungen über die Frage, woher die *unitas* ihren Ursprung habe, basieren ja auf der Exegese von Mt 16 18. 19, also auf der ‚persönlichen Investitur des Petrus‘, und sie haben an sich gar nichts mit Rom zu tun, weil es im Augenblick dieser Verheißung an Petrus allerdings ‚noch keinen (römischen) Stuhl Petri gab‘.« (293f.)

Kochs Auslegungsversuch ist abzulehnen, denn »*ecclesia principalis*« kann nicht »älteste« oder »Urkirche« heißen, zumal Rom gar nicht die älteste Kirche ist — und Kochs Umdeutung ins »Ideelle« ist abwegig. »Vor allem aber wird der Einklang mit Cyprians *unitas*-Theorie auch so nicht hergestellt, denn diese führt auf die Stiftung der Gesamtkirche Mt 16 18. 19 zurück.« (294) Chapman zeigte durch kluge Resignation, daß er die Kompliziertheit des Problems durchschaute[10]. Die Schwierigkeiten sind »ver-

---

[8] Ebd. S. 63ff.

[9] Altaner in Theol. Revue 32 (1933) 11, Sp. 425: »Die förderlichsten Veröffentlichungen verdanken wir neben Karl Adam dem Profanhistoriker Erich Caspar.«

[10] Chapman schrieb (RevBén 27, 1910, 462): »I do not attempt to define exactly how much St. Cyprian meant, but he meant a good deal more than that« (nämlich als die typische Bedeutung Petri und ihre »Übertragung« auf Rom).

ursacht durch das Zusammentreffen von Aussagen über die römische
Einzelkirche mit Gedankengängen der *unitas*-Theorie über die Gesamtkirche, und sie bestehen in Unklarheiten des Cypriantextes selbst.« (295) Für
Caspar handelt es sich um eine »kleine Sondergruppe von Quellenstellen«
(ep. 48, 3; 55, 8; 59, 14), zu denen auch noch P.T. zu rechnen ist: diese hat
man methodisch von den übrigen Aussagen Cyprians zu trennen. Die
wechselseitige Vermengung im pro- oder antirömischen Sinne war ein
Fehler der Forschung. (295f.)

P.T. (für Caspar mit Chapman die zweite Fassung von un. 4 aus
Cyprians Feder) ist das älteste Zeugnis für »*cathedra Petri*«: »Hier hat
Cyprian also zum ersten Male den Kontakt zwischen der Petrusverheißung
Mt 16 18. 19 und der römischen Kirche hergestellt.« (296f.) Die Verände-
rungen des P.T. gegenüber T.R. kann man »dahin präzisieren, daß neben
dem Objekt der biblischen Verheißung, *unitas ecclesiae*, das Subjekt derselben, Petrus, schärfer herausgearbeitet ist.« (298) Vor allem hat Cyprian
den hier zuerst begegnenden Ausdruck »*primatus*« geprägt, und zwar hat
er das Wort der Bibel (Col 1 18) entlehnt und im Sinne des Vorrangs eines
primus inter pares verwendet. (299ff.) Den Satz des P.T.: *Qui cathedram
Petri, super quem fundata est ecclesia, deserit, in ecclesia se esse confidit*, bezieht Caspar auf das novatianische Schisma (302): Cyprian springe im P.T.
von der Gesamtkirche unvermittelt auf die römische Einzelkirche über,
dadurch werde durch den Autor selbst der ursprüngliche Gedankenzusam-
menhang gesprengt (303). Cyprian bewege sich in Gedankengängen des
Irenaeus (haer III, 3, 2), er habe im Blick auf den römischen Fall einen
fremden Gedanken adoptiert, der nicht ins System passe (304). Denselben
Gedankensprung glaubt Caspar in ep. 59, 14 zu finden. Der Ausdruck
»*ecclesia principalis*« kommt sonst bei Cyprian nicht vor: »Es ist mitten im
Gefüge der cyprianischen Diktion ein fremdes Lehnwort aus derselben römischen Quelle, aus welcher der zweiten Fassung von De unitate c. 4 ein
neuer Gedanke aufgeflickt wurde ... nämlich aus jener Irenaeusstelle,
welche der römischen Kirche eine *potentior principalitas* vindizierte.« (305)
Auch die Anspielung auf Rm 1 8[11] zeige, daß Cyprian an römischen Ideen
orientiert ist (306, Anm. 1). Neben solchen römischen Gedanken stehe un-
ausgeglichen das »*unde unitas sacerdotalis exorta est*«; es »entsteht eine in
seinem gesamten Schrifttum singulär dastehende Verbindung, welche die
Einheit der Kirche statt wie sonst überall auf Petrus, vielmehr auf Rom als
die ‚Hauptkirche' zurückführt.« (306) Freilich: »Der römische Gedanke ist
nicht allein uncyprianisch und unorganisch eingeflickt, sondern er ist in
seinen Konsequenzen anticyprianisch.« (307)

Caspar hat 1. richtig gesehen, daß die von Cyprian gemeinte Eine
Kirche nicht mit einer aufweisbaren (Teil-)Kirche zu identifizieren
ist, und er lenkt daher 2. mit Recht die Aufmerksamkeit auf Mt 16
zurück, wo für Cyprian die Einheit »entspringt«. (Hierbei übersieht er,
was Koch schon bemerkt hatte, daß es sich für Cyprian nicht um
»*promissio*«, sondern um »*realisatio*« handelt[12].) Caspar befindet sich

---

[11] P. 683, 12 *nec cogitare eos esse Romanos quorum fides apostolo praedicante laudata
est etc.*   [12] Vgl. oben den Exkurs auf S. 104 bei Anm. 17.

damit am richtigen Start, verliert aber dann infolge Verkennung der ekklesiologischen Differenz seinen Vorsprung. Koch hatte doch wenigstens die Möglichkeit, von Mt 16 aus im »ideellen« Sinne die Kluft nach Rom hinüber zu schließen. Caspar lehnt 3. diese Möglichkeit ab, und da es nun keine Brücke mehr gibt, konstatiert er 4. nur noch den Widerspruch zwischen der anfangs als Gesamtkirche gestifteten und der später als Lokalkirche gegründeten *Cathedra Petri*. Der Irrtum Caspars entspringt der zu ausschließlich an den Fakten orientierten (gewissermaßen nur »historischen«) Unterscheidung zwischen a) dem zu ermittelnden Gedanken seines Autors, b) der geschichtlichen Realität, an welcher sich der Gedanke vermeintlich bricht. Caspar rechnet nicht mit der Möglichkeit, daß Cyprian die sogenannte »Realität« im Gedanken, und zwar paradox, bewältigt.

Leider glaubt Caspar 5. an die Richtigkeit des von Chapman ermittelten Befundes, den P.T. betreffend. Er hat damit 6. einen chronologischen Fixpunkt, an dem zum ersten Mal, und zwar noch vor ep. 59, Cyprian den Ausdruck »*cathedra Petri*« (und »*primatus*«) in einem auf die lokalrömischen Verhältnisse gemünzten Sinne gebraucht haben soll. Merkwürdig, daß Cyprian aus Anlaß der novatianischen Wirren niemals von »Petrus« spricht[13], und daß er in ep. 59 auf Petrus ausgerechnet in dem Augenblick anspielt, wo es sich für ihn um ein karthagisches Gravamen handelt und er sich veranlaßt sieht, Cornelius die Gleichberechtigung der Bischöfe innerhalb der *unitas sacerdotalis* zu Gemüte zu führen[14]! Schon von hier aus wird deutlich, daß a) Petrus in ep. 59, 14 eine eigentümlich zwielichtige Stellung zwischen »Mt 16« und »Rom«, und zwar unter Betonung des (Karthago einschließenden) universalen Aspekts gewinnt, und daß b) die von Caspar richtig beobachtete schärfere Präzisierung der Stellung Petri im P.T. sekundär sein muß, wenn man sich nämlich vor Augen hält, daß an einer eindeutig universalen und zentralen Stellung der *cathedra Petri* in ep. 59, 14 sehr wohl, im P.T. dagegen gar nicht gezweifelt werden kann. Die für Cyprian charakteristische Indirektheit ist im P.T. dahin, kraft welcher es sein Petrus wie aus innerer Bestimmung vermeidet, ins Zentrum zu rücken.

Daß 7. der Ausdruck »*ecclesia principalis*« auf Irenaeus zurückgehe, ist nicht sicher zu erweisen[15], hülfe aber, selbst wenn man es wüßte, nicht viel weiter, weil der (griechische) Sinn des irenaeischen

---

[13] Vgl. oben Kap. 1, S. 29 bei Anm. 81.

[14] Siehe unten die Auslegung.

[15] Hat Cyprian den lateinischen Irenaeus gekannt? Caspar bejahte dies: Cyprian habe in ep. 74, 2 »zum ersten Mal Petrus als Nr. 1 der römischen Bischofsliste gezählt, indem er die Sukzessionsnummer VIII des Bischofs Hyginus in der römischen Liste des Irenaeus bei Übernahme des Irenaeuszitates in seinen Text in Nr. IX korrigierte«

»principalitas« strittig ist[16]. Es ist also von daher nicht auszumachen, ob 8. *»ecclesia principalis«* die »Hauptkirche« bedeute, vielmehr hat man sich an den Kontext zu halten, und dieser legt es nahe, viel eher an einen Einfluß Tertullians zu denken und *»principalis«* im »zeitlichen« Sinne zu nehmen[17]. Mag man also 9. mit Rücksicht auf das *Hapax legomenon* konzedieren, daß Cyprian sich möglicherweise einem römischen Sprachgebrauch bequeme, so spricht doch das meiste dafür, daß er ihm seinen eigenen Sinn unterlegt. Man hat Caspar gegenüber die methodologische Forderung Zapelenas geltend zu machen: *»Porro qui indolem novit Cypriani episcopi et scriptoris, difficile, opinor, eo adducetur, ut fingat in hoc tenacis propositi viro aliquam dictorum factorumve incohaerentiam. Hinc nulla scriptorum alteratio, nulla dictorum veri nominis pugna, nulla factorum turpis contradictio est admittenda, nisi id evidenter ostendatur«*[18].

Koch antwortet Caspar in Cathedra Petri 91ff.

zunächst mit dem Hinweis auf den Tenor des 59. Briefes. Er ist so selbstbewußt und in belehrendem Tone verfaßt, daß von dieser Seite eine mit Cyprians übrigen Gedanken nicht zusammenstimmende Anpassung an Rom unwahrscheinlich ist. »In c. 14 aber faßt er, wenn ich den Ausdruck hier gebrauchen darf, den römischen Bischof am »Portepee« und gibt ihm zu verstehen, daß er den Schismatikern um so weniger hätte Gehör schenken dürfen, als er die *cathedra Petri* innehabe, und der Bischof sei der *ecclesia*

(Primatus Petri 276 m. Anm. 4 u. 5). Hiergegen wendet sich Koch mit dem Nachweis, daß die Änderung schon im lateinischen Irenaeus I 27, 1 vorgenommen ist: der, vermutlich in Afrika zu suchende, Übersetzer sei der Urheber, von ihm sei Cyprian abhängig (Cathedra Petri 146). Wenn aber überhaupt der Zweifel berechtigt ist, daß Cyprian mit der Zählung Petri als ersten römischen Bischofs den Anfang gemacht hat (hierfür bedürfte es noch anderer überzeugender Nachweise, die Datierung der Irenaeus-Übersetzung betreffend), so wird man ohnehin dazu neigen, von der zweifelhaften literarischen Quelle abzusehen und mit einer beginnenden *communis opinio* zu rechnen. Denn diese war doch wenigstens im Entstehen, als der Übersetzer (den man nicht unter die Originellen wird rechnen wollen) die Änderung vornahm.

[16] Mir scheint allerdings, daß Henri Holstein, Propter potentiorem principalitatem (Saint Irénée, Adversus haereses III, 3, 2), in: RechScRel 36 (1949) 122—135 die Bedeutung von *principalitas* bei Irenaeus abschließend geklärt hat, auf dem von ihm eingeschlagenen einzig möglichen Wege, die Übersetzung des Lateiners aus ihr selbst zu verstehen und auf eine sichere Rekonstruktion des Urtextes zu verzichten. Danach geben *principalitas* und verwandte Begriffe einem doppelten Gedanken Ausdruck: dem der Ursprünglichkeit und der auf diese gegründeten Autorität (ancienneté und autorité). Es liegt nahe, diese doppelte Bedeutung auch in dem cyprianischen »*Ecclesia principalis*« zu finden — doch beziehe ich mich vorsichtshalber nicht auf Irenaeus, sondern nur auf Tertullian, vgl. die folgenden Ausführungen, bes. auf S. 127.

[17] Vgl. unten S. 127f.

[18] A. a. O. 1934, 503. Diese Feststellungen gelten trotz des oben auf S. 39 Bemerkten.

principalis unde unitas sacerdotalis exorta est.« (93f.) Was den Sinn von
»principalis« betrifft, so muß er, von der Herkunft dieser Vokabel ganz abgesehen, aus Cyprians eigener Gedankenwelt ermittelt werden. Man hat
davon auszugehen, daß für Cyprian die *unitas sacerdotalis* Mt 16 18f entspringt. Würde dieser Vorgang (wie Koch früher meinte) auf die römische
Kirche »übertragen«, so könnte das höchstens in »übertragenem« Sinne gemeint sein (95). Eine bessere Lösung findet Koch indessen durch die Entdeckung, daß der umstrittene Satz chiastisch gebaut ist:

> ... *ad Petri cathedram adque ad ecclesiam principalem* ...

Hier enspricht die *cathedra* der *ecclesia*, Petrus dem *principalis*, letzteres
weist auf Petrus als den *»princeps«*, und *»unde«* ist nicht auf *cathedra* oder
ecclesia, sondern auf das in *principalis* enthaltene *»princeps«* zu beziehen.
Ergo hat auch hier Cyprian nur Mt 16 im Auge (95), denn *principalis* ist im
zeitlichen Sinne zu verstehen (96) Viele Seiten widmet Koch dem mit gro-
ßem Aufwand versuchten Nachweis, daß diese aus dem Hut gezauberte
Erklärung möglich sei (96ff.). Das Ergebnis: »Petrus ist *princeps*, weil mit
ihm die ‚priesterliche Einheit', d. h. das eine Priestertum, begonnen hat«
(102). Der »Ausgang der Einheit« hat also nur mit Petrus, nicht mit Rom
zu tun, und zwar gehört er, wie das *»exorta«* zeigt, der Vergangenheit an
(102 mit Anm. 2).

Andererseits darf die *cathedra Petri* und *ecclesia principalis* unseres
Briefes nicht mit der *una ecclesia et cathedra una* von ep. 43, 5 (und verwandten Stellen wie un. 4f.) gleichgesetzt werden, denn diese ist a u f, jene v o n
Petrus gegründet, diese ist die Mutter jener, und der Vorzug der Tochter
beruht nur darin, daß sie von dem begründet wurde, »auf« dem zuvor die
Eine *cathedra* begründet wurde. Petrus war zuerst Ur-Bischof, dann römischer Bischof, doch blieb er als römischer Bischof zugleich Urbischof, im
Unterschied zu seinen Nachfolgern auf dem römischen Stuhl, die römische
aber (begreiflich genug) nicht Ur-Bischöfe waren. (105) Ferner impliziert
der Vorwurf, die Schismatiker wagten es, ihre Briefe *ad cathedram Petri* zu
bringen, den Gedanken: mögen sie sich doch an Novatian, den Schismatiker,
halten! Daher: »Der Stuhl Petri und die *ecclesia principalis* kommt nicht
im Verhältnis zur Gesamtkirche in Betracht, sondern im Gegensatz zu den
schismatischen Gebilden in Rom und Karthago.« (108)

Die etwas verwirrende Vielzahl von Gesichtspunkten klärt Koch
schließlich dahingehend: in dem umstrittenen Satz sind *cathedra* und *ecclesia*
stadtrömisch zu verstehen, der Gen. *Petri* und *principalis (= principis)*
verweisen daneben auf Mt 16. Es entsteht mithin ein zeitliches Nacheinander »zweier« Kirchen, der universalen und der lokalen — während
»unde« sich auf dem Umweg über *principalis* nur auf Petrus bezieht. (108)

Koch beweist 1. durch seine auf den Kontext gestützte Argumentation, daß er die Haltung Cyprians zum römischen Stuhl richtig
e m p f i n d e t. Richtig ist 2. auch sein Grundsatz, den strittigen Begriff
vor allem aus dem Zusammenhang zu erklären, und 3. hat Caspar ihn
mit Erfolg auf den Ausgangspunkt Mt 16 zurückverwiesen. Leider hat
dies 4. zur Konsequenz, daß Koch den gar nicht schlechten Gedanken
einer »ideellen« Identität der römischen mit der »Ur«-Kirche fallen

läßt. Dafür willigt er 5. in den von Caspar festgestellten Unterschied zwischen der allgemeinen und der Ortskirche. Nur daß er 6. einen Widerspruch in Cyprians Gedankengang (an und für sich mit Recht) nicht gelten läßt. Seinen Harmonisierungswillen setzt er 7. durch, indem er die Künstlichkeit seines schon 1910 gebrauchten Arguments *(principalis)* verstärkt. Es zeigt sich dabei 8. nur wieder, daß »Petrus« im Vordergrund des Interesses steht. Auf seinen Fehler hätte Koch 9. aufmerksam werden können, als er die *cathedra Petri* und *ecclesia principalis* zu den Schismatikern in Gegensatz stellte: hierin liegt ja gerade ein Hinweis auf die Eine Kirche. Das neue Ergebnis Kochs ist so zu beurteilen, daß er sich durch Caspar von seinen früheren, gewiß unzulänglichen, aber das Richtige streifenden Ideen zu einer nur mehr das »Reelle« berücksichtigenden Auslegung hat drängen lassen — nicht zum Vorteil der Interpretation.

Nach Poschmann, Ecclesia principalis, 1933,

ist in ep. 59, 14 die *cathedra Petri* »unbestritten die Kirche von Rom«, und »es ist das erste Mal in der Geschichte, daß ihr dieser Titel ausdrücklich beigelegt wird.« Zwar ist für Cyprian auch jede andere Kirche in gewissem Sinne »*cathedra Petri*«, doch hat die römische Kirche, in welcher Petrus selbst seinen Sitz aufschlug, »Anspruch auf jenen Titel in einem ganz besonderen Sinne« (45). Es wäre aber verfehlt, mit Koch den Ausdruck »rein stadtrömisch« zu nehmen: Cyprian »wendet die Bezeichnung mit Emphase an, und zwar zu dem Zweck die Unverschämtheit in dem Vorgehen der Schismatiker noch wirksamer ins Licht zu stellen.« »Der Satz hat offensichtlich nur Sinn, wenn Rom gerade als *cathedra Petri* eine besondere Bedeutung für die kirchliche Einheit hat, mehr als irgend eine Kirche. So besteht zum mindesten eine nahe Verwandtschaft zwischen der *cathedra Petri* in Rom und der *cathedra una super Petrum fundata*, auf der die Einheit der Kirche ruht« (46). Kochs Vermutung, in ep. 59, 14 sei es auf einen Gegensatz zwischen Cornelius und Novatian abgesehen, ist »vollständig aus der Luft gegriffen«, um so mehr, als Novatian Rigorist, die karthagischen Schismatiker dagegen Laxisten waren (47f.).

Die *cathedra Petri* wird ferner als »*ecclesia principalis*« bezeichnet. Principalis ist mehrdeutig: es kann sich auf den zeitlichen Anfang, den ursächlichen Ausgangspunkt (Prinzip) sowie auf eine höhere Autorität beziehen. In allen drei Bedeutungen findet sich das Wort bei Tertullian. Möglich ist, daß Cyprian sich an Irenaeus gehalten hat, »doch die Herkunft des Wortes ist von untergeordneter Bedeutung«, da der Kontext entscheidet (48f.). Mit Koch lehnt Poschmann Caspars Annahme einer »römischen Sondergruppe« von Texten ab, zu welcher ep. 59, 14 gehören sollte (49, Anm. 7). Nichts berechtigt dazu, in Cyprians Gedankengängen einen Widerspruch zu finden. Der nächstliegende Anhaltspunkt für die Erklärung ist der Relativsatz *»unde unitas sacerdotalis exorta est«*, der in un. 4 (und verwandten Texten) seine Parallelen hat. *Unitas sacerdotalis = unum sacerdotium = unus episcopatus.* »Das seinem Wesen nach eine Priestertum oder die eine priesterliche Gewalt ... ist von der *ecclesia principalis* ausgegangen,

d. h. (entsprechend unserer Auffassung des *exordium* in De un. 4) hat mit ihr zeitlich angefangen und ist aus ihr herausgewachsen.«

In Schwierigkeiten führt Cyprians Lehre, daß daneben, und zwar früher, »Petrus Anfang und Ausgangspunkt der kirchlichen Gewalt ist« (49). Koch hat seine erste Deutung selbst fallen lassen, er bietet eine neue Lösung, wobei er sich »wieder einmal auf der ganzen Höhe seiner historischen Dialektik zeigt«. Er interpretiert, als stünde im Text: »*Navigare audent et ad Petri cathedram adque ad ecclesiam principis, a quo unitas sacerdotalis exorta est*« (50). Seine von allen Seiten herangebrachten Belege zeigen: die Erklärung ist nicht absolut unmöglich, aber ebensowenig ist sie wahrscheinlich (52). Das Nächstliegende ist immer noch, »*unde*« »auf das vorausgehende Substantiv zu beziehen, auf dessen nähere Kennzeichnung es ihm (sc. Cyprian) ankommt«, also auf *cathedra* und *ecclesia*. Koch sollte sich fragen, ob nicht die Kompliziertheit der neuen Lösung sein ganzes Cyprianverständnis in Frage stellt: es ist eben falsch, sich auf den rein »chronologischen« Vorrang Petri zu versteifen (53).

Petrus ist realer Ausgangspunkt der kirchlichen Gewalt und in diesem Sinne die »Ur«-Kirche, und diese hat sich »mit Petrus ... in Rom niedergelassen«. »Dadurch, daß Petrus Bischof von Rom gewesen ist, ist Rom die ‚Urkirche‘, die ‚*ecclesia principalis*‘, von der alle kirchliche Gewalt, das ‚*unum sacerdotium*‘ ausgegangen ist.« (53) Ein Widerspruch zu den sonstigen Äußerungen Cyprians ist nicht gegeben, denn »die römische Kirche ist Ausgangspunkt der ‚*unitas sacerdotalis*‘ nicht neben Petrus oder ebenso wie Petrus, sondern nur in und durch Petrus«. In diesem Sinne allerdings identifiziert Cyprian die römische Kirche »schlechthin« mit der *una ecclesia et cathedra una super Petrum fundata*, »in Rom steht die ursprüngliche *cathedra*, wie sie vom Herrn auf Petrus errichtet worden ist« (54). »Die Bevollmächtigung in Cäsarea-Philippi bezeichnet eben die Geburtsstunde der *cathedra Petri* schlechthin, sowohl der *cathedra episcopatus* überhaupt als auch speziell der *cathedra Petri* in Rom.« (54, Anm. 78) Indem Poschmann »*principalis*« im »zeitlich-kausalen Sinn« (»Urkirche«) versteht, kann er, auf dem Umweg über Petrus, alle übrigen Kirchen »ihre Gewalt von der Urkirche herleiten« lassen (54f.). »Naturgemäß ergibt sich dann aber für sie als Urkirche auch eine gewisse höhere Würde und Bedeutung im Rahmen der Gesamtkirche.« Cyprian hebt in seiner Entrüstung über das *navigare* der Schismatiker gerade die »Vorzugsstellung« Roms hervor (55), wobei Poschmann (nicht anders als Koch) »nur an eine besondere Ehrenpflicht Roms« denken möchte, »sich für die Einheit vor allen anderen einzusetzen. Von einer grundsätzlichen Sonderstellung und einem Sonderberuf zu Wahrung der Einheit in der Gesamtkirche ist bei Cyprian nicht die Rede.« (65)

Man kann verstehen, daß Altaner diese Ausführungen für abschließend hielt[19]. Poschmanns Kritik ist besonnen und stichhaltig, und seine eigene Lösung bietet sich als stimmige, ungekünstelte Erklärung des Textes unter der Voraussetzung, daß die Gleichung Petrus = Urkirche richtig ist. Mit Recht konstatiert der Verfasser

---

[19] Vgl. oben Anm. 7.

1. eine »nahe Verwandtschaft« der stadtrömischen mit der universalkirchlichen *cathedra Petri*, mit Recht lehnt er es 2. ab, zwischen beiden
einen Widerspruch zu finden. Zutreffend ist 3. die Beziehung des *»unde«*
auf *ecclesia* und *cathedra*, 4. die von *principalis* auf *ecclesia* (nicht auf
princeps) im zeitlich-kausalen Sinne (mit einer die Würde dieser Kirche
betreffenden Bedeutungsnuance). Auf ihre Weise richtig ist 5. die
Lösung des eigentlichen Problems: die Überbrückung der Kluft zwischen »Mt 16« und »Rom« im Sinne eines »So hier wie dort« durch das
verblüffend einfache und nicht anzufechtende Mittel, daß der Verfasser Petrus selbst die Kirche von dort nach hier mitbringen läßt[20].
Der Gedanke ist zwar bei Koch bereits angeklungen[21]: aber Koch vermochte aus ihm nicht die Konsequenzen zu ziehen, weil er seinen
Petrus zu »Anfang« als Wegweiser postierte und ihn dadurch im Grunde
davon abhielt, den Weg selbst zurückzulegen; und weil Koch sich
überdies standhaft weigerte, das *Pomerium* zu überschreiten, weil er
mit den stadtrömischen Auspizien nichts zu tun haben wollte. Caspar
wußte die Gewichte nach beiden Seiten hin besser zu verteilen, aber
er war zu stark an den auseinanderstrebenden Elementen, zu wenig
am einenden Ganzen orientiert. Poschmann bewegt sich in der richtigen Richtung, aber die anthropozentrische Inversion rückt das Ganze
unter eine falsche Perspektive. Man muß jedoch sein Ergebnis
nur um die ekklesiologische Differenz vertiefen, so hält
man die Lösung in Händen[22].

II.

Das 14. Kapitel des 59. Briefes beginnt mit einer Klimax: die
Ruchlosigkeit der Gegner wird an ihrer progressiven Entfernung vom
Zentrum der Kirche dargetan. Die Widersacher sind 1. vom Evangelium gewichen (p. 683, 1), d. h. sie haben für sich, zunächst nur in
einem Akt innerer Abwendung, die Lösung von der *veritatis origo*, dem

---

[20] In diesem Sinne auch P. Batiffol, Cathedra Petri, Études d'Histoire ancienne de
l'Église, Paris 1938 (posthum), 139 f., der *»ecclesia principalis«* durch »l'Église de
la première heure« wiedergibt.

[21] Vgl. oben S. 109 f.

[22] Zapelena a. a. O. 1935, 222 f. bewegt sich im wesentlichen auf der Linie Poschmanns.
Nur argumentiert er in umgekehrter Richtung: weil die römische Kirche nicht
principium chronologicum unitatis episcopalis sein kann (dem widerstreitet die
Kirchengeschichte), muß sie irgend eine Art von *principium vere reale* sein. Dann
gilt dasselbe vom petrinischen Primat, denn *propter quod unumquodque tale, et
illud magis.* Umgekehrt gilt: *Ratio quare ecclesia Romana dicitur principium unitatis
sacerdotalis est quia possidet cathedram Petri, seu quia ipsa ecclesia Petrina facta
est Romana.*

caput, der *magisterii caelestis doctrina* (un. 3) vollzogen[23]. (Evangelium
und Kirche sind für Cyprian »ursprünglich« verbunden, vgl. oben
Kapitel 2.) Sie haben 2. ihre Abkehr von der Wahrheit auf andere
übertragen, indem sie den Abgefallenen und anderen schweren Sün-
dern eine fruchtbare Buße unmöglich machten. (Cyprian bringt den
Gedanken zweimal: zunächst nur unter Berücksichtigung des aktuellen
Falles, d. h. der *Lapsi*, und gleichsam nur das Thema anschlagend —
p. 683, 1f. —, danach in ganzer Breite und wortreich aus dem Vollen
schöpfend Z. 2—5, wobei zu beachten ist: a) die Klimax *fraudes* —
adulteria — *sacrificia*, b) das Nebeneinander der an Gott gerichteten
Bitte und des in der Kirche angeordneten Bußverfahrens, c) das Kausalverhältnis zwischen der Bußgesinnung — *sensus* — und der aus ihr
fließenden Rekonziliation — *fructus* —.)

Nachdem die Gegner in der Kirche alles Unheil gestiftet hatten,
verließen sie 3. folgerichtig außer dem zu seinem Bischof haltenden
consentientis populi corpus unum auch das *gremium matris* (un. 23 =
p. 230, 15f.), um außerhalb der Kirche, damit aber zugleich auch
gegen die Kirche (denn beides ist identisch: un. 6 = p. 214, 25ff., vgl.
ep. 59, 7 = p. 674, 6) ihre Versammlung zu konstituieren. Dieser
kommt der Name »Kirche« nicht zu: ein *conventiculum* ist's (vgl. un. 12
= p. 220, 23: *dum conventicula sibi diversa constituunt, veritatis caput
adque originem reliquerunt*), aber nicht ein gleichgültiges, sondern mit
allen Merkmalen der *factio* ausgestattet. Der Begriff zeigt, daß es sich
für Cyprian um »Aufruhr« handelt[24], Z. 6f. Wie ein Sog zieht die *factio*
alle diejenigen an sich, die a) ein böses Gewissen haben, b) nicht die
Demut (vgl. ep. 33, 2 = p. 567, 9: *quidam de lapsis humiles et mites
et trementes ac metuentes Deum*) besitzen, ihre Schandtaten zu beken-
nen (Z. 7f.). Zum Überfluß gaben sich die Gegner 4. auch äußerlich
das Ansehen einer »Kirche«: durch Aufstellung eines *pseudoepiscopus*,
den sie, da sie ihn nur durch eine Art »apostolischer Sukzession« gewinnen konnten, von den Häretikern nahmen (8f.).

Man sollte denken: Weiter geht's nimmer. Aber der Gipfel der
Ruchlosigkeit folgt erst noch. Denn nun besitzen die Gegner die Frech-
heit (*audent* Z. 10), sich der Kirche zu nähern, der sie soeben endgültig
den Rücken gekehrt haben; nicht in bußfertiger Gesinnung, sondern
um sich in ihrem widerkirchlichen Wesen erst ganz zu verfestigen (*ab
schismaticis et profanis*, d. h. von Leuten, die infolge ihrer eigenmäch-
tigen Trennung »draußen« — Z. 6 — stehen, *litteras ferre* Z. 11f.). So

---

[23] Die Deutung des Textes aus dem Gesichtskreis der Einheitsschrift rechtfertigt sich
aus sachlichen (und chronologischen) Gründen.

[24] Beck a. a. O. 163: »Die Aufnahme staatsrechtlicher Institute in die Kirche wird
ergänzt durch Rezeption entsprechender strafrechtlicher Schutznormen. So fällt nun
die Häresie unter den Begriff der Verschwörung und des Aufruhrs (*seditio, factio,
rebellatio*).«

reisen sie *ad cathedram Petri adque ad ecclesiam principalem unde unitas sacerdotalis exorta est* (10f.)!

Cyprian hat, den Schismatikern gleichsam folgend, Stufe für Stufe mit ihnen den Gipfel bestiegen, und seine sich steigernde Darstellung ist zugleich eine strenge Verurteilung durch den rechtmäßigen Bischof. Er drinnen: sie draußen. An Gut und Böse kann hier niemand zweifeln. So sehr indessen die Gegner festgelegt sind: nachdem die sich steigernde Empörung das Äußerste von ihnen hat sagen müssen, gewinnt der Geist Raum sich vorzustellen, wie sie vernünftigerweise handeln m ü ß t e n, welche Möglichkeiten die ratio ihnen gleichsam noch offenhält. Der Gipfel des Textes, der mit der Wendung »*ad Petri cathedram —— exorta est*« gegen ihre schismatische Ruchlosigkeit stand, wird in Cyprians Gedankenfolge g l e i c h s a m n o c h e i n m a l g e s e t z t, d. h. er wird nun erst in der Beleuchtung gesehen, in welcher er den Schismatikern, wenn sie Augen hätten, erscheinen müßte (*nec cogitare* Z. 12).

Sie wenden sich nach Rom: aber was ist in Wirklichkeit Rom? Die Hochburg des Glaubens, vom Apostel gerühmt, dem Unglauben der Kirchenfeinde unzugänglich (Z. 12f.)[25]! Und wenn man daneben auf ihre Motive (*causa* Z. 14) blickt: welch ein Wahnwitz, nach R o m mit der Meldung zu reisen, man habe einen *pseudoepiscopum contra episcopos*, einen Feind der mit Rom gerade verbundenen *unitas sacerdotalis* ins Leben gerufen (Z. 14f.)[26]! Denn es gibt nur eine Alternative: entweder beharren sie bei ihrer verbrecherischen Entscheidung (in »*placet*« Z. 15 steckt »Beschluß«), dann — Cyprian spricht es nicht aus — pochen sie vergeblich an die Tore Roms; oder sie widerrufen (*displicet et recedunt* Z. 16), so wissen sie, wohin sie gehören. Denn da

---

[25] P. 683, 12 (vgl. oben Anm. 11): *nec cogitare eos esse Romanos quorum fides apostolo praedicante laudata est, ad quos perfidia habere non possit accessum.* M. Bévenot, A Bishop is responsible to God alone (St. Cyprian), in: RechScRel 39 (1951) 404, widerrät, *quorum* und *quos* zu koordinieren und möchte verstehen: bei den Römern, die der Apostel ihres Glaubens wegen lobt, handelt es sich um solche usw. Aber ein zwingender Grund ist hierfür nicht einzusehen, man müßte denn voraussetzen, Cyprian spiele auf eine von Cornelius oder gar von den Schismatikern gebrauchte Wendung an (Bévenot meint, Cyprian schöpfe die Erinnerung an Rm 1 8 — das in den Testimonien fehlt — aus der von Novatian verfaßten ep. 30 c. 2: aber selbst wenn dies zuträfe, wäre der Schluß auf eine stehende Charakteristik, die nur der Definition bedürfte, doch wohl übertrieben). Auch stilistisch wäre der Gedanke ungeschickt ausgedrückt (man würde erwarten: *Romanos, quorum ..., eos esse, ad quos etc.*). Man sollte also bei der herkömmlichen Ansicht bleiben, daß Cyprian nach seiner Gewohnheit einen Gedanken zwiefach, positiv und negativ ausdrückt: Römer sein heißt glauben — und gegen den Unglauben gefeit sein.

[26] Die Partei des Fortunatus suchte in Rom die Legitimation, die ihr in Karthago versagt blieb.

es unter allen Bischöfen eine abgemachte Sache ist[27] (und es überdies dem Grundsatz von Recht und Billig entspricht), daß ein Täter von der für den Tatort zuständigen Behörde belangt wird; da ferner »den einzelnen Hirten jeweils ein Teil (*portio* Z. 19) der Herde zugeordnet ist, den ein jeder in dem Bewußtsein regiert und lenkt, daß er für seine Tätigkeit dem Herrn Rechenschaft ablegen wird«: so ist es ein himmelschreiendes Unrecht (*non oportet* Z. 21), wenn die der *potestas* eines bestimmten Bischofs unterstellten Kleriker in der Nachbarschaft herumstreunen (*circumcursare* Z. 22) und in einem Gemisch aus Arglist und Verwegenheit (*sua subdola et fallaci temeritate* Z. 23) die »unter sich zusammenhängende Eintracht der Bischöfe stören«. Sie haben gefälligst ihren Prozeß dort zu führen, wo Ankläger und Zeugen zur Stelle sind!

---

[27] P. 683, 17: *nam cum statutum sit ab omnibus nobis et aequum sit pariter ac iustum ut uniuscuiusque causa illic audiatur ubi est crimen admissum etc.* Bévenot, der das Interesse zeigt, eine Quasi-Abhängigkeit Cyprians von Rom nachzuweisen, sieht in dem »*statutum*« eine »*ad-hoc*-decision«: es handle sich um eine Verfahrensregelung in Sachen der *Lapsi* oder des Felicissimus oder um beides zusammen auf dem Konzil von 251 — keinesfalls sei einer prinzipiellen Unabhängigkeit das Wort geredet (a. a. O. 405 Anm. 7). Diese Auffassung läßt sich schwerlich halten; 1. wird das »*statutum*« mit dem »*aequum ac iustum*« in einem Atem genannt und gewinnt dadurch den Rang einer allgemeingültigen Regel; 2. läßt sich kein Grund nennen, der dafür spräche, daß durch »*ab omnibus nobis*« nur die afrikanischen Bischöfe und nicht gerade auch Cornelius, an den sich das Ganze richtet, bezeichnet sein sollte; 3. wird zuvor (Z. 14) die Einsetzung eines *pseudoepiscopus contra episcopos* beklagt: einer solchen Äußerung ist aber Cyprian nur aus gesamtkirchlicher Perspektive fähig. Dazu stimmt 4., daß im folgenden (Z. 19ff.) der Grundsatz von der Unabhängigkeit der Bischöfe untereinander (sie sind allein Gott verantwortlich) zitiert wird. Bévenot meint, Cyprian habe ihn von den Römern (d. h. aus ep. 30, 1) gelernt, in ep. 59 werde er lediglich gegen Felicissimus gewendet. Beides ist gewiß irrig (siehe unten die Auslegung), auch Novatian hat eben (ep. 30) eine gemeinkirchliche Ansicht formuliert. Im übrigen scheint es nicht einmal sicher, daß Cyprian die Entscheidung eines Konzils vorgeschwebt hat (vgl. allerdings Koch, Primat S. 101, Anm.): dagegen spricht gerade das »*ab omnibus nobis*«, wenn es aus gesamtkirchlicher Perspektive zu verstehen ist. Ich vermute, daß es sich um ein »ungeschriebenes Gesetz« handelt. — Übrigens hat Koch das Nötigste schon gesagt, Primat S. 100: »Auch der Einwand ist nicht statthaft, Cyprian rede nur im vorliegenden Falle, der notorische Schismatiker und Frevler betreffe. Cyprian geht zwar vom vorliegenden Fall aus, beleuchtet ihn aber durch eine allgemeine und programmatische Erklärung, und entwickelt Grundsätze und Rechtssätze, die bei ihm keine Klauseln und keine Ausnahmen zulassen.« Ebd. S. 101, Anm. die Feststellung, daß es sich um kein afrikanisches Provinzialstatut, sondern um ein »allgemeingültiges Gesetz« handelt. Daß die katholische Forschung hinter diese unbestreitbaren Ergebnisse aus dem Jahre 1910 (!) beharrlich zurückfällt, kommt bloß daher, daß sie in Kochs Grundthese mit Recht die Lösung der Cyprianfrage nicht zu erblicken vermochte.

Bis hierhin scheint der Text aus einem Guß. Der Gedanke folgt den Schismatikern gipfelwärts nach Rom und führt sie sukzessive abwärts nach Karthago zurück: zuerst aus ernüchternder Nähe ihnen das wahre Gesicht jener Kirche zeigend, die anzurufen sie im Begriffe standen, dann ihr eigenes Dilemma ihnen aufdeckend, endlich durch den Hinweis auf den von »allen« Bischöfen einträchtig gewahrten Grundsatz der Zuständigkeit die Ausweglosen in ihre heimatliche *ecclesia* zurückverweisend. Und nicht nur der Gedanke zeigt eine spannungsreiche, zum Höhepunkt hin und von ihm wieder fort strebende Einheit: die Einheit ist unter den Bischöfen selbst, es macht keinen Unterschied, ob Fortunatus in Karthago oder in Rom sein Glück versucht, es klingt hier wie dort das unerbittliche »Zurück«.

Aber an dieser Stelle zeigt der Text einen Sprung. Zwar klingt es zunächst, als grüble Cyprian weiter über die »*causa veniendi et ... nuntiandi*« (Z. 14 f.), wenn er fortfährt: Es mag freilich sein, daß ein paar heillosen, ruchlosen Leuten die Autorität der afrikanischen Bischöfe weniger gilt als das Ansehen der Bischöfe anderswo[28]. Begreiflich genug — da sie hier bereits ihren Richter gefunden haben (Z. 25 ff.). — Dies knüpft, so scheint es, folgerichtig ans Vorige an: die Gegner sind wieder mit dem zuständigen Tribunal konfrontiert, sie sind dorthin zurückgekehrt (*reverti* Z. 17), woher sie ihren Ausgang genommen haben. Und abermals wendet sich der Gedanke, wie sein Echo, nach Norden: sie sind gereist, weil sie mit Recht ihre Sache verloren gaben und zusehen mußten, in der Fremde jemand auf ihre Seite zu ziehen...

Aber so neutral, im Sinne eines bloßen Hin und Zurück, bleibt der Gedanke nicht. Cyprian hätte ja schreiben können (p. 683, 25): *nisi si paucis desperatis et perditis minoris periculi esse videtur ad sententiam confugere episcoporum qui incognita causa de illis nondum iudicaverunt* (oder wie immer Cyprian in besserem Latein sich ausgedrückt haben würde). Dann hätten wir es mit einem leidenschaftlos gesamtkirchlichen Denken zu tun. Stattdessen meldet sich, die *auctoritas* der afrikanischen Bischöfe betreffend, eine Empfindlichkeit, die nicht mehr auf das Verhältnis zu den Schismatikern, sondern zu den außer-

---

[28] Bévenot möchte *paucis desperatis et perditis* p. 683, 25 nicht von *videtur* abhängig machen, sondern als abl. comparationis mit *minor* verbinden (a. a. O. 406, Anm. 8). Die Tendenz ist allzu deutlich: Cyprian würde sich nicht mit Rom auf gleiche Ebene stellen, sondern nur bescheiden vermerken, die afrikanischen Bischöfe hätten mehr zu vermelden als die von ihnen bereits verurteilten Schismatiker. »Die Aufrührer sollen sich gefälligst — wenn sie wünschen, daß ihr Fall von einem Bischof untersucht wird — an die für sie zuständige *cathedra* halten. Oder steht es etwa so, daß die Bischöfe Afrikas weniger Autorität besitzen als — diese bereits verurteilten Ketzer?« Wer dies vernünftig findet, mag auch in dem bekannten Vers einen Reim erblicken: »Ich bin der Meister Hildebrand / und lehne meinen Speer an die — Mauer.«

afrikanischen Bischöfen (sprich: Rom) das Hauptgewicht legt. Es mag ja sein, so grollt es in Cyprian, daß einige Wurzellose (sprich: daß ein gewisser Bischof) die Möglichkeit einer Revision des in Afrika gefällten Urteils ins Auge fassen. Dann sollen sich diese Leute nur gesagt sein lassen, daß der Fall untersucht, das Urteil gesprochen ist — ja dann soll dieser verlorene Haufe (*caterva* p. 683, 8) nur von der Illusion loskommen, als wäre nicht, was irgendwo mit der ihm zukommenden Strenge (*censura* p. 684, 4) ein Bischof entschieden hat, ein für allemal und unwiderruflich festgesetzt!

Man muß diesen zweiten Gesichtspunkt kräftig herausstreichen, weil er von der katholischen Forschung immer wieder (zuletzt von Bévenot) in Abrede gestellt wird. Es ist unwahrscheinlich, daß Cyprian mit gleichsam gesteigerter Stimme den im Vorigen doch schon erledigten Gedanken der Zuständigkeit wieder aufnimmt, ohne daran zu denken, daß Cornelius jenen »Desperados« ein halbes Ohr schon geliehen hat (ep. 59, 2 = p. 667, 6: *satis miratus sum, cum animadvertissem te minis ac terroribus eorum qui venerant aliquantum esse commotum*). So ist denn auch der Schluß des 14. Kapitels (Mt 5 37) keine erbauliche Reflexion, sondern eine nunmehr direkt an die Adresse des Cornelius gerichtete biblische Ermahnung: der Herr hat den Bischöfen befohlen, bei der Stange zu bleiben; und daran, mein Lieber, könntest auch du in deinen schwachen Momenten denken, damit du nicht die mit dir in *concordia cohaerens* (p. 683, 22) verbundenen Brüder desavouierst! — Nachträglich zeigt sich nun, daß der sichtbare Sprung im Kontext (p. 683, 25) sich schon vorbereitet hat, als Cyprian von der dem Kollegium der Bischöfe von den Schismatikern drohenden Gefahr nur erst wie von einer Möglichkeit sprach (p. 683, 23: *conlidere*). Und einmal aufmerksam geworden, wird man nun auch in der Anspielung auf Rm 1 8, ja in dem ganzen Hinweis auf die *unitas sacerdotalis*, in der Beschwörung des »*statutum*« Z. 17, des *aequum ac iustum* Z. 18 einen an Cornelius gerichteten versteckten Appell vernehmen.

Alles kommt jetzt darauf an, die Gewichte richtig zu verteilen: die einseitigen Urteile sind der Cyprianforschung schlecht bekommen, und überhaupt gibt es wenige patristische Arbeitsgebiete, auf denen das verabscheuungswürdige Parteiinteresse so verheerend gewirkt hat wie gerade auf dem Felde der Cyprian-Interpretation. Es handelt sich weder (wie Katholiken geneigt sind zu meinen) um ein uneingeschränktes Lob der römischen *cathedra*, noch liegt der Ton einseitig auf der kritischen Auseinandersetzung mit Cornelius. Beide Gesichtspunkte sind gegeben — zunächst wie zwei durch einen »Bruch« im Text voneinander geschiedene Welten, bei näherem Zusehen wie Zettel und Einschlag ineinander verwoben. Eine Einheit im Gegensätzlichen also wieder — aber worum handelt es sich? Kurz gesagt: um den Gegensatz von Sein und Sollen, der sich zugleich als Gegensatz von univer-

saler (als *sacramentum* unverfügbarer) und lokaler (aufweisbarer)
Kirche gibt. Aber nun die beiden Seiten dieser »ekklesiologischen Differenz« nicht auseinandergerissen! Was Cyprian meint, läßt sich
eigentlich nur durch den Hinweis auf Paulus erklären. Der Imperativ
ist zugleich mit dem Indikativ gesetzt: Wenn wir in der Einen Kirche
stehen, so laßt uns auch an ihr festhalten ...

Die Aufgabe ist nun, die zunächst scheinbar geschiedenen, danach in ihrer wechselseitigen Verwobenheit sich zeigenden Sphären
im Gedanken wieder zu trennen, um eine jede reinlich zu Gesicht zu
bekommen. Man wird mit der Seinssphäre beginnen und hier von der
zweiten Texthälfte aus rückwärts schreiten, um vom Bekannten aufs
Unbekannte zu schließen.

Den Grundsatz der lokalen Zuständigkeit für die im Amtsbereich
des Bischofs vorkommenden *crimina* fundiert Cyprian durch den Hinweis 1. auf kirchlichen (und rechtlichen) Brauch, 2. auf die allein Gott
verantwortliche Einherrschaft des Bischofs in seiner Kirche. Nur das
zweite kommt zunächst in Betracht. Der Grundsatz ist bekannt, durch
den Eingang der Sentenzen klassisch belegt[29] und auch (trotz Bévenot[30]) Rom gegenüber in Geltung. Hier interessiert seine sprachliche
und sachliche Nähe zu einem Kernsatz von un. 5[31]:

> *episcopatus unus est, cuius a singulis in solidum pars tenetur* (un. 5
> = p. 214, 1f. Hartel).

> *cum ... singulis pastoribus portio gregis sit adscripta quam regat
> unusquisque et gubernet rationem sui actus Domino redditurus* (ep.
> 59, 14 = p. 683, 19ff.).

Hier wie dort handelt es sich um »einzelne«, die jeweils mit dem »Teil«
eines Ganzen betraut sind. Doch geht es in un. 5 um die *pars episcopatus*, jene empirisch nicht aufzuweisende Realität des »Amtes«, die
jeder Bischof »ganz« (als *pars pro toto*) besitzt. In ep. 59 sind wir dagegen im Bereich des Demonstrierbaren: jedem Bischof ist von dem
über die Erde verbreiteten »*grex*« eine »*portio*« zugewiesen. Diesem
Unterschied entspricht die Differenzierung der Substantiva und Verben: wie in un. 5 von jedem »Bischof« die *pars* »behalten, besessen«

---

[29] Von Soden p. 248, 12ff.: *superest, ut de hac ipsa re singuli quid sentiamus proferamus,
neminem iudicantes aut a iure communicationis aliquem, si diversum senserit, amoventes.
neque enim quisquam nostrum episcopum se episcoporum constituit aut tyrannico
terrore ad obsequendi necessitatem collegas suos adigit, quando habeat omnis episcopus
pro licentia libertatis et potestatis suae arbitrium proprium tamque iudicari ab alio
non possit, quam nec ipse possit alterum iudicare. sed exspectemus universi iudicium
domini nostri Iesu Christi, qui unus et solus habet potestatem et praeponendi nos in
ecclesiae suae gubernatione et de actu nostro iudicandi.*

[30] Vgl. oben Anm. 27.

[31] Vgl. oben Kap. 5, S. 76ff.

wird, so wird in ep. 59 von jedem »Hirten« die *portio* »gelenkt« und
»regiert«.

Und nun das *»in solidum«*? Es hat seine Entsprechung in der Feststellung, daß der Bischof dem Herrn für seine bischöfliche Verwaltung
Rechenschaft ablegt. Dies mag überraschen[32], aber eine Überlegung
stellt es unter Beweis. Das *»in solidum«* machte klar, daß jeder Bischof
seine *pars »pro toto«* besitzt, d. h. daß an den Grenzen seines Amtsbereichs die kirchliche *potestas* schlechthin endet. Im gleichen Sinne
will die Rede von der Verantwortlichkeit des Bischofs vor Gott hier
nicht die Pflichten eines Hirten einschärfen[33], sondern sie dient dazu,
die übrigen Bischöfe, im Verhältnis zu dem jeweils Einen, in ihre
Grenzen zu weisen. Jenseits des Sprengels ist die nächste Instanz:
Gott, und nicht ein beliebiger *coepiscopus*. Man könnte sagen: jeder
Bischof »besitzt« seine *portio gregis »in solidum«*. Aber daß Cyprian
dies nicht sagt und statt des besitzrechtlichen Terminus das aus dem
Bereich der Magistratur stammende *»rationem reddere«* einführt, bekundet, mit welchem Takt er die Sphären zu unterscheiden weiß. Das
Amt kann man »besitzen« — für die Herde ist man Rechenschaft
schuldig. Aber dort wie hier hat jeder Bischof im Teil das Ganze, d. h.
er ist im Verhältnis zu den Kollegen in seinem Bereiche autonom
und autark.

Die vielen *»singuli«* ergeben summiert die *»omnes«* (p. 683, 17),
und diese sind in *concordia cohaerens* (Z. 22) verbunden. Die wechselseitige Abgrenzung der Zuständigkeitsbereiche (im Sinne einer —
wohlverstandenen — »Autonomie« und »Autarkie«) führt also nicht
zur Isolierung, sondern ermöglicht gerade das reibungslose *»unitatem
tenere firmiter ac vindicare«* der Einheitsschrift (un. 5): ein, wie man
heute sagen würde, episkopaler »Pluralismus«. Aber wo hat dieser
gleichwohl sein einendes Zentrum, da der Hinweis auf das *vinculum
concordiae* (un. 7 = p. 215, 11) allzu unbestimmt scheint? Antwort
erteilt die erste Texthälfte, zunächst mit der Wendung *»unitas sacer-*

---

[32] Nachträglich finde ich eine Bestätigung dieser Beobachtung in Bévenots unten
Anm. 45 zitierten Aufsatz, S. 195: ». . . ce texte (sc. p. 214, 1 Hartel *episcopatus
unus est etc.*) s'ajoute à la série de ceux où il répète que c'est à Dieu que l'évêque doit
rendre compte de ses actions.« Mit Rücksicht auf die vorliegende Untersuchung
S. 76 ff. gilt jedoch der Satz: Wenn zwei das gleiche sagen, ist es nicht dasselbe.

[33] Anders z. B. ep. 57, 5 = p. 655, 13 ff.: wer unter den Kollegen trotz der drohenden
neuen Verfolgung den Lapsi die Rekonziliation verweigert, *reddet ille rationem in
die iudicii Domino vel inportunae censurae vel inhumanae duritiae suae.* Hier wird
die Selbständigkeit, aber in drohendem Tone, zugestanden. Vgl. auch ep. 72, 3
= p. 778, 5 (an Stephan), wo beide Gesichtspunkte klar ausgesprochen sind: *quando
habeat in ecclesiae administratione voluntatis suae arbitrium liberum unusquisque
praepositus, rationem actus sui Domino redditurus.* (Bévenot a. a. O. 412 denkt auch
hier an afrikanische Bischöfe.)

dotalis« Z. 11. Die Bedeutung schillert: im Zusammenhang denkt man an eine Dublette zu »*concordia cohaerens*«, also wäre es s. v. w. »*unitas sacerdotum*«, was auf Kochs »moralische Einheit« hinausliefe. Aber nun heißt es doch »*sacerdotalis*« — es ist eine Einheit, die den Bischöfen zugehört, sie gewiß auch »eint«, aber doch nicht einfach als Ergebnis einer einträchtigen Versammlung als »Vereinigung«. Wenn nicht alles täuscht, so steht der Begriff auf der Grenze zwischen »moralischer« und »sakramentaler« Einheit, er zielt rückwärts auf das *sacramentum unitatis*, die *origo unitatis*, vorwärts auf die zum Grunde des Ursprungs sich wieder sammelnde »Einheit« der zersprengten Vielen[34].

Den Beweis liefert der Text sofort: die *unitas sacerdotalis* ist »entstanden, erschienen, zum Vorschein gekommen« *(exorta est)*. Was so hervorgeht, muß man nicht mühsam zusammensetzen: es ist mit Einem Male da, als leuchtendes Eines zuerst, das sich ins viele Geeinte verstrahlt. Das »*unde*« (p. 683, 11) weist auf die Herkunft der *unitas*: auf die *cathedra Petri*, und zwar im Sinne der ecclesia principalis. So hat man zunächst, in diesem ersten, die »Seinssphäre« betreffenden Gang der Interpretation, den umstrittenen Doppelausdruck zu fassen. Denn obschon *cathedra* und *ecclesia* nicht vereinerleit werden dürfen, hängen sie doch eng genug zusammen (verbunden nicht durch »*et — et*«, sondern durch »*adque*«!), um sich gegenseitig zu erklären. Freilich wäre es verkehrt, für Petri *cathedra* voreilig und ausschließlich »Rom« zu setzen und von da wie von einer schon bekannten Größe auf die Gleichung Rom = *ecclesia principalis* zu schließen. Der Interpret wird besser tun, umgekehrt zuerst den Sinn von »*ecclesia principalis*« zu klären und danach zu sehen, wie sich zu ihm die *cathedra* des Apostels verhält. Das ist nicht Willkür, sondern ergibt sich zwingend aus dem Text: was »*ecclesia principalis*« heißen kann und mit Sicherheit heißen muß, zeigt der Zusammenhang, während die Bedeutung der *cathedra* neben jener *ecclesia* zunächst zweifelhaft bleibt. Um sie zu ermitteln, muß die Interpretation verschiedene, für sich genommen scheinbar »einseitige« Wege beschreiten, die doch zusammen zuletzt zu dem von Cyprian gemeinten vielfältig-einfachen Sachverhalt führen.

---

[34] Christopher Butler (St. Cyprian on the Church in: Downside Review 71, 1953, 7) meint zu ep. 72, 3: »Plainly, such absolute autonomy of the local bishop, whether or not it might prove compatible with a preservation of the intercommunion of the local churches, would be destructive of the concept of the radical unity of the universal Church.« Das Gegenteil ist der Fall: die »Autonomie« der Bischöfe weist zurück auf das *sacramentum unitatis*, in welchem die *radix et origo* jeglicher »Autonomie« gelegen ist, und die »Einheit« ist keine andere als die von Glocken, die in Einem Gestühle schwingend, aber gegeneinander verschieden ein konsonantes Geläute ergeben. (Die »Autonomie« ist im tiefsten Sinne »ekklesionom«, d. h. christonom; aber ausgeschlossen ist die Heteronomie, d. h. die Unterordnung unter einen anderen, und sei es den römischen Bischof.)

Für die Deutung des »*principalis*« wurde Irenaeus bemüht[35]. Es genügt indessen, sowohl was den Inhalt als auch was Cyprians gewöhnliche Lektüre betrifft, Tertullian zu zitieren. Auf dessen Schrift De praescriptione haereticorum c. 31 hatte schon Turmel verwiesen[36].

Praescr. XXXI (p. 212 Refoulé, CC SL vol. I): *Sed ab excessu* (= Abschweifung) *revertar ad principalitatem veritatis et posteritatem mendacitatis disputandam, ex illius quoque parabolae patrocinio quae bonum semen frumenti a Domino seminatum in primore constituit, avenarum autem sterilis faeni adulterium ab inimico diabolo postea superducit ... Ita ex ipso ordine* (= Reihenfolge) *manifestatur id esse dominicum et verum quod sit prius traditum, id autem extraneum et falsum, quod sit posterius inmissum. Ea sententia manebit adversus posteriores quasque haereses, quibus nulla constantia de conscientia competit ad defendendam sibi veritatem.*

Ein Blick genügt, um zu sehen, daß es sich wieder um den Gegensatz der früheren Wahrheit zum späteren Irrtum, der früheren Kirche zur späteren Häresie handelt. Cyprian hat ihn vor allem in der Einheitsschrift aufgenommen[37] und, da ihm das »nachträglich Falsche« im Gewande der Spaltung entgegentrat, um den Gedanken der ursprünglich Einen Kirche vertieft[38]. Von daher ist es zu verstehen, wenn er in ep. 59 nicht von der *principalitas veritatis*, sondern (vielleicht, das sei dahingestellt, in Anlehnung an römischen Sprachgebrauch[39]) von der »*ecclesia principalis*«, d. h. von der »ursprünglichen« Kirche spricht[40]. Aber dieser Begriff schließt das Moment der Wahrheit ein, denn die, gegen welche er sich richtet, haben die Klimax ihrer Ruch-

---

[35] Vgl. oben S. 109. 112.

[36] Histoire du Dogme de la Papauté, 1908, S. 29, Anm. 1. Koch hat Cathedra Petri S. 100f. weitere Stellen gesammelt, um die »zeitliche« Bedeutung von *principalis* sicherzustellen. Vgl. auch Batiffol, Cathedra Petri 143ff.

[37] S. o. Kap. 2.

[38] Hier liegen die Gründe für die oft vermerkte »Gleichsetzung« von Häresie und Schisma bei Cyprian: jene ist ein Abfall von der Wahrheit, dies ein Abfall vom Sein der Kirche, und beides ist identisch, insofern Sein und Wahrheit der Kirche koinzidieren.

[39] S. o. S. 112 (Caspar).

[40] Walther Eltester unterstützte diese Deutung durch Hinweis auf Hermas vis. II 4,1 ὅτι ... πάντων πρώτη ἐκτίσθη (ἡ ἐκκλησία) und auf II Clem 14, 1 ἐσόμεθα ἐκ τῆς ἐκκλησίας τῆς πρώτης, τῆς πνευματικῆς, τῆς πρὸ ἡλίου καί σελήνης ἐκτισμένης. Die präexistente Kirche scheine nach diesen Zeugnissen ein in der römischen Gemeinde beliebtes Theologumenon gewesen zu sein, und es sei zu erwägen, ob auch die oben Kap. 6, S. 94f. behandelte Stelle Ad Fortunatum 11 in diesen Zusammenhang gehöre. Vgl. oben Kap. 5 Anm. 23. — Übrigens erinnert mich, im Zusammenhang mit Motiven, die unten im Schlußkapitel angerührt werden, Herr Professor Dr. Wilhelm Klein SJ (Bonn) mit Nachdruck an Augustins Confessiones XII, 15, wo sich der Gedanke der präexistenten Kirche mit dem der geschaffenen Weisheit (Prov 8) verbindet. Das ist gegenüber Cyprian ein Gedankenfortschritt — zu den hier sich bietenden Forschungsaufgaben vgl. unten S. 151f.

losigkeit mit dem Abfall vom Evangelium, d. h. von der zuerst und
ursprünglich gegebenen Wahrheit, begonnen (p. 683, 1)[41]. »*Ecclesia
principalis*« ist also Synonym für *veritatis origo* (un. 3), *origo unitatis*,
sacramentum unitatis (un. 4), es bezeichnet die Eine himmlische Kirche,
die der Herr, den Häresien und Schismen vorweg, (durch Verleihung
der *cathedra*) auf Petrus gebaut, dann allen Aposteln gleichermaßen
anvertraut hat und mit welcher nach un. 5 der *episcopatus unus* (und
damit auch die *unitas sacerdotalis* unseres Kapitels) gleichursprünglich
gegeben ist. In diesem Sinne waren Koch und Caspar im Recht, wenn
sie bei ihrer Auslegung vor allem auf Mt 16 18f. insistierten[42].

Es empfiehlt sich, die Frage, wie sich nun die »ursprüngliche« zur
»römischen« *cathedra Petri* verhält, noch einen Augenblick in der
Schwebe zu lassen und zuerst die Ernte des bisher Gesicherten einzu-
bringen. Beide Sphären liegen nun schon deutlich abgegrenzt ineinander: die des vorgegebenen »Seins« (von der bis hierher die Rede war)
und die des zum Sein rufenden »Sollens« (von der zu Beginn der Interpretation schon manches angeklungen ist). Da ist die Kirche des Ursprungs, mit der bischöflichen *cathedra* von Mt 16 eine vom Herrn
gestiftete »Zweiheit in Einheit« — jeder einzelne Bischof »besitzt«
diese Kirche »ganz«, und jeder einzelne ist (in seinem Bereiche) »ganz«
für ihre Glieder verantwortlich. Zugleich sind die Bischöfe untereinander durch das Band der Liebe geeint, denn im Wesen des Ursprungs
liegt es, nichts zu verlieren (*unitas tamen servatur in origine*, un. 5).
Dies ist der eine Aspekt; und der andere: Die aus dem Ursprung ge-
flossene Einheit wird von den Bischöfen gewahrt, 1. nach innen: man
trifft die Abmachung (p. 683, 17), einander zu respektieren, d. h. man
trägt der Seinsordnung »Eine Kirche, Ein Amt« praktisch Rechnung;
2. nach außen: man weist diejenigen zurück, die »*extra ecclesiam et
contra ecclesiam*« (Z. 6) die *concordia cohaerens* der Bischöfe zu ent-
zweien suchen (Z. 23). Hierher gehört noch ein dritter Gesichtspunkt
für den Fall, daß die Sollens-Sphäre (wo der Mensch zu handeln hat)
nicht so reibungslos, wie es dem Gedanken entspricht, innerhalb der
Seins-Sphäre kreist: man ruft einander zur Ordnung, in der Weise
zumeist, daß man zeigt was ist, um den Bruder daran ablesen zu
lassen, was er zu tun hat. So hat es Cyprian in De unitate gehalten,
so hält er's hier: Römer sein heißt glauben (dies ausdrücklich an die
Adresse der Schismatiker gerichtet) — so beweise denn auch den Glauben (dies versteckt, für den hoffentlich zwischen den Zeilen lesenden
Cornelius bestimmt). Auch der Ausflug in die Welt des natürlichen
Rechtsempfindens (Z. 18) zur Bekräftigung dessen, was doch die Bischöfe kraft ihres Amtes schon festgestellt haben, ist mehr für Cornelius als für Fortunatus bestimmt: positives (kirchliches) und natürliches

---

[41] Oben S. 118f.
[42] Oben S. 109ff.

Recht müssen dazu herhalten, den Irrenden mit allen Mitteln an seine Pflicht zu erinnern.

Wenn es nun (im Sinne jenes »dritten« Gesichtspunktes) richtig ist, daß Cyprian der Lehrende, Cornelius der Belehrte ist, so wird man sich vor einer allzu fraglosen Identifizierung der »ursprünglichen« *cathedra Petri* mit Rom von vornherein hüten. Diese Vorsicht empfiehlt sich aber vor allem auch im Blick auf jenen »strukturellen« Unterschied zweier Sphären (»Sei, der du bist«), der von dem persönlichen Verhalten des Cornelius ganz unabhängig ist. Es wurde oben beobachtet[43], daß Cyprian den durch die Wendung »*ad Petri cathedram etc.*« bezeichneten »Gipfel« des Textes »noch einmal« setzt, um ihn, aus der Nähe gleichsam, in der Beleuchtung zu zeigen, in der er den Frevlern erscheinen soll. Inzwischen hat die fortschreitende Auslegung gezeigt, daß dies »noch einmal« doch nicht einfach die Wiederholung oder Definition des zuvor Gesagten ist. »Zur *Cathedra Petri*, zur Kirche des Ursprungs zieht es sie? Dann mögen sie lernen, was Römer in Wirklichkeit sind«: der Sphäre des Ursprungs der Wahrheit (der Einheit) entspricht die Sphäre des Glaubens (*fides* Z. 12), in welcher der Mensch das Seine tut und tun muß, um sich im Horizont des Ursprungs zu halten. Also ein Doppelgesicht hat auch die römische Kirche: sie ist, was sie ist, kraft göttlicher Setzung — nicht allein den Schismatikern, sondern überhaupt menschlicher Entscheidung vorweg. Aber damit sie es sei und bleibe, hat ihr Bischof sich in die Wahrheit des Ursprungs zu fügen. Ihr Christentum ist, insofern es sich um die »aufweisbare« Kirche handelt, nicht risikolos ein für allemal gegeben, denn ein Bischof kann irren[44].

So weit, so gut — aber die eigentliche Schwierigkeit kommt erst noch. Cyprian entrüstet sich über die Schismatiker, weil sie, um das Maß ihrer Bosheit voll zu machen, auch noch an Bord gehen, um zur *cathedra Petri* und *ecclesia principalis* hinzufahren (*navigare* Z. 9) und ihre Briefe bei ihr abzugeben. Sieht man die Sache von dieser Seite, so läßt sich eine handgreifliche Identität der römischen mit der Kirche des Ursprungs schwerlich leugnen. Es ist allgemein zugestanden, daß Cyprian in Petrus den ersten römischen Bischof sieht — von hier aus wäre die Gleichung Rom = *cathedra Petri* leicht erklärlich. Die Problematik erwächst aus der anderen Gleichung: *cathedra Petri* = *ecclesia principalis*. Die Lösung findet man (in modifizierender Anknüpfung an Poschmann[45]), wenn man sich vorstellt, daß für Cyprians

---

[43] S. 120. [44] Dazu von Campenhausen, Kirchl. Amt 306.

[45] Vgl. oben S. 116ff. Von einer Seite zutreffend, doch wieder ohne Beachtung der »ekklesiologischen Differenz, M. Bévenot, Épiscopat et primauté chez saint Cyprien, in: Ephemerides Theologicae Lovanienses 42 (1966) 1, 182: ». . . c'est simplement qu'à Rome Pierre a établi la chaire qu'il avait reçue du Christ lors du ‚Tu es Petrus‘, et qu'il a transporté cette chaire de la Palestine en Italie.«

Bewußtsein Petrus die Kirche des Ursprungs (die in allen ihren Konkretionen die Eine und gleiche ist) gleichsam nach Rom mitgebracht
hat. Daß Koch und Caspar in Cyprians Gedankengang eine Unausge-
glichenheit bzw. einen Widerspruch fanden, resultiert bloß daraus,
daß sie ihren Petrus, in welchem Sinne immer, bei Cäsarea-Philippi
stehenließen, so daß der Unglückliche nur durch Entsendung eines
anderen Ich noch die Chance hatte, Bischof von Rom zu werden. Beide
Gelehrten übersahen, daß die Kirche des Ursprungs mit jeder Lokalkirche (also auch mit der römischen) a priori identisch ist.

Die Identifizierung der *Cathedra Petri* von Mt 16 mit der lokalrömischen *Cathedra* bedeutet also für Cyprians Bewußtsein nicht die
Rückdatierung der römischen Kirche im chronologischen Sinne: denn
was in Cäsarea-Philippi geschah, hat die Kirche nicht in seiner Isolierung dort zurückgelassen, sie hat es vielmehr in gewissem Sinne
schon revoziert, indem sie, die einstmals auf Einen erbaute, nunmehr
bei allen (Bischöfen) gleichzeitig ist. Noch weniger bedeutet jene Gleichsetzung die Aufblähung der lokalrömischen *Cathedra* zum Rang einer
Universal- und Weltkirche und gar zum Ursprung der Einheit. Denn
die *ecclesia principalis* ist, auch in ihren Konkretionen, *sacramentum*
und darf, als das »*totum*« *sui generis*, das sie ist, nicht mit einer *pars*
und *portio* verwechselt werden, so sehr umgekehrt die *pars und portio*,
als Repräsentation und Erscheinungsweise, »*pro toto*« zu stehen vermag. Es ist wieder nur eine Spielart der »anthropozentrischen Inversion«, wenn Cyprian an diesem Punkte dauernd mißverstanden wird.
Navigare ad Petri cathedram adque ad ecclesiam principalem bedeutet
zunächst nichts anderes als an die Pforten jener Kirche zu pochen,
die *post resurrectionem* überall die Eine Kirche des Ursprungs ist, und
die in diesem Falle Petrus (es hätte auch ein anderer Apostel sein können) mit sich nach Rom gebracht und dort niedergesetzt hat.

Die prinzipielle Gleich-Gültigkeit der Lokalität *sub specie ecclesiae*
und der absolute Vorrang der im Geheimnis Einen Kirche muß vollkommen begriffen sein, bevor die Auslegung noch einen Schritt weiter-
geht. Denn es läßt sich nun doch nicht übersehen, wie leidenschaftlich
Cyprian den Umstand hervorhebt, daß die Gegner es wagen, ausgerechnet an den von Petrus gegründeten Bischofssitz zu ziehen, da
doch Petrus es war, von dem her die Kirche des Ursprungs ihren Anfang nahm. Es verschafft sich hier eine Gesichtspunkt Geltung, den
Koch hervorzuheben nicht müde wurde und der, an die richtige Stelle
gerückt, das Rechte trifft. Es handelt sich nämlich hier nicht um eine
»Inkorporation« der »Urkirche« in Petrus und um eine in diesem Sinne
mißverstandene »reale Bedeutung« des Apostels für die kirchliche Einheit — sondern um eine Erinnerung. Um eine Erinnerung freilich,
die nicht den aus Palästina Herüberwinkenden, sondern den von dort
mit den übrigen Aposteln vom Herrn Ausgesandten (ep. 28, 2 =

p. 546, 4ff.) und nach Rom Gekommenen meint. Die römische Kirche verdankt dem Mann ihre Gründung, der einstmals der erste und alleinige Träger der Einen Kirche war. Und da wagen es diese Buben, nach Rom zu fahren und dem heiligen Geheimnis der Kirche gerade dort ins Gesicht zu schlagen, wo das Bewußtsein der Einheit besonders innig, ja mit den persönlichsten Erfahrungen und Impulsen durchstimmt sein muß! Denn was ist Petrus? Aber die Kirche ist alles; und da es dem Herrn gefallen hat, sie auf dem Einen zu manifestieren, so wird, wo dieser Eine seinen Fuß hingesetzt hat, das Geheimnis der Kirche, wiewohl bei allen dasselbe, mit tieferer Glut aus sich selber leuchten. Das mögen die Schismatiker wissen — von Cornelius ist zu hoffen, daß er es weiß[45a]!

Wir stehen hier an einem Punkt, wo das System des Theologen durch ein geschichtliches Bewußtsein — nicht durchbrochen (am Grundsätzlichen ändert sich nichts!), aber auf eine bestimmte *Cathedra* appliziert, auf diese hin gleichsam mit einem Ausrufezeichen versehen wird. Es steht eben doch so, daß Cyprian, der Einheitskünder, für seinen Petrus persönlich etwas empfindet. Der zuerst Erwählte ist für ihn nicht schemenhaft »Typus« oder »Zeichen«, sondern — was der Forschung schwer einzugehen scheint — Bischof und als solcher freilich »*exemplum*«. Wie es als sicher gelten kann, daß Cyprian seine Idee des »*pars pro toto*« nur im Blick auf Petrus, den Einen, im Apostel- und Bischofskollegium immer »noch einmal« Gesetzten zu konzipieren vermochte (und dies auch nur, weil er sich selbst als eine Art »Petrus« fühlte): so geht auch im Praktischen von »Petrus« die entschiedene Anregung aus, »*unus pro omnibus loquens et ecclesiae voce respondens*« den Feinden des Evangeliums die Stirne zu bieten und durch Wort und Tat zu beweisen, »daß die Kirche, die an Christus glaubt, und die ein für allemal an dem von ihr Erkannten festhält, unter gar keinen Umständen von Christus weicht« (ep. 59, 7 = p. 674, 17ff.).

Die Formel »*unus pro omnibus*«, von Cyprian zur Erläuterung des Petrusbekenntnisses nach Joh 6 eingeführt, um Cornelius von der die Schismatiker in ihrer Nichtigkeit hinter sich lassenden Stabilität der Kirche zu überzeugen, enthält *in nuce* die Lösung des ganzen »Petrus«- Problems. Man darf sich das Verständnis nur nicht dadurch verderben, daß man ihr den Sinn des »*primus inter pares*« unterschiebt; eine Wendung, deren halbschlächtiger Petrozentrismus selbst dann falsch bleibt, wenn man sie in »chronologischer« Bedeutung nimmt. »*Unus pro omnibus*« heißt, daß

[45a] Nur in diesem differenzierten Sinne vermag ich zuzustimmen, wenn Adrien Demoustier in seinem Aufsatz »Épiscopat et union à Rome selon saint Cyprien«, RechScRel 52 (1964) S. 355, schreibt: ». . . actuellement encore Rome est l'Église-mère, souche de l'unité, parce que son siège est le plus ancien, celui de Pierre, et que son évêque est le seul, en conséquence, à détenir l'antériorité de Pierre sur les autres apôtres.«

aus allen, die schon versammelt sind, Einer herausgegriffen wird — nicht
weil es gerade auf diesen Einen, sondern weil es in der Gemeinschaft Aller
auf »jene Eine« ankommt, die zuerst »für« den Einen ist, um danach, als
die Eine erkannt, »für« jeden einzelnen und für alle zumal zu sein. Cyprian
interessiert sich für Petrus nur sub specie ecclesiae, und er verficht das
»unus pro omnibus«, weil er eigentlich das *»una pro omnibus«*
meint[46].

Wäre Cyprian selbst Bischof von Rom geworden — man könnte
sich keinen Kirchenfürsten denken, der mit tieferer Inbrunst die Nach-
folge Petri im Dienste der Einen Kirche zum Programm erhoben hätte.
Hier liegen auch bei Cyprian die Wurzeln eines Primats-
denkens, aber nicht in der von den römischen Päpsten ent-
wickelten anthropozentrischen Linie. Denn den Begriff des
»Primats« in dem später üblichen prononcierten Sinne[47] hätte er niemals auf sich, den Bischof unter Bischöfen, sondern immer nur auf
die *ecclesia principalis*, auf die von ihm in warmen Tönen gepriesene
mater origo et radix, die *ecclesia prima et una super Petrum Domini voce
fundata*[48] beziehen können[49]. Er selbst, ein anderer Petrus, hätte seine

---

[46] Wer hier als systematischer Theologe anknüpfen wollte, könnte fortfahren: in der
»una (sc. ecclesia) pro omnibus« manifestiert sich wiederum der *»unus (sc. Dominus)
pro omnibus«*, so daß in einer merkwürdigen Spirale (bei welcher sich jeweils eine
Instanz in der nächsthöheren aufzuheben scheint) der Weg vom Apostel über die
Kirche zum Herrn führt, der letztlich gemeint ist (vgl. z. B. auch das Zitat oben
Anm. 29). Das führt über Cyprian hinaus, liegt aber in der von ihm eingeschlagenen
Richtung einer sozusagen »evangelischen Katholizität«.

[47] Schwierig scheint die Bedeutung von *primatus* in ep. 69, 8 = p. 757, 17 *ecclesiam
scindentes et contra pacem adque unitatem Christi rebelles cathedram sibi constituere
et primatum adsumere et baptizandi adque offerendi licentiam vindicare conantur.*
Koch, Cathedra Petri 137 versteht darunter das »Recht auf die *cathedra* und auf
Taufe und Opfer«, unter Hinweis auf ep. 73, 25 und de bono patientiae 19, wo
primatus (plur.) = Erstgeburtsrecht. Ähnlich le Moyne a. a. O. S. 90 (*primatus*
= pouvoir). Bévenot (Journal of Theol. Stud. N. S. 5, 1954, 24) bestreitet die
Synonymität mit *cathedra*: Cyprian »is only expressing his constant grievance against
Novatian, that he was making a new starting-point, springing up from nowhere,
whereas all real episcopal power sprang from a starting-point established by Christ
himself.« Der Gedanke wäre cyprianisch (vgl. a. a. O. Anm. 1 die Belege). Bévenot
weist in die richtige Richtung: *primatus* neben *cathedra* meint in der Tat das verwerf-
liche *»a seipso oriri«* (ep. 69, 3) des Schismatikers (vgl. auch die entsprechende
temporale Bedeutung des Ausdrucks an der unten Anm. 49 zitierten Stelle). Doch
ist die Vokabel in einem cyprianischen Kontext prägnanter zu fassen: Die Schismatiker beanspruchen für sich das Recht, mit der Kirche des Ursprungs zusammen-
zuhängen, bzw. sie usurpieren diese.

[48] Ad Fortunatum c. 11 = p. 338, 15ff., vgl. oben Kap. 6, S. 94. Zur LA *»Petrum«*
st. *»petram«*: Koch Cathedra Petri 46, Anm. 2.

[49] Ep. 71, 3 = p. 773, 11ff.: *nam nec Petrus quem primum Dominus elegit et super
quem aedificavit ecclesiam suam, cum secum Paulus de circumcisione postmodum*

Kraft in den Wirren der Zeit darin verzehrt, »*unus pro omnibus*« dieser im Geheimnis Einen Kirche, aber nicht sich selbst und seiner lokalen *potestas* (im Sinne jurisdiktioneller Allgewalt) Geltung zu verschaffen. Ein kraftvoller *testis veritatis*, ohne sich mit der Wahrheit in allzu menschlicher Verkennung der Proportionen *per infallibilitatem* zu identifizieren: »Ich lebe, doch nun nicht ich, sondern die Kirche lebt in mir«[50].

Dies aussprechen heißt freilich die Grenzen des dem Historiker Erkennbaren überschreiten. Wer weiß, was aus Cyprian Schlimmes geworden wäre, wenn er durch einen Zufall die römische *Cathedra* be-

disceptaret, vindicavit sibi aliquid insolenter aut adroganter adsumpsit, ut diceret se primatum tenere et obtemperari a novellis et posteris sibi potius oportere, nec despexit Paulum quod ecclesiae prius persecutor fuisset, sed consilium veritatis admisit et rationi legitimae quam Paulus vindicabat facile consensit, documentum scilicet nobis et concordiae et patientiae tribuens, ut non pertinaciter nostra amemus, sed quae aliquando a fratribus et collegis nostris utiliter et salubriter suggeruntur, si sint vera et legitima, ista potius nostra ducamus. — Die Stelle gehört zu den umstrittensten. Ich begnüge mich hier mit einer skizzenhaften Interpretation im Sinne der vorliegenden Untersuchung. Der Herr hat Petrus »zuerst« erwählt und die Kirche auf ihn gebaut, d. h. Petrus empfing die Gnade, »*unus pro omnibus*« »Träger« der Einheit zu sein. Aber so entschieden Cyprian den erst später auftretenden Häretikern und Schismatikern gegenüber auf der *principalitas* der Kirche besteht: innerhalb der Kirche (der legitimen »*omnes*«) selbst gilt das *prius* nicht *mehr* als das *postmodum*, wenn es sich um den Termin des »Kircheneintritts« handelt; und andererseits ist das *prius* kein Einwand gegen das *postmodum*, wenn es sich um frühere Sünden eines nachmaligen Apostels handelt. Grund: wer von der *origo* her mit Allen zur Einheit versammelt wird, ist »alles mit Einem Male« — in dieser Dimension wird die zeitliche Differenz wo nicht aufgehoben, so doch gleichgültig. Daß andererseits »*primatus*« (in dem oben Anm. 47 aufgewiesenen prägnanten Sinne) zeitlich zu verstehen ist, zeigt der Zusammenhang: das *primum electum esse* begründet keinen Anspruch, *wo immer die Wahrheit des Ursprungs sich reiner ausspricht, da muß man auf sie hören*. Gewiß also hat Petrus nach Cyprian einen »Primat« in dem Sinne, daß er zuerst ausgewählt wurde — aber dies hat in der für die Kirche charakteristischen Ordnung keinerlei Konsequenzen für seine Person.

Ein anderer strittiger Text ist ep. 48, 3 = p. 607, 5ff. Den nach Novatians Erhebung nach Rom Reisenden erteilte Cyprian den dringenden Rat, *ut ecclesiae catholicae matricem et radicem agnoscerent ac tenerent*. Es handelt sich wieder um einen Genetivus definitivus, vgl. Schrijnen-Mohrmann I 81. Gemeint ist die katholische Kirche in ihrer »Ursprünglichkeit«, den Häresien und Schismen vorweg gegründet und in dieser ihrer Ursprünglichkeit verbindlich gegenwärtig (vgl. oben Anm. 16 den Doppelsinn der irenaeischen *principalitas*!). Cornelius gegenüber (an den der Brief gerichtet ist) bleibt der Ausdruck neutral. Die Eine Kirche ist nur mit dem Einen Amt zu haben (un. 5), beides nur in Gemeinschaft mit dem rechtmäßig ordinierten Bischof (ep. 33, 1): also sollen die Romfahrer zusehen, welcher von den beiden Rivalen der Richtige, d. h. der »Ältere« ist, und mit diesem an der Kirche des Ursprungs festhalten.

[50] Vgl. oben Kap. 4, S. 69.

stiegen hätte! Vielleicht wäre es seine erste Amtshandlung gewesen, den »Primacy Text« zu verfassen. Weil er bei seiner peripheren Stellung in Afrika nicht in Versuchung geriet, vermochte er das *sacramentum unitatis* zu empfinden und zu verkünden. Der Bischof von Karthago, wenn man ihn als »Persönlichkeit« nimmt, ist ja eine ungewöhnliche, eine gar nicht im üblichen Sinne »hierarchische«, eine in ihrem quasipaulinischen Impuls zur Selbstbescheidung wahrhaft große Erscheinung. Aber er ist dies alles eben nicht als isolierte »Persönlichkeit«, sondern kraft jenes die Zeit und den Ort einbegreifenden Einklangs aus Geschick und Entscheidung, durch den ein Mensch per temporum vices zu jener Gestalt wächst, die ihn zu einem integrierenden Moment der Geschichte macht.

Achtes Kapitel

Cyprian in Geschichte und Gegenwart

Hingabe und Selbstbehauptung — ein Widerspruch, in dem sich das menschliche Selbst erst konstituiert! Bei Cyprian gewinnt er zugleich objektive Bedeutung von geschichtlichem Rang. Das im gegenstrebig Einen gesammelte Wesen des Mannes hatte sich zu bewähren, als es galt, in den ersten das ganze Reich überflutenden Christenverfolgungen der Kirche den Rücken zu stärken: er wurde, soweit sein Einfluß reichte, der Aufgabe gerecht, ohne es an maßvoller Klugheit gegenüber den Heiden fehlen zu lassen[1]. Sein in Kämpfen errungenes Maß zwischen Halten und Lassen wurde richtungweisend, als die Verhältnisse ihn dazu drängten, die überkommene Strenge des Bußinstituts durch schrittweise konzedierte Milderung in Festigkeit vergebungsbereiter Liebe zu wandeln[2]. Zwischen den Extremen des Laxismus und Rigorismus fand er sicher hindurch, und der Takt des aus weitem Horizont denkenden Hirten bekundet sich in der Bereitschaft, den mit der Zeit sich wandelnden Bedürfnissen des Kirchenvolkes nicht minder als den Ratschlägen der Mitbischöfe[3] Rechnung zu tragen.

Die Würde seines Amtes behauptete er in dem Bewußtsein, innerhalb seines beschränkten Wirkungskreises doch mit dem Ganzen, dem

---

[1] Vgl. ep. 5, 2 = p. 479, 6ff., wo Cyprian seinem Klerus empfiehlt, zur Vermeidung heidnischer *invidia* (die ihn selbst aus Karthago vertrieben hatte, ep. 7 = p. 485, 3) die Besuche bei den im Kerker gefangenen Konfessoren *cum temperamento* zu regeln. Es ist bezeichnend, daß die praktischen Ratschläge, die Cyprian im einzelnen erteilt (1. Vermeidung von Massenansammlungen, 2. Abordnung nur je zweier Kleriker zur Feier der Eucharistie, 3. Wechsel der Personen, um keinen Verdacht zu erregen), eine geistliche Begründung erfahren, Z. 17: *circa omnia enim mites et humiles, ut servis Dei congruit, temporibus servire* (= der Situation Rechnung tragen) *et quieti prospicere et plebi providere debemus.* Die *quies omnium* ist hier überall der leitende Gesichtspunkt (vgl. auch den Anfang des Kapitels), um ihretwillen ist Cyprian der *invidia* gewichen (p. 485, 4): gemeint sind »leidliche Beziehungen« zur heidnischen Bevölkerung. Das klug berechnete *temperamentum* (s. o.) erscheint von der anderen Seite als *humilitas*, d. h. diese liegt in der Bescheidung, nicht zu viel zu wollen, Z. 12.

[2] Vgl. die den Abschluß markierende ep. 57, c. 5 = p. 655, 16: *nos quod fidei et caritati et sollicitudini congruebat, quae erant in conscientia nostra protulimus* (angesichts neuer drohender Verfolgungen sollen alle *Lapsi* in die kirchliche Gemeinschaft aufgenommen werden).

[3] Cyprians Standpunkt in der Gefallenenfrage war vor dem Frühjahrskonzil 251 strenger als hinterher, vgl. die Schrift De Lapsis mit ep. 55.

»Einen« betraut zu sein. Vor Hybris bewahrte ihn die Einsicht, daß
sich das Ganze entzieht, sobald man es in die Grenzen einer *pars* und
portio einzuschließen sucht[4]. Sein intuitiver, von Vernunft und Liebe
geleiteter Blick ging auf die Vielen, von Petrus her Gleichgestellten,
die durch Gottes Strenge zu brüderlicher Eintracht ermahnt[5], sich
aus wechselseitiger Rücksicht ins Eine des Ursprungs fanden. Wo diese
Rücksicht zu fehlen schien, wurde Cyprian — in dem Spielraum, der
ihm zwischen Enthusiasmus und Moralismus gelassen war — auch
unter Brüdern belehrend. Aber niemals verlor er die Überzeugung,
daß es sich nur um die Wahrung eines ein für allemal gültig Gegebenen
handelte. Für die Auflehnung der mutwillig Abtrünnigen empfand er
Verachtung[6] — weniger eine Frucht seines Machtbewußtsein als des
Glaubens an die unwiderrufliche Entscheidung des Herrn[7]. Als er im
Ketzertaufstreit mit Stephan von Rom zusammenprallte, stand er
fest auf seiner Überzeugung, daß Kirche und Taufe zusammengehören[8].
Aber selbst hier noch war er bereit, die entgegengesetzte Meinung
und Praxis zu dulden, wenn nur in der wechselseitigen Hingabe an das
vinculum caritatis[9], im Zusammenschluß des gemeinschaftlich Einen
Willens ein Standpunkt gesichert war, der die wesenhaft gegebene

---

[4] Cyprians in ep. 5 = p. 479, 11 ff. ausgesprochene Warnung: *ne . . . dum insatiabiles
multum volumus, totum perdamus*, gehört gewissermaßen auch in solche Zusammenhänge.

[5] Die Einheitsschrift muß auch unter dem Gesichtswinkel der *praecepta* und *mandata*
gelesen werden.

[6] Ep. 59, 9 = p. 676, 15 ff.: *neque enim ad catholicae ecclesiae maiestatem pariter ac
dignitatem pertinere debet quid apud se haereticorum et schismaticorum moliatur
audacia . . . . . . nec tamen de hoc tibi scripseram, quando haec omnia contemnantur
a nobis etc.*

[7] Un. 4: *Dominus . . . sua auctoritate disposuit.*

[8] Seine Beweisführung, die man vor allem aus ep. 69 kennenlernt, muß stets unter
dem Gesichtswinkel der geschlossenen Ganzheit verstanden werden, jenseits deren
gleichsam »das Leere« beginnt.

[9] Klein a. a. O. S. 63 behauptet: »Das *cohaerere sacerdotum* erschöpft seinen Sinn darin,
daß es als *glutinum* der kirchlichen Einheit dient . . ., das *concordiam collegii sacerdotalis
optinere* soll das *catholicae ecclesiae cohaerere* des Amtsträgers garantieren . . . Dies
eben verdirbt den Gedanken der Einmütigkeit, daß ihre primäre Bedeutung nicht
in ihrem Bezug auf den Bruder gesehen wird, sondern in ihrem Charakter eines
vinculum caritatis kirchlicher Einheit.« In Wirklichkeit gebraucht Cyprian *»vinculum
concordiae«* synonym mit *»unitatis sacramentum«* (un. 7 = p. 215, 11), d. h. es handelt
sich für ihn um jene — schwer in Begriffe zu fassende — vom Ursprung her gegebene
»sakramentale« Realität, die für das Zueinander der *fratres* das ist, was für das
Licht und den Schall die Luft: ein Medium, in dem man sich findet, indem man
das Eine gewinnt. Aber was bei Cyprian ein lebendiges Doppel aus Feuer und Kohle
(Kirche und Bischof), das ist in der Sicht einer dem *sacramentum* entfremdeten
Interpretationsweise zu Schlacke verbrannt.

Wahrheit des Ursprungs — das *sacramentum* der Kirche — selbst dort noch festhielt, wo der lehrmäßige Dissensus zwischen den Teilen das Ganze selbst in Frage zu stellen schien[10]. Es wäre abwegig, hierin die Haltung des an der Wahrheit nur halb interessierten Praktikers und Politikers zu erblicken: es zeigt nur, daß Cyprian einen anderen Begriff von Wahrheit hat als der Moderne — daß die heillose Lüge für ihn erst beginnt, wo das vom Richtigen abweichende Meinen und Tun zu einer willentlichen Scheidung von der »substantiellen« Wahrheit, von der lebendig entspringenden Vielfalt des »Leibes« führt[11].

Auch im Persönlichen stand der Bischof exemplarisch zwischen Stolz und Bescheidung, zwischen Lebenswillen und Todesbereitschaft. Als er nach seiner *secessio* die beleidigende Behandlung durch den römischen Klerus erfuhr[12], wies er die nach Rang und Weitblick Unter-

---

[10] Ep. 72, 3 (an Stephan gerichtet, p. 777, 24ff.): Stephan erhält 1. die Mitteilung *pro honore communi et pro simplici dilectione*, d. h. mit Rücksicht darauf, daß er a) für sich *episcopatum tenet*, b) mit den *collegae* in *concordia cohaerens* verbunden ist; 2. wird ihm mit deutlichen Worten nahegelegt, seine irrige Meinung zu revidieren (*credentes etiam tibi pro religionis tuae et fidei veritate placere quae et religiosa pariter et vera sunt*); 3. wird ihm (notgedrungen) konzediert, daß er es in seinem Amtsbereich nach seinem *gusto* halten kann (*ceterum scimus quosdam quod semel inibiberint nolle deponere nec propositum suum facile mutare*). 4. wird festgestellt, daß ein wie immer beschaffener ἴδιος λόγος den κοινὸς λόγος nicht in Frage stellt, vorausgesetzt, daß der Eigenbrötler (dieser und nicht etwa das Kollegium, bei welchem es sich von selbst versteht, vgl. auch ep. 55, 21!) sich die Gemeinschaft mit den übrigen gefallen läßt (*sed salvo inter collegas pacis et concordiae vinculo quaedam propria quae apud se semel sint usurpata retinere. qua in re nec nos vim cuiquam facimus aut legem damus etc.* — zum Rest vgl. oben Kap. 7 Anm. 33). — Bévenot (Primatus Petro datur, Journal of Theol. Stud. 5, 1954, 35) meint, Cyprian hätte aus seiner »Theorie« (die im Ketzertaufstreit total zusammengebrochen sei) logischerweise die Konsequenz ziehen müssen, Stephan und seine Anhänger aus der Kirche auszuschließen. Daß er es nicht getan habe, sei das Zeichen für eine unterschwellige Verbundenheit mit Rom. Es ist deutlich, daß hier Cyprians Einheits-Idee verkannt ist — Cyprian kann den anders Denkenden und Handelnden konsequenterweise solange nicht »ausschließen«, als feststeht, daß er legitim zum *collegium episcoporum* gehört und gehören will. Im übrigen ist die Frage mit vielen Details verknüpft (vgl. Bévenots Aufsatz in RechScRel 39, 1951), auf die ich hier nicht mehr eingehe, weil ihre Erörterung solange fruchtlos bleibt, als man sich im Grundsätzlichen nicht hat einigen können. *Scimus quosdam, salvo inter collegas pacis et concordiae vinculo, quaedam propria quae apud se semel sint usurpata, retinere.*

[11] Un. 23 = p. 231, 11: *quicquid a matrice discesserit seorsum vivere et spirare non poterit, substantiam salutis amittit* (der Satz liest sich wie ein Résumée von un. 5).

[12] Ep. 8 war nicht so gemeint, sondern entsprang der »ökumenischen Sorge« der römischen Gemeinde, vgl. Adolf Harnack, Die Briefe des römischen Klerus aus der Zeit der Sedisvacanz im Jahre 250, in: Theologische Abhandlungen, Carl von Weizsäcker ... gewidmet, 1892, S. 12 fin.

legenen im Bewußtsein seiner Integrität vornehm in die Schranken[13].
Bald darauf lenkte er ein — nicht im Gefühle der Schuld noch aus
bloß taktischen Erwägungen, sondern weil die Gemeinsamkeit christ-
licher Willensbildung in gefährlicher Zeit ihm mehr galt als die isolie-
rende Beharrung auf der eigenen Unantastbarkeit[14]. Selbst in dem

---

[13] In ep. 9: vgl. Harnack a. a. O. S. 27f. — Brief 8 trägt keine Überschrift, ebd. S. 27,
Anm. 3: Harnack vermutet, daß eine für möglichst weite Verbreitung bestimmte
allgemeine Adresse verlorenging. Wahrscheinlicher ist jedoch, daß das Schreiben
nie eine Überschrift trug, vielmehr ohne eine solche dem karthagischen Klerus
eingehändigt wurde (eben dies moniert Cyprian ep. 9 = p. 489, 12f., und weshalb
sollte man seinen Worten nicht Glauben schenken?). An wen sollten sich auch die
Römer mit Anstand wenden? An den Klerus direkt konnten sie nicht, da der Bischof
offiziell noch amtierte. An diesen wollten sie nicht, da er nach ihren Begriffen geflohen
war. Das Fehlen der Adresse spiegelt gerade das Dilemma, welches den römischen
Klerus zum Eingreifen veranlaßte — der Kurier wird die nötigen mündlichen Er-
läuterungen dazu gegeben haben.

[14] Harnack a. a. O. S. 28f. faßt die Änderung in Cyprians Haltung als Folge der
Schwierigkeiten auf, in denen sich Cyprian seiner Gemeinde gegenüber befand: er
brauchte Bundesgenossen. »Welch ein Triumph des römischen Klerus! Der große
Bischof von Karthago muß (sc. in ep. 20) diese Sprache führen: er stellt sich Rom
zur Verantwortung und zwar nicht dem dortigen Bischof, sondern den Presbytern
und Diakonen! Indessen — in der Politik ist der Erfolg allein ausschlaggebend« usw.
Aber Cyprian hat mit ep. 20 keinen Gang nach Canossa getan. Es trifft zwar zu,
daß seine eigene bedrängte Lage an der Revision seiner Haltung entscheidenden
Anteil hatte: aber eines ist der Anlaß, der zur *humilitas* führt, ein anderes die Wahrheit, die der Mensch in ihr findet (vgl. oben Anm. 1 fin.). Ep. 20 zeigt vielmehr,
daß Cyprian von bloßer »Politik« weit entfernt ist. Der unmittelbare A n l a ß seines
Schreibens ist die Sorge, daß die Vorgänge in Karthago den Römern »*minus simpliciter
et minus fideliter*« hinterbracht werden (p. 527, 4). Der eigentliche G r u n d seiner
Großzügigkeit, mit der er sich sogar auf die zuvor abgelehnte ep. 8 zu beziehen
vermag (p. 528, 25), ist der Wunsch: *ne actus noster qui adunatus esse et consentire
circa omnia debet in aliquo discreparet* (p. 529, 1). Hier zeigt sich, daß Cyprian, obwohl er die tiefsten Gedanken seiner Einheitsschrift sich zu dieser Zeit vermutlich
noch nicht bewußt gemacht hat, d a s   P r i n z i p   s e i n e s   H a n d e l n s   i m m e r   s c h o n
i n   s i c h   t r u g.   Die Bereitwilligkeit, Mißverständnisse durch ein brüderliches
rationem reddere (p. 527, 7) zu klären, ferner unter Ignorierung voriger *Gravamina*
auf d i e S a c h e zu sprechen zu kommen und hierbei die Anregungen der *fratres* nicht
zu verschmähen (auch wenn diese im Augenblick einer Sedisvakanz den Bischof
lediglich vertreten), entspricht genau der Forderung, die er im Ketzertaufstreit
Stephan gegenüber erhebt: man muß das *consilium veritatis* an sich heranlassen
und nicht *pertinaciter* in Selbstliebe verharren (ep. 71, 3). Auch der von Harnack
(S. 29, Anm. 3) hervorgehobene Satz: *nec in hoc legem dedi aut me auctorem temere
constitui* (p. 528, 22), hat nichts mit Unterwürfigkeit gegenüber Rom zu tun, sondern
entspricht seiner späterhin deutlicher formulierten Regel, daß kein Bischof dem
anderen ins Handwerk zu pfuschen hat. Daß ferner Cyprian sich durch die Wendung
»*mea mediocritas*« usw. kennzeichnet (Harnack a. a. O. Anm. 4) hat nichts zu be-

unglücklichen Rechtfertigungsschreiben an Florentius Puppianus[15], in welchem der Gereizte die *modestia* verliert, kämpft noch der in der Sache gegründete rechte mit dem unrechten selbstischen Zorn, und unter allen Entgleisungen stimmt das ungeheuchelte Bewußtsein verkannter Bischofstreue versöhnlich. Schließlich: als die erste Verfolgung ausbrach, zog er sich ins Versteck zurück, aus Unkenntnis der Lage zum Teil[16], vor allem aber in der Überzeugung, daß sein Amt ihm die Selbstbewahrung zur Pflicht machte[17]. Ein knappes Jahrzehnt später fühlte er die Berechtigung, seine *Cathedra* preiszugeben und der Schar derer zu folgen, die er längst zur Hingabe ihres Lebens um Christi willen gestärkt hatte[18]. Wenn die Schilderung der prokonsularischen Akten auf Wahrheit beruht, so hat er noch im Augenblick des äußersten Selbstverlusts seine *grandezza* bewahrt.

*

Das meiste spricht dafür, daß Cyprian schon zu seinen Lebzeiten nicht verstanden worden ist. Für seinen Begriff von »Freiheit aus Ein-

---

deuten, da er dieselbe Sprache auch sonst führt (z. B. im Ketzertaufstreit, wo er auf der Höhe seines Selbstbewußtseins steht). Es zeigt sich an allem nur, daß Cyprian gerade dort, wo er nachgibt, aus innerer Überlegenheit handelt, und dies pflegt das Kennzeichen echter Demut zu sein. (Auf Bévenots Einschätzung der Stellung Cyprians zu Rom wurde wiederholt hingewiesen. Der eigentliche Dissensus zwischen ihm und mir liegt darin, daß ich bei Cyprian für *a priori* (mit seinem Wesen) gegeben halte, was er sich nach B. erst nachträglich aus ep. 30 (Novatian) herangeklaubt haben soll — seine Freiheits-Idee.)

[15] Ep. 66. — Harnack Chronologie II 355: »Peinliches Rechtfertigungsschreiben.«

[16] Er glaubte, wie die ersten Briefe an seinen Klerus beweisen, daß die Gefahr bald vorüber sei.

[17] In diesem Sinne ist die wiederholte Berufung auf die »*loci condicio*« zu verstehen (vgl. die Belege bei Koch, Cathedra Petri S. 107, Anm. 1).

[18] In ep. 6 (nach Leo Nelke, Die Chronologie der Correspondenz Cyprians, 1902, S. 12 mit ep. 5 gleichzeitig, und so auch Harnack Chronol. II 341; aber ep. 5, 1 setzt die *incolumitas* des karthagischen Klerus voraus [was Nelke abwegig, denn Cyprian gibt zugleich von seiner eigenen »*incolumitas*« Kunde, auf »sittliche Unversehrtheit« deutet], während nach ep. 6, 4 ein Presbyter Rogatianus eingekerkert ist; also ist ep. 6 später als ep. 5) entwirft Cyprian eine Theologie des Martyriums, worin besonders der Passus hervorzuheben ist, der den Konfessoren einschärft, daß Gott zwar retten k a n n aber nicht m u ß, und daß »Glauben« heißt, sich dem Willen Gottes ohne Vorbehalt auszuliefern (c. 3; die Grundformel dieser »*militia Christi*« p. 483, 12: »*ad omnia enim parati*«, auch und gerade unter der Bedingung des »*et si non*« Z. 21, d. h. des Ausbleibens der göttlichen Hilfe). Cyprian macht zwar auch hier den Umweg über die »Eigenständigkeit« des Menschen (es geht um die *confessionis virtus* Z. 21 und damit um die »*gloria*«), aber es ist eine solche, die sich zum Schluß an Gott verliert.

heit«[19] mochte der Osten einen Sensus noch eher als der Westen besitzen: die begeisterte Zustimmung Firmilians ist hierfür ein Indiz[20].
Im Westen war Cyprian seinen Mitbischöfen haushoch überlegen, und
das »Amt« war, nicht ohne Schuld Cyprians, so unaufhaltsam im Fortschreiten, daß die mehr gelebte als gedachte Subtilität der »ekklesiologischen Differenz« nicht wirklich zum Tragen kam. Während Cyprian das *sacramentum unitatis* noch zu sondern vermochte, sehen wir
in Rom die Kirche und das Amt immer fragloser kongruieren. Stephan
fühlte sich, nach allem, was wir von ihm wissen, höchst direkt als Inhaber der kirchlichen Gewalt[21]. Anderthalb Jahrhunderte — seit dem
Ordnungsdenken des römischen Klemens — war die Kirche mit dem
Papsttum schwanger gegangen. In der Person Stephans hat sie es ge-

---

[19] Die Einheit ist a) die des Ursprungs, b) die in jeder ecclesia sich wiederholende
(des Ursprungs). Aus b) entspringt die Freiheit des je einzelnen Bischofs, aus a) der
unlösliche Zusammenhalt aller Bischöfe untereinander.

[20] Vgl. oben die Einleitung, S. 4 f.

[21] Aus ep. 75 erfahren wir: Stephan hat sich 1. für den Brauch der bloßen Handauf-
legung für Konvertiten auf apostolische Überlieferung berufen, er hat die Überlieferung 2. durch eine Reihe von theologischen Argumenten zu stützen gesucht
(*auctoritas* und *ratio*!), und er hat darüber hinaus 3. die von den Aposteln Petrus
und Paulus überkommene Tradition als für die Gesamtkirche verbindlich erklärt.
Damit nicht genug brachte Stephan 4. die eigene Person ins Spiel, indem er sich als
successor desjenigen Petrus bezeichnete, auf welchen nach Mt 16 der Herr seine
Kirche gebaut habe. Auf diesen Rechtstitel gestützt hat Stephan 5. *in puncto*
Ketzertaufe seitens der ganzen Kirche gehorsame Unterwerfung verlangt und 6. alle
Widerspenstigen mit der Exkommunikation bedroht. Stephan hat sich ferner nicht
mit bloßen Deklamationen begnügt: den bedeutenden karthagischen Kollegen
schmähte er nicht allein öffentlich als Pseudochristus, Pseudoapostel und trügerischen
Arbeiter, sondern einer von Cyprian bei ihm eintreffenden Gesandtschaft verweigerte
er obendrein Gehör und Unterkunft. Das heißt fürwahr, bemerkt sarkastisch Firmilian,
die Einigkeit des Geistes im Bande des Friedens zu wahren (ep. 75, 25). — Im übrigen
glaube ich, wie diese Hinweise zeigen, nicht, daß sich bereits Kallist auf Mt 16
berufen hat. Tertullians De pudicitia zeigt zu deutlich die ironische Färbung sowie
im fingierten Gespräch eine Argumentationsweise, die sich ungezwungen aus Tertullians auch sonst bekannter Gedankenbildung herleiten läßt. (Nicht einmal der von
Tertullian in schrillem Protest aufgegriffene staatsrechtliche Terminus »Edikt«
darf, im Sinne des Begriffs, auf Kallist Anwendung finden; es ist schwer zu begreifen,
daß die Geschichtschreibung dies beständig, mit der ihr eigenen ernsten Miene tut.)
Nicht Kallist, sondern Tertullian hat Mt 16 mit Rom in Verbindung gebracht.
Kallist war kein Hierarch, sondern ein Hirte, der auf eine (aus Hippolyt zu erhebende)
ekklesiologische Konzeption gestützt, und mit dem nötigen Selbstbewußtsein aus-
gerüstet, die Bußordnung in einem Punkte der Schwachheit der Menschen akkomo-
dierte. Die Berufung auf Mt 16 durch einen römischen Bischof haben wir dagegen
zum ersten Mal bei Stephan. Ersichtlich ist sie durch die afrikanische Theologie
angeregt — aus Gründen der Datierung läßt sich mit Sicherheit sagen, daß nicht nur
Tertullian, sondern auch schon Cyprian im Hintergrund steht. Eine weitere Voraus-

boren — unter Bedingungen, die sogleich das Problematische dieser Institution zum Bewußtsein bringen.

Dabei verdient der Unterschied zwischen »Papalismus« und »Episkopalismus« nicht dasjenige Interesse, das man ihm zollt. Ob ein Amtsträger oder deren viele, das ist keine tiefgreifende Differenz, so wichtig es für die Praxis sein muß, ob die institutionelle Willkür in der Hand eines Einzelnen liegt, oder ob viele zur Vermittlung ihrer Ansprüche sich aneinander zu reiben haben. Bedeutungsvoller ist der Kontrast: hier Bewahrung, dort Verlust der dem Menschen sich entziehenden, der im Geheimnis waltenden »sakramentalischen« Kirche[22]. Stephan war außerstande, seinen Kollegen zu konzedieren, auch bei ihnen sei »Kirche«, falls sie nicht ihre Kirchlichkeit durch die Gleichheit der mit Rom abzustimmenden Traditionen und Entscheidungen zu dokumentieren vermochten. Er steht damit eindrucksvoll in einer Entwicklung, die mit dem selbstbewußten Ton des ersten Klemensbriefes anhebt und mit den Entscheidungen des ersten vatikanischen Konzils ihre Höhe erreicht.

Es wäre eine Simplifizierung, ohne Umschweife Partei zu ergreifen: Cyprian (so sehr wir ihm den Vorzug geben) zum »*testis veritatis*«, Stephan zum Abtrünnigen und Ketzer zu erklären. Das Kirchenbewußtsein des dritten Jahrhunderts ließ eine genuine »Evangelizität« *a priori* nicht zu, wir haben es mit einer Spielart des Katholizismus in jedem Falle zu tun. Aber auch das beflissene Urteil eines »Mehr oder weniger richtig«, nach dem Maßstab einer mitgebrachten Autorität gefällt, ist am Ende nicht geeignet, in die Wahrheit des Erkennens zu führen. Wenn man Karthago und Rom aus ihrem jeweils eigenen Horizont[23] zu verstehen sucht, so sind sich hier im dritten Jahrhundert offenbar zwei unterschiedliche Positionen exemplarisch begegnet, wie sie innerhalb der Einen *Catholica* immer wieder möglich waren und

---

setzung für Stephans Verhalten muß sein, daß Petrus bereits als erster römischer Bischof gezählt wurde (vgl. oben Kap. 7 Anm. 15 sowie für das Ganze meine Tübinger Antrittsrede: Paulus, der erste Klemens und Stephan von Rom; drei Epochen der frühen Kirche aus ökumenischer Sicht. In: ZKG II, 1968, S. 155 f.).

[22] Das römisch-katholische Mißverständnis Cyprians spricht deutlich aus den Worten von M. Bévenot, Épiscopat et primauté chez saint Cyprien, in: Ephemerides Theologicae Lovanienses 42 (1966) 1, 184: »Sa théorie valait jusqu'à un certain point: l'unité de l'Église dépend en effet de la collégialité de ses évêques; mais sa théorie était incomplète et ne couvrait pas tout le donné révélé.« Hier wird Cyprians Entfernung von Rom wieder nur quantitativ begriffen: man muß nur den päpstlichen Jurisdiktionsprimat hinzuaddieren, so hat man Cyprian im Sinne der Offenbarung ergänzt. Aber Cyprians Konzeption ist von der römischen *qualitativ* verschieden: er läßt dem päpstlichen Jurisdiktionsprimat schon deswegen keinen Raum, weil er selbst das *collegium episcoporum* vom *sacramentum* her versteht.

[23] Nach Formulierung und Tendenz knüpfe ich hier an meine »Studien zu den Pauluskommentaren Theodors von Mopsuestia« an, BZNW 27, 1962, 37 ff. u. passim.

sind[24]. Auf der einen Seite die mit geistlichem Takt bewahrte Ausgewogenheit zwischen *cathedra* und *sacramentum*; hart daneben die im eigentlichen Sinne »hierarchische«, im Interesse zentraler KirchenMacht betriebene Identifizierung der *ecclesia* mit einer durch die Umstände besonders begünstigten *cathedra*.

Es ist nicht Aufgabe dieser abschließenden Bemerkungen, den Nachweis zu führen, inwiefern auch die lokalrömische Entwicklung nicht nach der bloß angemaßten Willkür einzelner Kirchenfürsten, sondern nach den vorgegebenen Bedingungen einer Art geschichtlichen Entelechie sich vollzogen zu haben scheint. Wie in Cyprians Konzep-

---

[24] Eine Art »cyprianischer« Position vertrat auf dem zweiten vatikanischen Konzil mit päpstlich geduldeter Leidenschaft der unierte (griechisch-melkitische) Patriarch von Antiochien, Maximos. Vgl. »Materialdienst des Konfessionskundlichen Instituts« 14 (1963) 5, S. 90 ff., wo aus dem Buch: »Die Stimme der Ostkirche, Sendung und Anliegen der melkitischen Kirche, Schriften und Reden des Patriarchen Maximos IV. und des griechisch-melkitisch-katholischen Episkopats«, Herder 1962, eine Reihe von Zitaten geboten werden. Z. B.: »Das Leben für alle Kirchen besteht genau darin, auf sich selbst zu verzichten, um ihrer aller Fülle in der Ganzheit zu erreichen: es ist dies ein Mysterium des Verzichtes und des Todes, das einem Mysterium der Erneuerung und des Lebens vorangeht.« »Der Bischof hat nämlich in seiner Kirche kraft göttlichen Rechtes alle zur Leitung seiner Herde notwendigen Gewalten, ohne irgend eine Einschränkung.« Merkwürdigerweise verträgt sich mit solchen Überzeugungen die Anerkennung des päpstlichen Primats, was wohl daher rührt, daß der Patriarch sich an das unklare »*primus inter pares*« hält (Cyprians »*unus pro omnibus*« ist vermutlich das, was ihm eigentlich vorschwebt, vgl. oben Kap. 7, S. 131 f). Besonders hervorzuheben sind die Ausführungen des Genannten in Irenikon 36 (1963) S. 317—325 über »La Collégialité Épiscopale«. Ganz cyprianisch ist die Energie, mit welcher der Patriarch den Nachfolger Petri ins Kollegium der Bischöfe zurückholt und einbezieht, zum Beispiel: ». . . ce ministère apostolique, qui constitue tout le pouvoir ecclésiastique, n'est pas confié uniquement et individuellement à Pierre, à charge pour lui de le distribuer, en le déléguant, aux autres Apôtres. Il n'est pas aussi confié aux Apôtres pris individuellement. Il est donné aux Douze, c'est-à-dire au Collège apostolique en tant que tel, pris collectivement, collégialement, solidairement, avec Pierre en tête.« ». . . le charisme de primauté conféré à Pierre n'a de sens que replacé dans son cadre d'ensemble, en tant que pouvoir de direction du Collège apostolique. Ce n'est pas un pouvoir personnel, indépendant de toute référence aux Douze, à qui a été concédé collectivement tout pouvoir dans l'Église. Ni chronologiquement, ni notionellement, la primauté de Pierre ne vient avant le ministère des Douze. Même nanti de cette primauté de direction, Pierre reste l'un des Douze, apôtre comme eux, partageant le pouvoir qui leur a été donné solidairement, non pas seulement en tant que membre du Collège, mais aussi en tant que président et chef du Collège, membre éminent qui fait que les Douze sont un Collège organique, et non une agrégation d'individus indépendants.« Die abschließenden Wendungen dieser Passage beweisen allerdings, daß sich der Patriarch über das *sacramentum unitatis* nicht im klaren ist: dessen einigende Funktion ist hier von Petrus übernommen, letzten Endes im Sinne des Vaticanum I, wodurch die mit Cyprian so kongenialen Feststellungen ihre Kraft verlieren.

tion die geschichtliche Herkunft der Kirche von deren »sakramentaler« Gegenwärtigkeit gleichsam überflutet wird: das enthält den Hinweis, daß der entscheidende Unterschied zu Rom in einem abweichenden Geschichts- und Sendungsbewußtsein zu suchen sein wird. In Rom fühlte man sich nicht allein im räumlich-geographischen Zentrum: man hatte zugleich das Bewußtsein, die zäh festgehaltene Vergangenheit durch eine stabile Gegenwart zur klug und richtungweisend begonnenen Zukunft hinüberzuleiten. Den Richtungssinn der Geschichte fühlte man gleichsam unter seinen Schritten sich dehnen — nicht aus eigener Wahl, sondern weil der Geist der *Roma Aeterna* auch die Päpste ergriff. Im Karthago Cyprians war man nicht unbedeutend, aber peripherisch; und dies nicht allein im topographischen, sondern im Sinne gleichsam einer Geographie des Geistes verstanden, welche lehrt, daß die Wahrheit auf ihrem Wege durch Zeit und Raum perspektivisch erscheint. In Karthago war man frei für die zu ihrer eigenen Gegenwart gleichsam aufgelockerte und hergeholte Kirche, deren tiefstes Zentrum nicht »hier oder dort«, sondern in dem allen gleichermaßen zugehörigen ursprünglich Einen zu finden war[25]. Noch bei Augustinus, dem letzten großen Afrikaner dieser Epoche, behauptet sich das »peripherische« oder, wenn man will, »transzendierende« (vom Menschen her gesehen »exzentrische«) Wesen der Kirche, so sehr auch die Entwicklung über Cyprian mittlerweile hinausgeschritten, so sehr es dem Bischof von Hippo gelungen ist, Widerstrebendes zu einer *complexio oppositorum* zu einen. Die zunehmend anthropozentrisch gesteuerte Kirche des Westens vermochte das Werk dieser afrikanischen Theologen niemals als Ganzes, sondern stets nur, aus der Perspektive eines zum Gelingen auf weite Sicht wohl unumgänglichen Mittel-Maßes, eklektizistisch zu verstehen und zu gebrauchen.

Der eigentliche Grund, aus welchem Cyprian, und gerade nach seiner wesentlichen Erkenntnis, in Vergessenheit geriet, liegt in der singulären Disparatheit seiner Perspektive im Verhältnis zum übrigen lateinischen Christentum. Mit Recht könnte man fragen, welche »östlichen« Impulse bei diesem Karthager und seiner Konzeption der Mutter-Kirche schließlich auch im Spiel gewesen sein mögen. Die westliche Kirche hat von Cyprian übernommen, was sie auf ihrem zielstrebigen Wege gebrauchen konnte: das Amt, die Moral, den warmherzigen Appell. Die »innere Form« mußte sie ignorieren, wenn anders sie ihr Ziel (aber um welches Ziel handelt es sich?) noch vor sich, nicht, in einer dem menschlichen Zugriff »im Grunde« entzogenen Sphäre, gegenwärtig bei sich hatte. Und man wird zu der Vermutung gedrängt,

---

[25] Der Begriff des *»sacramentum semel traditum«* (ep. 45, 1 = p. 600, 4f.) verbindet beide Aspekte: den der geschichtlichen Herkunft und den der Gegenwart, doch so, daß die Zeit-Linie ins »Jetzt« der Kirche auf- und dies in die vom Beginn her gegenwärtige *origo unitatis* zurückgenommen ist.

Cyprians *Mater Ecclesia* sei für die Päpste (aber sie hatten kein Auge
für sie) keine geringere Versuchung gewesen, als für Vergils Äneas das
Ansinnen der karthagischen Dido, in ihren Armen der in eine römische
Zukunft weisenden *fata Iovis* zu vergessen.

*

Das Thema der vorliegenden Untersuchung und die Art seiner
Behandlung ergaben sich absichtslos: an einen Beitrag zum ökumenischen Gespräch über die Verwirklichung der kirchlichen Einheit
heute war nicht gedacht. Nachdem nun die Prüfung des cyprianischen
Kirchenbegriffs zu einer Revision überkommener Vorstellungen geführt und die Einheits-Idee eines auch von der römischen Kirche ge-
feierten Kirchenlehrers von einer bisher vernachlässigten Seite gezeigt
hat, scheint es nahezuliegen, auf das gegenwärtig die Christenheit so
tief bewegende Problem *»Ut omnes unum sint«* wenigstens noch einen
Blick zu werfen.

Denn selbst der auf Presseberichte angewiesene »Beobachter« des
zweiten vatikanischen Konzils konnte bemerken, daß Cyprian (wie
schon auf dem ersten Vaticanum[26]) zu den von den Konzilsvätern be-
achteten Autoritäten gehörte. Die Auseinandersetzung über die kollegiale Verfassung der Kirche, die Frage, ob die Kirche allein auf Petrus
oder auf »Petrus mit den Aposteln« erbaut sei, rief die Erinnerung an
das vierte Kapitel der Einheitsschrift wach. Man erfuhr überdies,
Kardinal Frings habe einen wichtigen Satz des fünften Kapitels zur
Verteidigung der episkopalen Struktur der Kirche in die Wagschale
geworfen[27].

Man durfte sich beim Empfang solcher Nachrichten keinen Augenblick der Vorstellung hingeben, als vollziehe sich hier schon ein Wandel
von, wie man zu sagen pflegt, »grundstürzender« Art. In Wirklichkeit
handelte es sich (bei aller, zum Teil den Atem benehmenden Wandlung
des Kirchenbewußtseins) um eine Vermittlung zwischen überkommenen hierarchischen Instanzen, um eine gewiß bedeutende Akzent-
verlagerung von der papalen Einheit in der episkopalen Vielheit zur

---

[26] Vgl. Koch, Primat S. 1 f.
[27] Frankfurter Allgemeine Zeitung vom 15. 10. 1963: »Frings zitierte Texte älterer
     Kirchenväter, darunter aus Cyprian: ‚Der Episkopat ist einer, an dem jeder einzelne
     Bischof teilhat.‘« Der Kardinal bzw. derjenige, der sein Latein ins Deutsche übersetzt
     hat, scheint (wie die Wiedergabe des *partem tenere* durch »teilhaben« zeigt) an
     Casels Aufsatz gedacht zu haben. Der Ausfall des entscheidenden *»in solidum«*
     (falls die Berichterstattung hier korrekt war) läßt fragen, ob der Kardinal an seiner
     Deutung verzweifelte — oder ob er seinen Sinn im Gegenteil richtig erkannte. Denn
     mit dem Jurisdiktionsprimat des Papstes ist diese Formel schlechterdings nicht in
     Einklang zu bringen — sie stammt aus einem anderen geistigen Horizont.

episkopalen Vielheit in der papalen Einheit. Die römische Kirche hat sich auf verstopfte Kanäle, auf verkümmerte Glieder besonnen — aber zu einer Konversion weg von dem auf sich beharrenden Petrozentrismus oder nun auch Episkopozentrismus[28] hin zu dem in der kirchlichen Tradition ebenso bereitliegenden »unverfügbaren« Sacramentum Unitatis Cyprians: dazu ist es (bei aller bemerkenswerten Offenheit für das außerhalb des eigenen Horizonts gelegene Fremde) nicht gekommen und kann es, nach den Voraussetzungen, unter denen eine römische Kirchenversammlung derzeit noch verhandeln muß, leider nicht kommen. Ohne Zweifel, wir empfinden es alle: in der Haltung Roms ist etwas anders geworden, seit Papst Johannes XXIII. mit beinahe cyprianischem Gestus sich anschickte, seine geliebten Söhne in aller Welt zu umarmen. Aber wer dürfte zugleich daran zweifeln, daß die damals sogleich im Munde geführte »Kommuniongestalt« der Kirche[29], wenn man sie auf ihre Prinzipien befragt, nicht bei Cyprian oder höchstens bei einem mit den Augen Stephans gelesenen Cyprian ihre Wurzeln hat! Denn was Cyprian eigentlich gemeint hat, ist der römischen Kirche in einem tiefsten Sinne verborgen[30].

---

[28] Bezeichnend genug sagte man nun, die Kirche sei nicht als »Kreis« mit Einem Zentrum, sondern als »Ellipse« mit doppeltem Brennpunkt vorzustellen. Das wirkliche Zentrum der Kirche hält sich hierbei im Verborgenen.

[29] Im Sinne einer papal-episkopalen Regierungsgewalt.

[30] Das würde insbesondere eine genauere Prüfung der Art und Weise ergeben, wie in der Constitutio dogmatica de ecclesia des II. Vatikanischen Konzils, bzw. in der deren Text kommentierenden Ausgabe im Lexikon für Theologie und Kirche (Das Zweite Vatikanische Konzil. Konstitutionen, Dekrete und Erklärungen etc., Teil I 1967, S. 137 ff.) Cyprian benutzt wird. Zwar wird in II, 9 (S. 180), unter ausdrücklichem Hinweis des von Grillmeier besorgten Kommentars auf Cypr. 69, 6 (*inseparabile unitatis sacramentum*), von der *Ecclesia* als dem *sacramentum visibile huius salutiferae unitatis* gesprochen. Wie wenig jedoch diese Bezugnahme auf den karthagischen Bischof dessen eigensten Intentionen entspricht, verrät der aufschlußreiche Passus III, 23 (S. 228 ff.), der einen zur *ecclesia Romana* konvertierten Cyprian präsentiert: *Romanus pontifex, ut successor Petri, est unitatis, tum Episcoporum tum fidelium multitudinis, perpetuum ac visibile principium et fundamentum. Episcopi autem singuli visibile principium et fundamentum sunt unitatis in suis Ecclesiis particularibus* (hierzu verweist Grillmeier auf Cypr. ep. 66, 8: *Episcopus in ecclesia et ecclesia in episcopo*, d. h. *ecclesia* ist hier eindeutig als Lokalkirche interpretiert), *ad imaginem Ecclesiae universalis formatis, in quibus et ex quibus una et unica Ecclesia catholica existit* (im Kommentar wieder zwei Hinweise auf Cyprian). *Qua de causa singuli Episcopi suam Ecclesiam, omnes autem simul cum Papa totam Ecclesiam repraesentant in vinculo pacis, amoris et unitatis.* Die einleitende Charakteristik des römischen Bischofs entspricht dem interpolierten »Primacy Text« und dessen vornehmsten Enkel, der Constitutio dogmatica I de ecclesia Christi des I. Vaticanum. Die Art, wie gleich darauf dem Papst die Bischöfe locker an die Seite gestellt werden, ähnelt jenem Verständnis von un. 5 = p. 214, 1 (*Episcopatus unus est etc.*), welches Bévenot »paradox« erschienen ist, das sich aber mit der echten Paradoxie des Satzes

Man kann die Linien nicht bis zur Gegenwart ziehen, ohne den geschichtlichen Prozeß im wesentlichen nachzuzeichnen. Denn Cyprian läßt sich nicht unvermittelt in die Gegenwart übertragen. Nimmt man aber einmal die Ungenauigkeit in Kauf und fragt nur nach der Anregung, die von dem Nebeneinander Stephans und Cyprians für die Meisterung unserer ungleich komplizierteren Situation ausgehen mag: so beschränkt sich die Frage naturgemäß auf den Anspruch der römischen Kirche, die Vereinigung der Christenheit als Reunion zu betreiben. Hier spricht immer noch Stephan, soviel »Cyprianisches« in dem »großen und guten Hirten«[31] Johannes XXIII. zum Durchbruch gekommen sein mag. Und man sollte ohne Zögern erklären, daß, solange Stephan noch spricht und solange noch allen Ernstes — gegen den Hintergrund eines verstandenen Cyprian eine erschreckende Formulierung! — der Papst als »Prinzip der Einheit« bezeichnet werden kann[32], die römische Kirche nichts als ihre eigenen Geschäfte besorgt, so schmerzlich es ist, das zunächst erwartungsvoll zuwartende Staunen über soviel unverhoffte Wandlung durch den nüchternen Hinweis auf die unveränderten Grundlagen stören zu müssen.

---

nicht reimt (oben S. 79 ff.). Der letzte Satz endlich (*Qua de causa etc.*) zeigt, in welchem Sinne das II. Vaticanum die Einsamkeit des Papstes durch Zusammenschluß mit dem *collegium episcoporum* überwunden hat. Man könnte sich täuschen und dies für die Weise halten, wie der cyprianische Petrus beim »Überschritt« der Kirche ins *collegium apostolorum* zurückgenommen wird (oben Kap. 4). Aber das hier gemeinte *vinculum pacis, amoris et unitatis* ist nicht gleich dem cyprianischen *sacramentum unitatis* (so wenig es mit Kochs »moralischer Einheit« verwechselt werden darf). Der Primacy Text hat seine Wirkung geübt: er hat den *successor Petri* ins Zentrum gerückt, und mag sich nun auch der Kreis zur Ellipse gewandelt haben (vgl. oben Anm. 28): Cyprian ist das nicht. Natürlich hat die römische Kirche das Recht, sich von ihren Vätern dasjenige anzueignen, was zu ihr stimmt, und anderes beiseitezulassen; das hat sie immer getan. Nur behaupte sie nicht, sie habe den genuinen Cyprian auf ihrer Seite; sonst wird man ihr sagen: Konzilien können irren!

[31] So nannte Ernst Wolf den verstorbenen Papst in einem Tübinger Vortrag (1963).

[32] Den Konzilsvätern wurde die Frage vorgelegt, »ob es den Vätern . . . richtig erscheine, daß jeder rechtmäßig konsekrierte Bischof auch in der Gemeinschaft der Bischöfe und mit dem römischen Papst, der ihr Haupt und das Prinzip der Einheit ist, ein Glied der Körperschaft der Bischöfe bilde« (Frankfurter Allgemeine Zeitung vom 30. 10. 1963; es handelte sich um die Stellung der Weihbischöfe). Hier wiederholte sich aufs Handgreiflichste die eingefleischte anthropozentrische Position, natürlich auf der Grundlage des ersten Vaticanums (Constitutio dogmatica I de Ecclesia Christi, Denzinger 1821): *Ut vero episcopatus ipse unus et indivisus esset, et per cohaerentes sibi invicem sacerdotes credentium multitudo universa in fidei et communionis unitate conservetur, beatum Petrum ceteris apostolis praeponens in ipso instituit perpetuum utriusque unitatis principium ac visibile fundamentum, super cuius fortitudinem aeternum exstrueretur templum, et Ecclesiae coelo inferenda sublimitas in huius fidei firmitate consurgeret.* Vgl. auch oben Anm. 30.

Im Fortschritt der Zeit ist das im tiefsten Sinne »Peripherische«[33] nun auch über Rom gekommen. Aber Rom hat es nicht wahr: durch vermeintlich »infallible«, in Wirklichkeit aus einem begrenzten geschichtlichen Horizont gefällte Entscheidungen, ferner vermittels einer das menschliche Subjekt ins Zentrum rückenden Jurisdiktionsgewalt steht der Papst dem Drängen der Christenheit nach umfassender Gemeinschaft in Christus noch immer entgegen, so entschieden auch ihn die Epoche aus seiner Isolierung befreit. Es ist hier natürlich nicht von Personen die Rede. Vielmehr handelt es sich um die gegenwärtig oft zu Unrecht, oft aber auch zu Recht beschworenen »Strukturen« der Kirche und um deren, im wohlverstandenen Sinne »zeitgemäße« Verwandlung. Und da ist es nun nicht möglich, diese von der Aktualität Cyprians handelnden Schlußbetrachtungen abzuschließen, ohne einem tiefen und wachsenden Verwundern Ausdruck zu geben, das sich aufdrängt, sobald man die in Cyprian bereitliegenden Möglichkeiten der katholischen Tradition mit den spezifisch römischkatholischen Gegebenheiten dieser Epoche vergleicht. Woran liegt es wohl, daß die römische Kirche das *sacramentum unitatis* in seiner aktuellen Gestalt nicht an derjenigen Stelle entdeckt, wo es für den Katholiken (soweit dies der Außenstehende zu beurteilen vermag) mit Händen zu greifen wäre? Wo ist der Grund dafür zu suchen, daß hinter Papat und Episkopat und hinter dem Lärm, der durch die Forderung nach Anpassung der Kirche an die fortgeschrittene Welt entsteht, die für katholisches Glaubensbewußtsein »eigentliche« *Mater Ecclesia* verblaßt oder, richtiger geurteilt, erst gar nicht zum Vorschein kommt? Symptom einer eigenartigen Vergeßlichkeit, die desto sonderbarer berührt, wenn man sich die Ereignisse der vergangenen Jahrzehnte auch nur flüchtig vor Augen hält!

In Papst Pius XII. hat die Entwicklung des gegenreformatorischen Katholizismus, wie es scheint, ihren Abschluß gefunden. In seiner Person trafen sich noch einmal die beiden wesentlichen, aus dem 19. ins 20. Jahrhundert herüberführenden Linien: die *Mater Dei* mit ihrer von der römischen Kirche für sie reklamierten Sonderstellung, und der *Pontifex Romanus* mit seinem Universalepiskopat und seiner Infallibilität. In Pius XII. sind diese beiden Linien zum Knoten geschürzt: er ist der erste (und bisher einzige) Papst, der im Sinne des Vaticanum I *ex cathedra* sprach, und der Inhalt seiner Promulgation war *Maria Assumpta*. — Durch den Nachfolger Johannes XXIII. hat sich das geistige Klima mit einem Schlage verändert. Nicht nur, daß an die Stelle aristokratischer Ferne die brüderliche Nähe getreten ist. Es kam vor allem zu jener Hoffnung weckenden Ankündigung eines Ökumenischen Konzils, die Johannes auf eine »Eingebung des Allerhöchsten«

---

[33] Vgl. oben S. 143.

zurückgeführt hat[34]. Was wollte, was bewirkte der Papst mit seinem
Konzil? Die uralte, mit ihren geschichtlichen Wurzeln in die Zeit der
Apostel zurückreichende Kirche der Römer hat nach innen wie nach
außen eine Wendung vollzogen: einer jahrhundertelangen Introversion
und Abgeschlossenheit hat sie den Abschied gegeben. Diese, durch das
Losungswort »*aggiornamento*« nur sehr unzulänglich beschriebene
Wendung war von dem Papst, der den Anstoß zu ihr gab, nach allem
was man weiß durch und durch spirituell gemeint. Das Herz der Kirche
sollte nicht länger für sich selber schlagen, tief aus innen sollte es zu
einer weltumfassenden Öffnung kommen, zu einer »Aufgeschlossen-
heit« im wirklichen Glaubens-Sinne des Wortes. Es scheint nun, von
hier aus betrachtet, der entscheidende Vorgang in der sogenannten
nachkonziliaren Periode zu sein, daß die Entwicklung nicht so verlief,
wie sie dem Papste vorgeschwebt hatte. Die in Bewegung geratene
Kirche ist dem Sterbenden gleichsam aus den Händen geglitten. Die
Öffnung der römischen Kirche zu den anderen Kirchen und zur Welt
traf mit der säkularen Emanzipationsbewegung zusammen, die seit
Mitte der 60er Jahre den ganzen Globus erfaßt. Das Ziel und die Mittel
dieser, auf den verschiedensten Wegen nichts anderes als die *pax terrena* erstrebenden Bewegung sind den tiefsten Impulsen der römischen
Kirche zweifellos fremd. Aber Rom ist den rein innerweltlichen Tendenzen desto wehrloser preisgegeben, als es soeben erst den schützen-
den Panzer abgeworfen hat, der seine Eigenart während viereinhalb
Jahrhunderten Gegenreformation zu bewahren vermochte.

Gegen diesen gefährlichen Hintergrund ist die umstritteneRegie-
rungsweise Pauls VI. zu beurteilen. Dieser Papst steht an und für sich
schon, seinem Naturell nach, viel näher bei Pius XII. als bei Johannes XXIII. Wäre er und nicht Roncalli der Nachfolger Pacellis geworden: man vermag sich kaum vorzustellen, wie die im Katholizismus
aufgestauten und nach außen drängenden Kräfte sich unter seiner
autokratischen Führung hätten Bahn brechen müssen. Indessen:
Montini hat sich der einmal in Gang gesetzten Bewegung bequemt und
aus tiefem Verantwortungsgefühl einige der Situation angemessene
Schritte getan. Die persönliche Begegnung mit dem Ökumenischen
Patriarchen Athenagoras hat den Bruch von 1054, soweit es bei solcher
Gelegenheit geschehen konnte, geheilt und von dieser Seite die *unitas
ecclesiae* jedenfalls entschieden gefördert. Die symbolische Distanzierung von Tiara und Thron hat die Widerrufung mittelalterlicher Welt-
herrschaftsansprüche für jedermann sinnfällig gemacht und damit ein
weiteres Hindernis auf dem Wege zur Einheit beseitigt. Daneben ist
jedoch Paul VI. viel entschlossener als sein Vorgänger bestrebt, die
Rechte und Pflichten des *successor Petri* weithin sichtbar in Anspruch

---

[34] E. Schillebeeckx, Die Signatur des Zweiten Vatikanums, 1965, S. 75.

zu nehmen. Dem dienen die zahlreichen »Blitzreisen« des Papstes, die, in einer weltweit sich öffnenden Kirche, eine Art päpstlicher Omnipräsenz bekunden, und auf deren einer (in Genf) Papst Paulus den denkwürdigen Ausspruch tat: »Unser Name ist Petrus!« Dem dienen ferner die »einsamen Entschlüsse«, mit welchen sich Paul, in wachsender Angst und Sorge um das Heil der Menschheit, gegen eine Lawine aus Weltsinn auf der einen, und unbestreitbar ernst zu nehmendem Freiheitsdrang auf der anderen Seite stemmt. Die Frömmigkeit und Redlichkeit, mit welcher dieser Papst das Überkommene zu stützen sucht, verdient alle Sympathie, wie andererseits nicht zu leugnen ist, daß er durch den Gang der Ereignisse zu einer Haltung gedrängt wird, die im Munde der Uneinsichtigen »reaktionär« heißt, jedenfalls aber geeignet ist, die durch Johannes XXIII. eingeleitete Bewegung zu hemmen und an entscheidenden Punkten unwirksam zu machen.

Das Urteil über die skizzierte Entwicklung von Pius XII. über Johannes XXIII. bis zu Paul VI. darf sich nicht einseitig an außerkirchlichen, »weltlichen« Maßstäben orientieren. Manchmal wird diese selbstverständliche Regel mißachtet — der Roncallipapst gewinnt auf diese Weise seinen geschichtlichen Ort schließlich auf einer Linie, die von der Renaissance über die Aufklärung zur sogenannten modernen »Mündigkeit« führt — ganz gegen seine Absicht und vor allem gegen den methodischen Grundsatz, ein geschichtliches Phänomen (die katholische Kirche) und seinen Entwicklungsprozeß soweit wie irgend möglich aus ihm selbst zu verstehen. Ein Kardinalfehler bei der historischen Bestandsaufnahme der letzten Jahrzehnte (soweit sie aus so großer Nähe zu den Ereignissen schon möglich ist) wäre ferner die einseitig schroffe Disjunktion zwischen den Pontifikaten Pius' XII. und Johannes' XXIII. Eine nähere Untersuchung würde ergeben, an wievielen Punkten (zum Beispiel, was den Gedanken der kirchlichen Einheit betrifft, aber auch bezüglich alles dessen, was in den Umkreis der päpstlichen Devise »Opus iustitiae pax« gehört) der Pacellipapst dem Roncallipapst in die Hände gearbeitet hat[35]. Doch hat man sich mit solchen, archivarisch zu belegenden Verbindungslinien nicht zu begnügen. Selbst dort wo der Nachweis naturgemäß fehlt, ja wo vielmehr der Gegensatz mit Händen zu greifen ist und für eine oberflächliche Betrachtung unter die Titel »Konservativ« und »Progressiv« rückt, drängt sich dem am Phänomen »Kirche« orientierten Blick die Möglichkeit eines (»unterschwelligen« aber faktisch gegebenen) Konnexes auf. Die nun schon bald 2000jährige Geschichte der *ecclesia Romana* zeichnet sich dadurch aus, daß sie an keiner Stelle einen ernstlichen Abbruch kennt. Unter größten Wandlungen ist diese Kirche mit sich selbst identisch geblieben: wenn man an einem geschichtlichen Phä-

---

[35] Pius hatte auch schon ein Ökumenisches Konzil ins Auge gefaßt, Schillebeeckx a. a. O.

nomen »Entwicklung« studieren will, so bietet sich das christliche Rom (vielleicht sollte man sagen: Rom überhaupt) als dankbarstes Objekt. Wenn man dies einmal begriffen hat, so stellt sich angesichts der vor unseren Augen sich abspielenden Ereignisse allen Ernstes die Frage: Besteht nicht gegen den Augenschein ein innerer (»sachlicher«) Zusammenhang zwischen dem Dogma des einen und dem Konzil des anderen Papstes? Wobei es mehr auf den »objektiv« gegebenen Richtungssinn der geschichtlichen Entwicklung als auf das Bewußtsein einer in jedem Fall eingeschränkten Subjektivität ankommt. Denn es läßt sich nicht wohl leugnen, daß es dem Papst Johannes nicht sonderlich gut gelungen ist, die geistliche Verankerung seines *aggiornamento* in Begriffe zu fassen. Zweifellos hängt es damit zusammen, daß seine Anregung weithin gerade den entschlossen »modernistischen« Bestrebungen zugutegekommen ist. Man könnte nun den Versuch unternehmen, die psychologischen Bedingungen zu klären, unter denen in Johannes der Gedanke eines Konzils gereift ist, bis er in Gestalt einer charismatischen Erleuchtung über ihn kam[36]. Man sollte aber ebensowohl danach Ausschau halten, welche mit dem geschichtlichen Phänomen der Papstkirche überhaupt verbundenen Gegebenheiten und Kräfte, über den Kopf des einzelnen handelnden Menschen hinweg, im Konzilsbeschluß des Papstes wirksam geworden sein könnten.

Die Opportunität des Dogmas von 1950 unterlag seinerzeit in der römischen Kirche selbst einer Diskussion[37]. Von evangelischer Seite hat es herbe Kritik erfahren[38]. Was Pius XII. seinerseits sich bei der Definition gedacht hat, läßt sich den offiziellen Dokumenten nur sehr unzulänglich entnehmen. Wenn man sich allein dies vor Augen hält, daß Pius im Jahre 1947 den bretonischen Priester L. M. Grignion de Montfort heilig gesprochen hat, der (auf seine schlichtere Art) in der *Assumpta* eine endzeitlich-rekapitulierende Instanz erblickte und ihr von daher insbesondere für die zu erwartende Wiedervereinigung der Kirche entscheidende (»metaphysische«) Bedeutung beimaß: dann ahnt man wohl etwas davon, daß Pacelli auf die seinem Dogma inhärierenden, geschichtsverwandelnden und gleichsam »stiftenden« Kräfte vertraute; besonders wenn man hinzunimmt, daß er auf ein damit verbundenes visionär-ekstatisches Element persönlich großes Gewicht gelegt hat. Offenbar hat sich Pius XII. als eine Art Simeon gefühlt, der die Strahlen der aufgehenden Morgenröte einer durch *Maria Assumpta* (und das heißt: durch den christkatholischen Glauben über-

---

[36] Das tut feinsinnig Schillebeeckx in dem oben Anm. 34 genannten Buch.

[37] Vgl. Mannes Dominikus Koster, Die Opportunität der feierlichen Definition der Himmelfahrt Mariens, in: Die Neue Ordnung 2 (1948) 1/2, 60—85.

[38] Sehr verständnisvoll äußert sich Gerhard Ebeling, Zur Frage nach dem Sinn des mariologischen Dogmas, in: Wort Gottes und Tradition, Studien zu einer Hermeneutik der Konfessionen, 1964, S. 175—182.

haupt[39]) bestimmten kirchengeschichtlichen Epoche noch eben erblickte.

Solche Reminiszenzen bleiben allerdings noch ganz in den Vorstellungen einzelner, dem Irrtum unterworfener, obschon entscheidend beteiligter Männer befangen. Es wäre die Aufgabe einer, die katholische Tradition mit kritischem Verständnis für das religiöse Phänomen in seiner Entwicklung untersuchenden Forschungsweise, zum Beispiel zu eruieren, in welchem Sinne (und womöglich: durch welche unterirdischen Kanäle) die *Mater Sponsa Maria* des 19. und 20. Jahrhunderts sich *de facto* immer mehr zu einer lebendigen Repräsentation der von Cyprian noch gewissermaßen abstrakt und inhaltlich unbestimmt konzipierten *Prima Mater* entwickelt[39a]. Der Historiker kann sich auch dem auffälligen Tatbestand nicht verschließen, daß die römische Kirche seit den ältesten Zeiten mit der πρώτη ἐκκλησία zu tun gehabt hat[40] — ein Umstand, in dessen Licht sich die anthropozentrische Verfestigung dieser Kirche seit Stephan I. beinahe wie ein grandioses (obschon geschichtlich beurteilt unumgängliches!) Mißverständnis ihrer selbst ausnimmt. Andererseits könnte von hier aus der Sachverhalt einsichtiger werden, daß diese, in ganz singulärem Sinne auf die Explikation ihrer selbst angelegte Kirche ihr Augenmerk immer energischer (und hierin von den übrigen »katholischen« Kirchen merklich verschieden) auf die mütterlich-jungfräuliche »Mittlerin« gerichtet hat, die in den letzten bedeutenden kirchenoffiziellen Dokumenten ausdrücklich als *typus ecclesiae* figuriert[41]. Das alles ist ein umfassender, in sich zusammengehöriger Komplex, zu dessen Erkenntnis es keineswegs genügt, sich zum Beispiel in den dogmatischen Kategorien zu bewegen, die für

---

[39] Vgl. Constitutio Dogmatica de Ecclesia des Zweiten Vatikanischen Konzils, LThK I, c. VIII, 3 art. 65 (S. 342): *Maria enim, quae, in historiam salutis intime ingressa, maxima fidei placita in se quodammodo unit et reverberat, dum praedicatur et colitur, ad Filium suum Eiusque sacrificium atque ad amorem Patris credentes advocat.*

[39a] Für die Anschauung der Väter von der Mutter Kirche ist überaus lehrreich das schöne Buch von Karl Delahaye, Erneuerung der Seelsorgeformen aus der Sicht der frühen Patristik, erschienen als Band XIII der Untersuchungen zur Theologie der Seelsorge hrsg. v. Franz Xaver Arnold, 1958. Der Vf. macht es sich auf sympathische Weise zur Aufgabe, der kirchlichen Seelsorge »aus den Quellen gläubiger Überlieferung« Orientierung zu bieten (Vorwort S. VII). Was Cyprian betrifft, so wäre vielleicht die Korrektur anzubringen, daß der karthagische Bischof die Kirche doch nicht nur als Mater terrestris sieht, worauf schon der t. »prima mater« deutet (S. 65).

[40] Vgl. oben Kap. 7 Anm. 40.

[41] Constitutio dogmatica de Ecclesia des Zweiten Vatikanischen Konzils 1. c. art. 63 (S. 340): *Deipara est Ecclesiae typus, ut iam docebat S. Ambrosius, in ordine scilicet fidei, caritatis et perfectae cum Christo unionis. In mysterio enim Ecclesiae, quae et ipsa iure mater vocatur et virgo, Beata Virgo Maria praecessit, eminenter et singulariter tum virginis tum matris exemplar praebens.*

den Augenblick höchst achtbar Otto Semmelroth in die Debatte geworfen hat[42]. Darüber hinaus hat es den Anschein, daß gerade auch die Mariengestalt in die von der vorliegenden Untersuchung so genannte »anthropozentrische Inversion«[43] hineingezogen ist, daß gerade sie aus den saugenden Armen der sich mit ihr zu rasch identifizierenden *Ecclesia Romana* zu befreien wäre. Die diesem religiösen Element offenbar von Hause aus innewohnende, zum ekklesiologisch (und möglicherweise auch kosmologisch) »Ganzen« tendierende, die christliche Romanitas vermutlich sprengende Kraft und Bedeutung müßte mit geschichtlicher Methode erst noch erhoben werden. Es hat jemand gesagt: Die Kirche hat die Wahrheit, aber sie kennt sie nicht. Dies könnte im vorliegenden Falle richtig sein.

Nach Lage der Dinge macht man sich wenig Freunde, wenn man an die angedeuteten Fragen rührt — am allerwenigsten (wie es scheint) bei denen, die am unmittelbarsten davon betroffen sein müßten. Aber der Historiker hat, wie der Arzt, furchtlos und gleichmütig zur Stelle zu sein, besonders wenn es sich um die Bewältigung von Problemen handelt, zu deren Lösung es eines über Jahrtausende reichenden geschichtlichen Bewußtseins bedarf. Es sei hier deswegen γυμναστικῶς, nicht δογματικῶς der Fall gesetzt, das wohlverstandene, erst noch zur Aufgabe gestellte »mariologische« Denken sei die Form, unter welcher gegenwärtig im katholischen Raum das überkommene *sacramentum unitatis* (die *Mater Ecclesia*) sinnvoll gedacht werden kann: so drängen sich Konsequenzen auf. Zunächst legt sich von hier aus ein geschichtliches Verständnis der jüngsten römischen Vorgänge nahe. Im begriffenen Zusammenhang der Entwicklung betrachtet bedeutet *aggiornamento* nicht einen völligen, im trivialen Sinne »modernen« oder »weltförmigen« Neuanfang. Es handelt sich vielmehr um eine das Zentrum der Kirche festhaltende, aber um dies Zentrum herum gleichsam einen Umschwung vollziehende Öffnung Roms aus einer bis dahin vorherrschenden strukturellen »Selbstbezogenheit« zu dem hin, was man summarisch »die anderen« nennen mag. Hierhin gehört, auf die Person Roncallis geblickt, die demütige (und quasi-cyprianische) Bereitschaft des Papstes, sich in die Reihe der Bischöfe zurückzustellen, ohne das geschichtlich gewachsene *specificum* des *successor Petri* zu verleugnen. Der Papst wurde nun wirklich zum *servus servorum Dei*[44]

---

[42] Otto Semmelroth S. J., Urbild der Kirche: Organischer Aufbau des Mariengeheimnisses, 1950.

[43] Vgl. oben S. 54.

[44] Vgl. den oben Anm. 24 fin. zitierten Aufsatz des Patriarchen Maximos, S. 322: »Si la hiérarchie dans l'Église est conçue uniquement dans le sens d'un pouvoir, au lieu d'être pensée et exprimée dans le sens d'un service, la collégialité épiscopale devient impossible, car devant un pouvoir universel et direct — si c'est ainsi qu'est pensée la primauté romaine — tout autre pouvoir ne peut être que délégué et

und schickte sich an, *unus pro omnibus*[45] die verhärteten Kirchenstrukturen — nicht zu zerbrechen, sondern in die neugewonnene *humilitas Petri* zurückzubergen[46]. Daß diese so überraschend wirkungsvolle Haltung mit der einen Person Roncallis stand und fiel — daß es alsbald zu einer zentrifugalen Bewegung kam —: das könnte sehr gut daher rühren, daß Roncalli nicht erkannte, an welcher Stelle die *humilitas Petri* ihrerseits sich in das Zeit und Raum übergreifende, weil »ursprüngliche« *sacramentum unitatis* hätte zurückbergen müssen, um den einmal begonnenen Umschwung heil zu vollenden. Man müßte an Katholiken die Frage richten: War durch Pacellis *Assumpta* (eine kreatürliche Analogie zum auferstandenen Christus!) am Ende die »*Ecclesia principalis*«, die himmlische Kirche des Ursprungs »bedeutet«? Auf jeden Fall hat es Papst Johannes unterlassen, die an seiner Person (an »Petrus«) haftende Öffnung der *Ecclesia Romana* in einen der Stunde adäquaten ekklesiologischen Horizont zu versetzen — denn die bloße Gewichtsverschiebung zwischen Papat und Episkopat zählt hier nicht, um so weniger, als ihre Problematik am Tage liegt. Die Folge dieses Versäumnisses ist eine mit den herkömmlichen Mitteln kaum noch aufzuhaltende Spaltung der Kirche[47]. Vorwärts zerrinnt sie ins säkularisierte Weltliche, rückwärts verkrampft sie sich ins überlieferte Kirchliche; dazwischen hält sich besonnen eine breite Mitte, die durch die Art ihres Schweigens die Aporie noch unterstreicht, die das gegenwärtige Schicksal der Christenheit überhaupt ist. Die Christenheit hat ihren Ort im geschichtlichen »Jetzt« nicht gefunden, und auch Papst Paul agiert auf einer Bühne, die im Grunde schon abgebrochen ist. Man muß es für *providentia Dei* halten, daß er es noch tut, denn der Sieg seiner Gegner wäre die Vergessenheit der *Ecclesia principalis*, die ein Papst nicht zu repräsentieren vermag, zu der er auf seine Art den Weg aber offenhält. Zusammenfassend läßt sich sagen: Die römische Kirche hat in den zurückliegenden Jahrzehnten wie kein anderes kirchliches Institut »weltgeschichtlich aus der Nähe zum Ursprung« gehandelt. Aber sie steht im Begriff, dies ihr Erstgeburtsrecht (und in diesem Sinne: ihren »Primat«[48]) zu verschleudern, weil sie — ohne Sinn für die ekklesiologische Differenz — die *Ecclesia principalis* (mit der sie

---

particulier. Il en va tout autrement si la primauté est conçue comme un charisme ministériel au service de l'Église, dont est chargé celui qui aime se dire: ,serviteur des serviteurs de Dieu.'« Es ist zu beachten, daß der Patriarch sich durch die Initiative Johannes' XXIII. ermuntert fühlte, solche Sätze zu publizieren.

[45] Die cyprianische Formel für Petrus, vgl. oben S. 131.

[46] Es ist frappierend, mit welcher Unbefangenheit Papst Johannes immer wieder von der »Demut seines Herzens« sprach. Hochherzige Einfalt, die sich kühn und halb selbstvergessen auch öffentlich gab, wie sie war.

[47] Der Ausdruck »Spaltung« steht hier nicht im technischen Sinne.

[48] Vgl. oben Kap. 7 Anm. 47.

sich irrig identifiziert) im Rücken behält, infolgedessen Schattenbilder
für die Wahrheit nimmt und so dem aus Unwahrheit resultierenden
Gefälle der Zeit zur puren Diesseitigkeit in ihrer Art Vorschub leistet.
Es mag hier auf sich beruhen, wie es sich mit *Maria Assumpta* und
der *Prima Mater* verhält. Es sei dagegen noch der Versuch unternom-
men, unter rein formalen Gesichtspunkten (aber gegen den Hintergrund
der soeben skizzierten Entwicklung) und wieder γυμναστικῶς die
Frage zu klären: Was könnte geschehen, um der »Kirche des Ursprungs«
nun wirklich, und im tiefsten Sinne »zeitgemäß« Geltung zu verschaffen? 1. wäre die »anthropozentrische Inversion«, das heißt der überlieferte Petrozentrismus, im Sinne der »ekklesiologischen Differenz«[49]
einer Haltung zu opfern, die energisch die dem *Dominus Christus* Raum
gebende unverfügbare Kirche ins Zentrum rückte[50]. Die katholische
Kirche dürfte, falls sie ihre Chance versteht, nicht petrozentrisch, sie
müßte im wohlverstandenen Sinne metrozentrisch sein. Es ist, wenn
man die geschichtlichen Vorgänge der zurückliegenden Jahre sach-
gerecht beurteilt, schlicht anachronistisch, immer noch im Sinne des
»nebeneingekommenen« Primacy Text den Papst als *principium et
fundamentum unitatis* zu präsentieren[51]. Nicht der Papst, sondern die
Kirche des Ursprungs und in deren Medium Christus wäre, »zeitgemäß«
katholisch gedacht, das Prinzip der Einheit. Der Papst ist, wenn es
gut geht, der bestellte Zeuge dieser Einheit, *testis veritatis*. — Sollte es
im katholischen Raum jemals zu einer Wandlung wie der hier angedeuteten kommen (mit ihr wäre lediglich die von Johannes XXIII.
eingeleitete Bewegung verstanden und zum Ziele gebracht), so hätte
sich 2. eine innerrömische Konversion vollzogen, die sich nicht nach
allzu menschlichen, sondern nach den in der katholischen Tradition
selbst bereitliegenden und zu ihrer Zeit in neuem Sinn hervorgehenden
Normen gerichtet hätte. Was nämlich an »demokratisch« gemeinten
Anregungen verlautet, das Papstamt sinnvoll zu reduzieren, krankt
(abgesehen davon, daß es hier um bloße technische Regelungen geht)
durchweg an dem Unverstand eines ephemeren Bewußtseins. Nicht
darum kann es sich handeln, daß der römische Bischof vor anderen
vorfindlichen Instanzen aus dem Wege tritt, sondern darum, daß er
der für katholisches Glaubensbewußtsein erreichbaren mütterlichen
Kirche des Ursprungs (und darin dem Herrn Jesus Christus) in einem
geschichtlich aktuellen Sinne den Vorrang gibt. Er sollte der im Geheimnis präsenten *Mater origo et radix*, der *ecclesia prima et una* Zeugnis geben[52], *unus pro omnibus* bestrebt, die Christenheit in deren Schoß

---

[49] Vgl. oben S. 51.
[50] Vgl. oben Kap. 7, Anm. 46.
[51] Vgl. oben Anm. 29.
[52] Vgl. oben S. 132f.

zu versammeln. In solcher Selbstvergessenheit würde die *cathedra Petri* neu zu sich selber finden. — Die nächste Folge dieser hier nur anzudeutenden »kopernikanischen Wende« wäre ohne Zweifel 3. ein neues Verständnis der Reformation auf römisch-katholischer Seite. Ich habe schon in meiner Tübinger Antrittsrede[53] die Vermutung geäußert, daß zwischen dem *Christus solus* des 16. und der sich zusehends artikulierenden *Una Mater* des 19. und 20. Jahrhunderts am Ende eine Brücke zu schlagen wäre — schon insofern, als beide Instanzen, recht interpretiert, je in ihrer Art die »Selbstbezogenheit der humanen Existenz« in Frage zu stellen scheinen[54]. Diese mehr theologiegeschichtliche Verbindung über 450 Jahre hinweg wäre vermutlich nur der Reflex des »metaphysischen« Sachverhalts, daß die *Ecclesia principalis* den Christus vermittelt[55]. Hier öffnet sich der Forschung ein weites Feld, auf welchem sich geschichtliche Methode und ein für tiefgreifende Wandlungen der Perspektive offenes theologisches Denken verschwistern müßten. — Es ist durchaus nicht von der Hand zu weisen, daß sich aus den von daher zu gewinnenden Einsichten 4. eine neue und weltweite Gestalt römischer Verantwortlichkeit ergäbe, die nicht mehr kurzsichtig die *pars* mit dem *totum* identifizierte, sich vielmehr das von der *Ecclesia prima* umgriffene geschichtlich Ganze angelegen sein ließe — nicht im Sinne des Dominats (das ertrüge die Kirche des Ursprungs nicht), sondern des Pastorats.

Für den, der sich an Überliefertes hält, kann kein Zweifel daran bestehen, daß *Ecclesia principalis* und Rom geschichtlich zusammengehören. Nur müßte dies unter den heute erreichbaren Kategorien und im Sinne der ekklesiologischen Differenz aufs neue verstanden sein; es müßte, über das verengende Interesse einer partikularen Kirche hinaus, aus gesamtchristlichem Horizont geschichtlich gedeutet werden; und es müßte zugleich eine von der Sache her sich aufdrängende Annäherung zwischen »Rom« und »Wittenberg« möglich machen: nicht im Sinne der zu kurz gedachten »Reunion«[56], sondern als Vereinigung Getrennter, von denen keiner bisher die ganze Wahrheit besaß, weil die Wahrheit perspektivisch durch die Zeiten geht[57] und vermut-

---

[53] Vgl. oben Anm. 21 fin.

[54] Wenn auch Gerhard Ebeling darin zuzustimmen ist, daß das mariologische Dogma »die Dogmatisierung der Grundstruktur des Katholizismus« bedeutet (vgl. den oben Anm. 40 zitierten Aufsatz auf S. 182), so schließt dies doch nicht aus, daß sich gerade von dem hier angesprochenen religiösen Phänomen aus ein Element der Krisis ergibt, das den überlieferten Petrozentrismus in Frage stellt (was im vorliegenden Zusammenhang allerdings nicht die Eliminierung, sondern die Neufundierung des Papsttums bedeutet).

[55] Vgl. oben Anm. 48.

[56] Oben S. 146.

[57] Vgl. oben S. 143.

lich erst im Horizont der Kirche des Ursprungs geschichtlich (und heißt das zugleich: eschatologisch?) ganz hervorgehen kann.

Zu hoffen wäre: auf eine Vertiefung der bisher nur elementar und emotionell vollzogenen innerkatholischen Kehre zur Kirche des Ursprungs gedanklich-grundsätzlich; auf die Bereitschaft und innere Legitimation, die nichtrömischen Kirchen aus Einsicht in das Differente der geschichtlichen Horizonte in ihr Eigenes freizugeben und den Vorrang, Mitte zu sein, der im Geheimnis waltenden *origo et una mater* freiwillig zu überlassen; den Jurisdiktionsprimat herrschaftlicher Prägung nicht aus Konzession, sondern aus Einsicht in das Wesen der Kirche des Ursprungs in einen »cyprianisch« gedeuteten Primat[58] zu wandeln, welcher der römischen Kirche insofern rechtens zu gehören scheint, als sie allein es ist, die ein Gespür für die geschichtliche Aktualität der Prima Mater entwickelt hat. Ob der römische Bischof auch nur innerhalb der katholischen Welt seine Autorität zurückgewinnt, hängt möglicherweise davon ab, ob er die Forderung der Stunde nach Überwindung des abendländischen Anthropozentrismus begreift.

Durch das Ereignis einer zum Ziel geführten innerrömischen Kehre wäre der Katholizismus mit Einem Schlage nicht nur katholischer — er wäre zugleich, wie zu vermuten ist, ein ungleich aufgeschlossenerer Gesprächspartner der Reformation. Der Verzicht ins unverfügbar Eine der Kirche ist mit dem Verzicht auf die eigene Gerechtigkeit um Christi willen gewiß nicht identisch, denn die von der christianisierten Antike übernommene Eigenständigkeit des Menschen bleibt noch im Spiel[59]. Aber das eine ist dem anderen, wenn nicht alles täuscht, nahe verwandt. Wenn es also wahr ist, daß »Gleiches von Gleichem erkannt« wird, so wäre die verzichtende Freigabe der Bruderkirchen ins einzig »katholische«[60] *sacramentum unitatis* die Bedingung dafür, daß Rom

---

[58] Vgl. oben S. 132.

[59] Charakteristisch die Betonung von Freiheit und Wahl in Cyprians ep. 59,7 = p. 674, 14: *servans scilicet legem qua homo libertati suae relictus et in arbitrio proprio constitutus sibimet ipse vel mortem adpetit vel salutem.* Doch fragt es sich immer, wie das humanum im Horizont der *origo* »aufgehoben« ist, d. h. wie unter den veränderten anthropologischen Bedingungen, in einer Art Anbequemung, der ursprüngliche Impuls des Evangeliums gleichwohl noch zur Geltung kommt. In der alten Kirche ist das weithin der Fall. In meinem Theodor-Buch (vgl. oben Anm. 21) habe ich es für einen griechischen Paulusausleger zu zeigen versucht. Auch in Cyprians Theologie läßt sich das Evangelium in perspektivischer Verschiebung aufweisen. Eine unterschiedslose Gleich-Gültigkeit aller »Perspektiven« soll damit nicht behauptet, sondern die geschichtliche Kontinuität der christlichen Wahrheit (in Verdeckung und Neuentdeckung) *per temporum et successionum vices* gezeigt werden.

[60] Der »kirchliche Grundsatz«: *Gaude, Virgo Maria, cunctas haereses sola interemisti in universo mundo* (vgl. Koster in der oben Anm. 37 genannten Abhandlung, S. 70) wird im Sinne des römischen Reunionsgedankens verstanden. Die nichtrömischen Kirchen streifen ihre Häresien in dem Maße ab, als sie zur vorfindlichen »*Mater*

die gesamtkirchliche Bedeutung der Reformation allererst zu Gesicht bekäme[61]. Martin Luther ist nicht der von der Kirche des Ursprungs abgefallene Neuerer, für den ihn die römische Kirche immer noch hält. Er ist im Gegenteil in einer, den Horizont des abendländischen Katholizismus (selbst »cyprianischer« Prägung) entschieden überflügelnden Unmittelbarkeit auf die *origo divina,* auf das im tiefsten Sinne Ursprüngliche des Glaubens zurückgegangen. Er hat das Evangelium in geschichtlicher Bedingtheit, und doch im Entscheidenden *unus pro omnibus* empfangen; nicht, damit aus allen Konfessionen lutherische Kirchen werden, sondern damit der Sauerteig des Evangeliums den ganzen Teig allmählich durchdringt.

Die *Ecclesia principalis* und Rom gehören geschichtlich zusammen. Wenn nun Rom sich weigert, aus Kraft der Kehre der Kirche des Ursprungs Zeugnis zu geben — wer sollte es tun? Wird Gott sich aus Steinen Kinder erwecken?

Ecclesia« zurückfinden, das heißt: *Ecclesia principalis* und römische Kirche werden identifiziert. An diesem Konzept hat sich auch auf dem II. Vaticanum nichts geändert — man hat dort lediglich zugestanden, daß manche Güter der wahren (sprich: römischen) Kirche *de facto* auch in den übrigen Kirchen(gemeinschaften) vorhanden und unter Umständen besser gepflegt worden sind, vgl. das Dekret über den Ökumenismus. Rom gibt sich in dieser Hinsicht so selbstbezogen wie eh und je, lediglich der Umkreis des durch *Oikeiosis* Zugeeigneten hat sich erweitert. Für nichtrömische Christen ist diese Haltung nicht akzeptabel, denn sie resultiert aus einer Verkennung des geschichtlichen Wesens der Wahrheit.

[61] Zur universalgeschichtlichen, die Zeiten rückwärts und vorwärts gleichsam »einholenden« Bedeutung der Reformation vgl. Hanns Rückert, Die geistesgeschichtliche Einordnung der Reformation, ZThK 52 (1955) 43—64.

Anhang

Der durch Bévenot konstituierte Text von De unitate
c. 4 und 5 (ohne Apparat)

Quae si quis consideret et examinet, tractatu longo adque argumentis opus non est. Probatio est ad fidem facilis conpendio veritatis; loquitur Dominus ad Petrum: ‚Ego tibi dico' inquit ‚quia tu es Petrus et super istam petram aedificabo ecclesiam meam, et portae inferorum non vincent eam. Tibi dabo claves regni caelorum, et quae ligaveris super terram erunt ligata et in caelis, et quaecumque solveris super terram erunt soluta et in caelis.'

Et idem post resurrectionem suam dicit illi: ‚Pasce oves meas.' Super illum aedificat ecclesiam et illi pascendas oves mandat et, quamvis apostolis omnibus parem tribuat potestatem, unam tamen cathedram constituit et unitatis originem adque rationem sua auctoritate disposuit. Hoc erant utique et ceteri quod fuit Petrus, sed primatus Petro datur et una ecclesia et cathedra una monstratur; et pastores sunt omnes, sed grex unus ostenditur qui ab apostolis omnibus unianimi consensione pascatur. Hanc Petri unitatem qui non tenet, tenere se fidem credit? Qui cathedram Petri, super quem fundata ecclesia est, deserit, in ecclesia se esse confidit?

Super unum aedificat ecclesiam et, quamvis apostolis omnibus post resurrectionem suam parem potestatem tribuat et dicat: ‚Sicut misit me Pater et ego mitto vos. Accipite Spiritum sanctum: si cuius remiseritis peccata remittentur illi; si cuius tenueritis, tenebuntur. tamen, ut unitatem manifestaret, unitatis eiusdem originem ab uno incipientem sua auctoritate disposuit. Hoc erant utique et ceteri apostoli quod fuit Petrus, pari consortio praediti et honoris et potestatis, sed exordium ab unitate proficiscitur ut ecclesia Christi una monstretur. Quam unam ecclesiam etiam in Cantico Canticorum Spiritus sanctus ex persona Domini designat, et dicit: ‚Una est columba mea, perfecta mea, una est matri suae, electa genetrici suae.' Hanc ecclesiae unitatem qui non tenet, tenere se fidem credit? Qui ecclesiae renititur et resistit, in ecclesia se esse confidit, quando et beatus apostolus Paulus hoc idem doceat et sacramentum unitatis ostendat dicens: ‚Unum corpus et unus Spiritus, una spes vocationis ve-

strae, unus Dominus, una fides,
unum baptisma, unus Deus?'
Quam unitatem tenere firmiter
et vindicare debemus maxime
episcopi, qui in ecclesia prae-
sidemus, ut episcopatum quoque
ipsum unum adque indivisum
probemus. Nemo fraternitatem
mendacio fallat, nemo fidei veri-
tatem perfida praevaricatione
corrumpat.

Episcopatus unus est cuius a singulis in solidum pars
tenetur. Ecclesia una est quae in multitudinem latius incremento
fecunditatis extenditur: quomodo solis multi radii sed lumen
unum, et rami arboris multi sed robur unum tenaci radice funda-
tum, et cum de fonte uno rivi plurimi defluunt, numerositas
licet diffusa videatur exundantis copiae largitate, unitas tamen
servatur in origine. Avelle radium solis a corpore, divisionem
lucis unitas non capit; ab arbore frange ramum, fractus germi-
nare non poterit; a fonte praecide rivum, praecisus arescit. Sic
et ecclesia, Domini luce perfusa, per orbem totum radios suos por-
rigit, unum tamen lumen est quod ubique diffunditur nec unitas
corporis separatur; ramos suos in universam terram copia uber-
tatis extendit; profluentes largiter rivos latius spandit, unum ta-
men caput est et origo una, et una mater fecunditatis successibus
copiosa: illius fetu nascimur, illius lacte nutrimur, spiritu eius
animamur.

Indices

Die Ziffern vor dem Komma beziehen sich jeweils auf die Seiten-, die nach dem Komma auf die Anmerkungszahl. Hauptstellen kursiv.

I. Stellenregister

1. Bibelstellen

Exodus
12 46 .... 56–59; 92, 26

Josua
2 18 ff. 55–59

Psalmen
68 7 .... 58; 60, 53
111 10 88

Sprüche Salomos
8 ....127, 40
28 14 88

Hoheslied
6 8 47; 58, 44; 60, 53; 92, 26

II. Makkabäer
7 94

Matthaeus
5 37 123
7 6 ....58, 41
16 18f. 32; 33; 33, 3. 5; 40; 45–48 passim; 56–62 passim; 63; 65; 70,

19; 75; 76; 86; 92–94; 104; 105; 109–113; 115; 118; 128; 130; 140, 21
18 19 ....18, 33
18 20 18; 18, 33. 34; 35

Markus
12 29 ff. 45, 54

Lukas
15 10 ....4, 7

Johannes
6 131
17 11 ....54, 25
17 21 ...... 54, 25; 75, 29
17 23 ....75, 29
19 23 ff. 56–59; 74, 23; 92, 26
20 21 ff. 45–46; 65; 65, 9; 70, 19; 94; 105
21 15 ff. 5, 11; 7, 16

Römerbrief
1 8 .. 112; 120, 25; 123
14 12 ff. 63, 3

I. Korintherbrief
11 18 ....37, 23

Galaterbrief
3 6 ff. 90, 14

Epheserbrief
4 4 ff. 8, 22; 23, 54; 41, 41; 44; 46; 47; 52, 11; 58, 44; 60, 53; 92, 26
5 31 ff. 8, 22

Kolosserbrief
1 18 112

I. Timotheusbrief
3 2 ....39, 27

II. Timotheusbrief
2 24 ....39, 27

I. Petrusbrief
3 20 ff. 45, 54; 52, 11; 60, 59; 92, 27

I. Johannesbrief
2 19 ....37, 23

2. Cypriantexte

Ad Fortunatum
11 92, 33; *94*; 127, 40; 132

De bono patientiae
10 .... 60, 59; *89–91*
19 ....132, 47

De dominica oratione
18, 33
5 ....60, 59
18 ....8, 22

De habitu virginum
2 .... *87–89*; 88, 7

De lapsis
25; 27; 27, 74; 135, 3

De unitate ecclesiae
2 ....33, 3

3 *17*; 19, 41; 23, 54; *34–35*; 35, 11; 36, 14. 16. 18; *37–38*; 37, 21. 23; *43*; 45; 45, 54; 46, 55; 47, 61; 68; 74; 92; 118–119; 128
4 1; 1, 2; 5, 11; 8, 22; 16; 17; 22; 23, 54; 24; 24, 57; 29, 81; 30–32; *33–70* passim; 71–73; 75; 84–85; *87*; 89–92; 97; 100; 105; 108–110; *112*; 115–117; 128; 136, 7; 144; 158–159
5 1, 2; *5*, 11; 8, 22; 11, 25; 15; 19, 41; 22; 24, 57; 29, 81; 32; 33, 5;

35; 36, 19; 37, 23; 40; 41, 42; 43; 47–48; 48, 63. 64; 53; 59; 59, 49; 62, 65; 63; 64, 6; 67, 14; *71–86* passim; 90; 94–95; 98; 100–101; 106; *124–125*; 128; 132, 49; 137, 11; 144; 145, 3; 158–159
6 8, 22; 11, 24; 23, 54; 37, 23; 43, 55; 74; 83–84; 119
7 8, 22; 29, 81; *56–57*; 56, 35; 57, 36. 37. 39; 60, 59; 62, 64; 74; 74, 23; 81; 125; 136, 9
8 15; 29, 81; 57–58; 57, 39
9 ....64, 4
10 .... 14; 15; 17, 26; 30

12 *18*; 18, 33; *35*; 36; 36,
    18. 19; 37; 37, 23; *43*;
           47; 119
14 .... 36, 14; 64, 4
15 .. 8, 22; 45, 54; 64, 4
16 .... 15; 15, 11
19 5, 11; 8, 22; 14; 15;
           15, 8; 30; *31*
21 18–19
22 19
23 3, 3a; 67, 16; 119;
           137, 11
Epistulae
5   75, 30; 136, 4; 139, 18
5, 1 ....139, 18
5, 2 ....135, 1
6 ....139, 18
6, 2 ....91, 17
6, 3 ....139, 18
6, 4 ....139, 18
7 ....135, 1
8 (Röm. Klerus) 137, 12;
           138, 13. 14
9 ....138, 13
10, 1 ..... 18, 31; 20, 46
10, 4 ....20, 46
11, 3 ..... 18; 18, 33
15, 2 ....20, 46
16, 3 ....20, 46
16, 4 ....20, 46
20 ....138, 14
25 ....19, 41
28, 2 130–131
30 (Novatian) 17, 24; 120,
   25; 121, 27; 138, 14
33 ...... 20, 46; 95; 104
33, 1 29, 81; *40*; 47; 67;
   76, 38; 81, 78; 91, 17;
   93; 98, 5; 104, 18; 105;
           132, 49
33, 2 119
41 .... 15, 13; 19
41, 2 ....20, 46

43 ....14, 4; 19; 20
43, 4 .... 23, 54
43, 5 20, 46; 23, 54; 93,
           34; *115*
43, 6 ....20, 46
44 .... 14, 4; 20; 24; 25
44, 1 ....29, 81
44, 3 ....29, 81
45 ....24; 24, 56; 25
45, 1 8, 22; 24, 57; 29,
   81; 36, 19; 37, 23; 143,
           25
45, 2 ... 28, 79; 29, 81
45, 3 ... 11, 24; 24, 57
45, 4 24, 59; 28, 79; 29,
           81
46 ....24; 24, 56; 25
46, 1 ....29, 81
47 ... 11, 24; 24, 56; 25
48, 3 29, 81; 112; 132, 49
48, 4 ....29, 81
49 (Cornelius) 22, 50; 24
51, 1 ....29, 81
51, 2 ....29, 81
52, 2 ....8, 22
53 (Röm. Konfessoren) 24
54, 1 ....8, 22
54, 3 .. 14; 26; 26, 72
54, 4 14; 19; 20; 20, 45;
   23–25; 25, 63; 26; 26,
           73; 27, 74. 75
55 ....135, 3
55, 6 ....26; 26, 72
55, 8 36, 19; *109*; *110*;
           110, 6; 112
55, 21 8, 22; 29, 81; 137,
           10
55, 24 ....*84*
55, 25 14
57 30
57, 5 .. 125, 33; 135, 2
58, 5 ... 89, 10; 91, 18
58, 6 ....*91*

59, 2 ...... 8, 22; 123
59, 7 66; 119; 131; 156,
           59
59, 9 .. 45, 54; 136, 6
59, 14 . *108–134* passim
63, 1 .. 35, 12; *42–44*; 55
63, 4 ... 90; 90, 14. 15
63, 13 ....8, 22
65, 4 ... 19, 41; 74, 26
66 .... 139; 139, 15
66, 8 .... 11, 25; 145, 30
69 ....136, 8
69, 2 52, 11; 60, 59; 92,
           27
69, 6 8, 22; 29, 81; 145,
           30
69, 8 ....132, 47
69, 17 ....63, 3
70, 3 ... 41, 41; 98, 5
71, 3 51; 74, 21; 132, 49;
           138, 14
72, 3 125, 33; 126, 34;
           137, 10
73, 2 ......29, 81; 98, 5
73, 7 33, 5; *60*; 65, 9; 109
73, 11 ....8, 22
73, 25 ....132, 47
74, 2 ....113, 15
74, 9 ....43; 44, 50
74, 10 35, 12; *38–44* passim; 47–48; 55; 67
74, 11 8, 22; 35, 12; 39,
   28; 41; *44–45*; 45, 54;
   52, 11; 55; 60, 59; 67;
           92, 27
75 (Firmilian) 4–5; 4, 6. 7;
   11, 24; 55; 140, 21
Testimonia
I, 20 ....60, 59
III, 20 ....*88*
Sententiae episcoporum
praef. 124, 29

3. Weitere (vor allem Väter-)Zitate

Augustinus
Conf. XII, 15 ....127, 40

Hermas
Vis. II, 4, 1 ....127, 40

Hieronymus
Vir. ill. 53 ....16, 20

Irenaeus
Adv. haer. I, 27, 1 ....113, 15
Adv. haer. III, 3, 2 .... 109; 112

Klemens von Rom
I 141
I, 42 ....37, 23
II, 14 ....127, 40

Novatian
De Trin. 31 .... 16; 17

Tertullian
Adv. Prax. 8...................8, 22
De bapt. 8....................39, 29
   15 ....41. 41

De praescr. haer. 3.5 ....37, 23
  19 ....38, 25
  20 ....37, 23
  21 ....   37, 23; 38; 25
  22 ....37, 23
  31 ....   37, 23; 109; 127
  32 .... 37, 23; 40
  34. 35. 37. 38. 42. 46 ....37, 23
De pudic. 140, 21

Ulpian
D 13, 6, 5, 15 ....82, 80

Vaticanum I
Constitutio dogmatica I de ecclesia Christi 7, 16; 146, 32

Vaticanum II
Constitutio dogmatica de ecclesia 145, 30; 151, 39, 41

II. Begriffe (in Auswahl)

Aedificare 60–62
Anthropozentrische Inversion   54; 152

Blandiri 17–18

Caput 35–48
Cathedra Petri 28–30; 109–131
Compendium 39, 28; 45, 54

Ecclesia catholica 14; 19–23
Ecclesia principalis 108–134
Ekklesiologische Differenz 12, 26; 51; 61; 63; 96 ff.; 153
Episcopatus 73–84; 95–96

Fundamentum .. (61–63;) 87–90; (93)

In solidum 76–84; 125

Manifestare 50–53
Maria Assumpta 147–155
Mater Ecclesia   3, 3a; 8, 22; 11, 24; 20, 46

Moralische Einheit 53–54
Numerische Einheit 52–54; 58–59

Ordo 39–48
Origo ...   35–48; 54–55; 97–107; 128

Pax et concordia 4, 7
Primacy Text 1; 1, 1. 2; 5–8; 28–32; 112–113
Radix 42–45; 54–55; 89–90
Rock Christi 55–59

Sacramentum unitatis 8–11; 51, 60; 64; 69; 73–76; 96–107
Sponsa Christi 8, 22; 41, 42; 55

Textus Receptus 1; 1, 1. 2; 5–8; 24, 57; 65
Typus 52–62

Unitas clavium 97–99

Vinculum caritatis 4, 7

III. Namen

Antonianus 26, 72; 84
Athenagoras (Ökumen. Patriarch)   148
Augustinus 13; 13, 28; 32; 143

Cornelius   11, 24; 20; 24; 24, 56. 57; 25; 26; 29; 29, 81; 45, 54; 108–110; 113; 116; 120, 25; 121, 27; 123; 128; 129; 131; 132, 49
Fabian 109; 110
Felicissimus   15, 13; 18, 34; 20, 46; 24, 59; 28, 76 b. 77; 121, 27
Firmilian 4; 4, 7; 55; 140
Florentius Puppianus 139
Fortunatianus 19, 41
Fortunatus .. 15, 12; 120, 26; 122; 128

Grignion de Montfort 150

Hippolyt 140, 21

Irenaeus   113; 113, 15; 114, 16; 116; 127; 132, 49

Johannes XXIII .... 145 ff.

Kallist 140, 21
Klemens von Rom 140

Luther 107; 157

Novatian   8, 22; 11, 24; 11, 25; 14–25; 27, 74; 29, 81; 30; 115; 116; 132, 47. 49

Optatus 7; 32
Origenes 4; 4, 7

Paul VI .... 148 ff.
Pius XII .... 147 ff.

Rogatianus 139, 18

Stephan von Rom   3; 7, 16; 55; 125, 33; 136; 137, 10; 138, 14; 140; 140, 21; 141; 145; 146; 151

Tertullian   8, 22; 16; 17; 36, 19; 37; 39; 39, 31; 40; 41; 44; 85, 92; 95; 98, 5; 100; 114; 114, 16; 116
Theodor von Mopsuestia 4, 7; 70, 20

IV. Moderne Autoren

Adam, K.   13, 28; 15, 14; 22; 29, 81; 32; 32, 86; 67, 15; 73, 18; 96–99; 97, 2–4; 98, 5; 100; 102, 12; 111, 9
Altaner, B. 99, 7; 111, 9; 117
Altendorf, E.   38, 24; 41, 40; 52, 11; 56, 34

de Backer, E. 37, 23
Baer, J. 40; 40, 36; 44, 48
Batiffol, P.   1, 2; 109; 110; 118, 20; 127, 36
Beck, A.   3, 4; 12, 26a; 73, 18; 75, 30; 77; 78; 78, 52. 53. 55; 79; 81; 82, 80; 119, 24
Benson, E. W. 25; 25, 68
Bévenot, M.   1, 1. 2; 5; 5, 11; 7, 20; 15, 14; 17, 24; 24, 57; 25; 30; 30, 84; 31; 32; 55, 29; 59, 51; 74–75; 76, 37; 77–78; 77, 46; 78, 60; 79; 79, 61. 62. 66; 80; 80, 71–73; 81; 82; 82, 79. 80; 83; 83, 81; 84; 107; 120, 25; 121, 27; 122, 28; 123; 124; 125, 32. 33; 129, 45; 132, 47; 137, 10; 138, 14; 141, 22; 145, 30; 158–159
Butler, Chr. 22, 50; 23, 53; 126, 34

Campeau, L. 1, 2; 27, 76a; 28, 76b
von Campenhausen, H. Freiherr   3, 3. 5; 5, 8. 9; 7; 7, 13; 12, 26a; 13, 27; 17, 24; 39, 30; 46, 56; 55, 30; 56, 34; 63, 3; 73, 18; 129, 44
Casel, O.   75; 75, 33; 76, 37; 77; 77, 43. 46; 78; 78, 57. 60; 79; 79, 61; 83, 81; 95; 106, 21; 144, 27
Caspar, E.   8; 16, 21; 41, 41; 46, 58; 46, 59; 50, 7; 78; 78, 56. 57; 98, 5; 111; 111, 9; 112; 113; 113, 15; 114–116; 118; 127, 39; 128; 130
Chapman, J.   1, 2; 5, 11; 31; 31, 85; 32; 50, 7; 61, 62; 87; 91; 93, 35; 111; 111, 10; 112; 113

Delahaye, K. 151, 39a
Demoustier, A.   1, 2; 8, 22; 11, 26; 52, 14a; 66, 12a; 131, 45a

Ebeling, G. 150, 38; 155, 54
Eltester, W. 127, 40
Ernst, J. 5, 11; 25; 25, 65
van den Eynde, D. 1, 2; 56, 34

Fuchs, H. 4, 7

Grillmeier, A. 145, 30

von Harnack, A.   1, 2; 3, 5; 5, 11; 18, 33; 24, 56. 60; 32; 42, 44; 84, 84; 137, 12; 138, 13. 14; 139, 15. 18
Holstein, H. 114, 16

Janssen, H. 39, 30; 40; 40, 33. 39

Klein, G.   12, 26a; 20, 46; 29, 81; 36, 19; 46, 58; 47, 61; 76, 39; 136, 9
Klein, W.   .127, 40
Kneller, K. A. 33, 5; 105; 109; 110
Koch, H.   . . . .   passim
Koster, M. D. 150, 37; 156, 60

Ludwig, J. 1, 2

Maximos IV v. Antiochien   142, 24; 152, 44
Mohrmann, Chr.   39, 28; 43, 46. 47; 45, 54; 60, 59; 132, 49
le Moyne, J.   1, 1. 2; 7; 7, 16. 18–20; 8, 22; 11, 24; 15, 11; 19, 39; 20; 20, 44. 46; 26; 27; 32, 86; 76, 38; 77, 43; 78; 78, 60; 83, 81; 132, 47
Müller, K.   .56, 34

Nelke, L.   .139, 18
Perler, O. 1, 2; 7, 17; 28, 77
Plumpe, J. C. 11, 24; 20, 46
Poschmann, B.   7, 15; 8; 11, 24; 15, 14; 25–26; 42, 45; 49; 49, 1; 50, 5; 59, 52; 60, 58; 64; 64, 6; 66, 12; 67; 95, 47; 98, 5; 99–103; 99, 7; 104; 108–109; 110, 6; 116–118; 118, 22; 129

Ratzinger, J. 11, 26
Rückert, H. 157, 61

Schepen, P. 78, 60
Schillebeeckx, E.   148, 34; 149, 35; 150, 36
Schrijnen, J.   39, 28; 43, 46. 47; 45, 54; 60, 59; 132, 49
Semmelroth, O. 152; 152, 42
Simonis, W.   3, 3a
Sohm, R. 111

Turmel, J. 109; 110; 127; 127, 36

Wickert, U. 4, 7; 39, 31; 141, 21. 23
Wolf, E. 146, 31

Zapelena, T.   77, 43; 78; 78, 60; 79, 61; 83, 81; 88, 7; 90, 15; 91; 91, 19. 21; 103–106; 103, 16; 114; 118, 22
de Zulueta 82, 80